AH,
QUE LA POLITIQUE
ÉTAIT JOLIE !

DU MÊME AUTEUR

LES IDES DE MAI, Plon, 1958.
L'OMBRE PORTÉE, Gallimard, 1961 *(prix Interallié)*.
POUR LE PIRE, Gallimard, 1962.
DERRIÈRE LA FENÊTRE, Gallimard, 1964.
DE GAULLE ET LE 13 MAI, Plon, 1965.
MORT D'UNE RÉVOLUTION, Denoël, 1968.
COMPLAINTE CONTRE X..., Gallimard, 1972.
DE DE GAULLE À POMPIDOU, Plon, 1972
ÇA SUFFIT !, Grasset, 1973.
PIERROT ET ALINE, Grasset, 1973.
LA PETITE LÉGUME, Mercure de France, 1974.
LES VACHES MAIGRES, *en collaboration avec Michel Albert*, coll.
    L'Air du Temps, Gallimard, 1975.
LES HONNÊTES GENS, Gallimard, 1976.
Ç'EST ÇA LA FRANCE, Julliard, 1977.
VOUS EN AVEZ VRAIMENT ASSEZ D'ÊTRE FRANÇAIS ?, coll.
    Humeurs, Grasset, 1979.
CARNET DE CROÛTE, Robert Laffont, 1980.
LE POUVOIR ET LA SAINTETÉ, Grasset, 1982 *(prix Ulysse)*.
LE CHIEN-LOUP, Grasset, 1983 *(prix de la Nouvelle de l'Académie
    française)*.
SAINT JUDAS, Grasset, 1984.
UN MOIS DE JUIN COMME ON LES AIMAIT, Grasset, 1986.
SOLEIL ORANGE, Grasset, 1988.
MIRACLE AU VILLAGE, Grasset, 1989.
JE RECOMMENCERAIS BIEN, Grasset, 1991.
JÉRUSALEM, NOMBRIL DU MONDE, Grasset, 1994.
MORTE SAISON, Grasset, 1996.
UN TEMPS POUR AIMER, UN TEMPS POUR HAÏR, Grasset, 1999
    (prix Populiste).
CE SOIR OU JAMAIS, Grasset, 2002.
NOCES DE NUIT, Grasset, 2003.
C'ÉTAIT MA FRANCE, Grasset, 2004 *(prix Louis-Pauwels)*.
L'ENFANT DU MIRACLE, Grasset, 2006.
VIVRE AVEC OU SANS DIEU, Grasset, 2007.

JEAN FERNIOT

AH,
QUE LA POLITIQUE
ÉTAIT JOLIE !

BERNARD GRASSET
PARIS

ISBN 978-2-246-72521-3

Ce livre est dédié à ceux de mes amis
qui prouvèrent qu'on peut faire de la politique une vertu.

Par ordre d'entrée dans ma vie :

Marc Sangnier

Eugène Claudius-Petit

Simone Veil

Robert Badinter

François Missoffe

Raymond Barre

SOMMAIRE

9

Agriculture _____

J'ai entendu un jour Georges Pompidou déclarer, sur un ton magistral, que le paysan était « le gardien de la nature ». Cet homme de grande culture, qui contribua si largement au développement des hautes technologies dans notre pays, ce qui pourrait l'excuser, était issu du monde rural, né à Montboudif, dans l'Auvergne profonde, ce qui aurait dû lui éviter de prononcer des paroles aussi éloignées de la réalité que celles du maréchal Pétain en 1940 : « La terre ne ment pas. »

Mais si, la terre ment, elle ne fait que cela. Combien de promesses de récoltes, de vendanges, ne furent-elles pas suivies de désillusions ? Le paysan est, a toujours été l'ennemi de la nature. Il l'a toujours combattue pour en tirer sa subsistance, bûcheronner, défricher, brûler, irriguer, labourer, multiplier les atteintes à la terre pour la domestiquer. Son sommeil est hanté par la peur du gel, de la grêle, de la sécheresse, de la tempête... Et dès qu'il l'abandonne à elle-même, la mère nourricière devient marâtre, elle se venge, elle reconquiert son domaine plus vite qu'il ne lui fut arraché.

Le paysan français « garde » la nature comme le geôlier le prisonnier. Il l'a à l'œil. Et il ne s'en éloigne pas facilement : à la veille de la dernière guerre, l'agriculture occupait encore 40 % de la population active, contre seulement 16 % en Allemagne. Nous restions, parmi les pays développés, l'un de ceux qui employaient le plus d'agriculteurs.

De cette situation, le conservatisme rural était responsable, mais vigoureusement encouragé par les pouvoirs publics et les penseurs politiques. S'il allait de soi, à l'époque de Sully, que labourage et pastourage fussent les deux mamelles de la France, une telle affirmation devenait consternante au XVIIIᵉ siècle. L'Angleterre, les Pays-Bas alors développaient leurs industries, mais chez nous la mode encensait les physiocrates, dont le chef de file François Quesnay astiquait la philosophie :

« Que le souverain et la nation, proclamait-il, ne perdent jamais de vue que la terre est l'unique source des richesses; et que c'est l'agriculture qui les multiplie... Le citadin n'est qu'un mercenaire payé par les richesses de la campagne... Pauvres paysans, pauvre royaume. »

Ces maîtres à divaguer firent école. En 1930, nos campagnes n'étaient guère différentes de celles de 1880. La Bretagne où j'allais dans ma jeunesse me paraissait en être restée au Moyen Age. Les bœufs tiraient la charrue, le beurre se barattait à la main, chez le boulanger les achats se comptaient par des encoches sur des bâtonnets, les foins se faisaient à la faux. A l'école primaire, je me rappelle que les « leçons de choses » montraient les poules picorant dans la basse-cour, les glaneuses courbées sur les éteules, le charbonnier préparant en forêt son charbon de bois, le fardier emportant les sacs de grain. A la veille de la dernière guerre encore, j'ai vu une fermière normande mettre une goutte de calvados dans le biberon de son bébé, en Lorraine la demeure ouvrait sa porte sur le tas de fumier et la fosse à purin, en Savoie des familles de montagnards partageaient avec les vaches la salle où ils dormaient. Le monde rural vivait hors des marchés mondiaux, sous la fallacieuse protection des frontières. Telle avait été la politique illustrée par Jules Méline, ministre de l'Agriculture à répétition sous la IIIᵉ République. Célébré comme le père tutélaire de la paysannerie française, ce malthusien hors pair avait créé la médaille du Mérite agricole et il ne s'en tint malheureusement pas là. Le protectionnisme, dont il fut le chantre inlassable, contribua à freiner le développement économique du pays, à commencer par celui de l'agriculture elle-même.

Pendant un siècle un antagonisme larvé opposa les villes, source de progrès, et les campagnes sous-équipées et condamnées à l'immobilisme. De 1940 à 1945, les paysans se vengèrent du dédain dont ils avaient souffert en voyant les citadins affamés par les impitoyables réquisitions de l'occupant accourir vers les fermes et s'humilier pour quémander un peu de beurre et quelques œufs. Ces produits du poulailler, de la baratte et du saloir, les paysans n'en faisaient pas cadeau. Quelques années plus tard, sous la IVᵉ République, la ville à son tour prit sa revanche quand le gouvernement imposa l'échange des billets de 5 000 francs. Les lessiveuses campagnardes étaient pleines et beaucoup de pourvoyeurs du petit marché noir, redoutant la curiosité du fisc, préférèrent en brûler le contenu.

Depuis 1950, à une allure accélérée, l'agriculture a connu un bouleversement qu'elle n'a pas encore tout à fait dominé. S'appuyant sur elle, les chercheurs et les techniciens de l'agronomie (à l'INRA, l'Institut national de la recherche agronomique) ont fait de l'industrie agro-alimentaire l'une des activités les plus performantes de France.

De cette véritable révolution, dans la production, la commercialisation et les mentalités, deux hommes peuvent être cités comme des symboles : un paysan, Alexis Gourvennec, et un ingénieur agronome, Libert Bou.

Alexis Gourvennec, comme un certain nombre de jeunes Bretons, avait milité à la Jeunesse agricole chrétienne, mouvement d'action catholique. Comme la JOC dans le milieu ouvrier, la JAC mobilisait de jeunes ruraux et leur ouvrait des horizons. Dans les années soixante, Gourvennec et quelques militants réussissent, au prix d'actions qui frôlent parfois l'illégalité au point d'y tomber et après avoir obtenu néanmoins l'aide des pouvoirs publics, à secouer l'apathie des organisations agricoles en Bretagne du Nord. Le reste suivit : l'archaïque terre du Léon entra dans le monde moderne et servit d'exemple.

A la même époque, Libert Bou, qui participait aux travaux du Plan, engagé dans la modernisation du pays, fut chargé d'une tâche titanesque : transférer dans un site correspondant aux exigences du marché les Halles de Paris. Les intérêts étaient là si profondément enracinés que personne au cours des siècles n'avait réussi à sortir de ce quartier mandataires et commissionnaires installés depuis le roi Louis VI le Gros, il y a plus de huit cents ans. Aujourd'hui, Rungis est le plus important marché agro-alimentaire du monde.

La désertification d'une partie du pays n'a pas provoqué les catastrophes que prophétisaient les pessimistes de l'après-guerre. L'hypertrophie des villes, souvent dramatique pour l'équilibre psychique et la santé physique des résidents, s'accompagne d'un certain reflux vers les campagnes, favorisé par le progrès technique dans les transports (TGV) et l'informatique (Internet). Des villages se peuplent d'étrangers attirés par la qualité de vie. Les touristes et les retraités ressuscitent des territoires en déshérence et contribuent à sauvegarder le patrimoine; ce sont eux, plus que les autochtones, qui deviennent les gardiens de la nature : ils sont passés par la ville.

Pour jouer ce rôle, il reste aux agriculteurs du chemin à parcourir. Par exemple en comprenant qu'ils ne peuvent pas vendre leurs produits à l'extérieur sans accepter d'en acheter hors des frontières. Ou encore en cessant de polluer nos cours d'eau par les engrais mortifères dont ils gorgent leurs exploitations (la France est le pays qui, dans le monde, utilise le plus de pesticides à l'hectare) et d'empuantir l'atmosphère par les exhalaisons des usines à merde que sont les porcheries industrielles. Il fallut l'épidémie de la vache folle pour que les éleveurs cessent d'alimenter le bétail en stabulation avec des farines animales obtenues à partir de l'équarrissage. Et l'on se demande par quelle aberration est encore tolérée la culture du maïs, qui engloutit des tonnes d'une eau qui se raréfie.

Et qui est responsable de la mort du petit commerce dans les campagnes, si ce ne sont les clients des supermarchés ? La télévision nous sert régulièrement des séquences où l'on voit des pleureuses se lamenter sur la fermeture d'une boulangerie ou d'une épicerie. Mais qui donc va se ravitailler dans les grandes surfaces, sinon ceux qui s'en plaignent ?

Le général de Gaulle disait de l'agriculture qu'elle était « un boulet ». Et pourtant les gouvernements qu'il présida, comme ceux qui les précédèrent ou les suivirent, furent obsédés par elle. Qui a imposé, sinon surtout la France, la « politique agricole commune » ? Cette PAC, Raymond Barre déplorait encore en 2007 qu'elle ait « enfermé l'agriculture dans des contradictions que nous payons encore aujourd'hui ».

Et c'est sans doute en remerciement des subventions dont la Communauté les inonde que les paysans furent si nombreux à voter « non » au référendum sur la Constitution européenne.

Amendement _____

« Changement en mieux », dit le *Littré*. Ce n'est pas toujours le cas des amendements destinés à préciser, modifier, améliorer une loi. L'opposition utilise parfois ce moyen, en multipliant les amendements, pour retarder un vote, mais il n'y a guère d'exemple que cette tactique dilatoire ait d'autre résultat que de procurer des heures supplémentaires aux employés du *Journal officiel*.

Le plus célèbre des amendements, dans l'histoire politique de la France moderne, a été voté il y a plus de cent trente ans et il ne compte que trente-cinq mots.

Nous sommes en 1875. La France a perdu une guerre contre l'Allemagne, le Second Empire en est mort, la Commune de Paris a été écrasée dans le sang et le territoire est évacué par les troupes de Bismarck. Une question cruciale se pose à l'Assemblée nationale élue quatre ans plus tôt : quel sera le régime politique du pays ?

Si l'empereur Napoléon III a quitté la scène, le bonapartisme n'a pas disparu, en dépit de la défaite : deux candidats portant cette étiquette ont été élus à deux scrutins partiels. Les monarchistes sont nom-

17

breux, mais divisés entre légitimistes et orléanistes. Le prétendant au trône, le comte de Chambord, veut ignorer ce qui s'est passé en France depuis quatre-vingt-six ans : il ne veut ceindre la couronne que sous les plis du drapeau blanc. Ses chances, de ce fait, sont plus que minces. L'Assemblée n'est pas pour autant prête à proclamer la République.

C'est alors que, le 29 janvier 1875, un député du Nord monte à la tribune. Il se nomme Henri Wallon, il vient de Valenciennes. C'est un universitaire d'une soixantaine d'années, helléniste, membre de l'Institut. Il a peu fait parler de lui. Son œuvre littéraire, austère, tourne autour de Saint Louis et de Jeanne d'Arc. Il affiche des convictions plus affirmées encore dans un petit pamphlet, *Les Partageux* :

« Un rouge... n'est pas un être moral, c'est un être déchu et dégénéré. »

Il faut dire que la Commune a laissé des traces, elle a fait trembler le bourgeois. Catholique, conservateur, Henri Wallon appartient à cette France qui aspire à la stabilité sociale et au bon niveau de la rente. Il est républicain pâle. Et pourtant c'est lui qui va bouleverser le paysage politique. Il propose un amendement ainsi rédigé :

« Le président de la République est élu à la majorité absolue des suffrages par le Sénat et par la Chambre des députés réunis en Assemblée nationale. Il est nommé pour sept ans ; il est rééligible. »

Il n'y a pas de République, mais elle a un président. Le mot – ah ! les mots, ont-ils secoué l'Histoire ! – est néanmoins prononcé. Et avec ces deux phrases s'installe la IIIᵉ République, le régime qui a vécu (jusqu'à présent) le plus longtemps depuis plus de deux siècles. On peut dire en effet que l'amendement Wallon contient la Constitution tout entière de ce régime.

Il a été voté le 30 janvier 1875 par 353 voix contre 352. Et encore ce scrutin ne fut-il acquis que grâce au retard pris par un député, Mallevergne, adversaire de l'amendement.

Une voix de majorité. Comme la condamnation à mort de Louis XVI.

Ce scrutin historique vaudra à Henri Wallon le surnom de « père de la République ».

Antiparlementarisme _____

Mai 1958. La IVe République se meurt de la guerre d'Algérie. On attend l'arrivée du messie Charles de Gaulle, qui se prépare dans sa maison de Colombey-les-Deux-Eglises, où Madame taille ses rosiers. Je hèle un taxi :

« A l'Assemblée nationale! »

J'entends le chauffeur grommeler :

« Encore un de ces guignols. »

Moi :

« Je suis journaliste. »

Lui :

« Ils disent tous ça! »

J'entreprends – *mezza voce* tout de même, il ne faut pas trop exiger de moi – une défense en demi-ton de la fonction parlementaire. Peine perdue, la religion du loustic est faite, il ronchonne des adjectifs : rigolos... feignants... minables...

Le gars ressemble à la plupart des Français. Que leur reproche-t-on, aux députés? De n'être jamais à leur banc, pas plus d'ailleurs que dans leur circonscription; de passer leur temps à fabriquer des gouvernements pour les renverser le lendemain; de s'en mettre plein les poches et d'être bien trop payés pour le boulot qu'ils font.

Inutile de discuter. Je me rappelle avoir un jour raconté à un de ces innombrables râleurs, devant le zinc d'un bistrot, l'histoire du député Baudin, un des héros de l'école communale dans mon enfance, bien oublié aujourd'hui.

Au lendemain du coup d'Etat de Louis Napoléon Bonaparte le 2 décembre 1851, quelques barricades s'élèvent faubourg Saint-Antoine, un quartier où l'émeute couve en permanence. Baudin, un élu républicain, harangue la foule, l'encourage à la résistance. Un ouvrier lui coupe la parole : il crie qu'il n'a pas envie de risquer sa peau pour permettre aux députés d'empocher leur indemnité.

« Vous allez voir, s'écrie Baudin, comment on meurt pour vingt-cinq francs par jour ! »

Il grimpe sur la barricade et tombe sous les balles.

Belle, émouvante scène de l'histoire républicaine, non ? Je me tourne vers le type que j'entends ainsi instruire. Il écluse son pastis, hausse les épaules et laisse tomber :

« Quel con ! »

Le Français s'intéresse peu à l'Histoire, mais l'histoire (la petite, celle des caricaturistes, des chansonniers, des échos, de la presse dite *people*, celle des brèves de comptoir) l'imprègne et apporte à ses opinions politiques les matériaux de l'indignation ou du mépris.

Contrairement aux Anglais, nos compatriotes n'ont jamais approuvé dans leur unanimité le régime parlementaire. De 1789 à 1870, la République n'a même pas réussi à s'imposer durablement. Et si elle y parvint, ce fut d'extrême justesse (voir l'article : Amendement) face à ses adversaires monarchistes et bonapartistes.

Ce régime parlementaire, ce sont les Anglais qui

l'ont inventé, ils n'en ont jamais changé, ils s'en sont bien trouvés. Nous pas. Face à cette monarchie démocratique d'outre-Manche, il y eut et il y a toujours chez nous des gens qui rêvent d'une démocratie monarchique.

Sous les deux républiques qui avaient adopté ce système [1], la Troisième et la Quatrième, il se trouva toujours une partie de l'opinion pour le contester.

En 1877, un maréchal de Mac-Mahon, une baderne il est vrai, tenta d'imposer l'autorité du président à la représentation nationale, qui réussit à se débarrasser de lui avec la célèbre formule de Gambetta : « se soumettre ou se démettre ».

En 1889, un général putschiste nommé Boulanger, très populaire au point d'inspirer les auteurs de chansonnettes (les Parisiens serinaient *En revenant de la revue*), menaça le régime, qui réussit à l'écarter : Boulanger mit fin à sa carrière en même temps qu'à sa vie sur la tombe de sa maîtresse en Belgique.

En 1934, alors que l'Europe était en proie aux délires ravageurs du fascisme, du nazisme et du stalinisme, les ligues d'extrême droite font du 6 février une journée de sanglante émeute et les communistes leur donnent la réplique peu après : la République est pour ceux-là « la gueuse » et pour ceux-ci la bonne à tout faire du capitalisme.

En 1940, à la faveur, si l'on peut dire, de la défaite, et sous les feuilles de chêne d'un maréchal de France sénile, tous ceux qui avaient échoué dans leurs entreprises six ans plus tôt prennent le pouvoir, main dans la main avec les hitlériens.

---

1. De Gaulle employait volontiers ce terme, avec mépris, il en dénonçait « les délices et les poisons ».

En 1958 enfin, répondant au vœu de nombreux Français, le général de Gaulle réussit là où avaient échoué – il faut reconnaître qu'ils ne lui arrivaient pas à la botte – Mac-Mahon et Boulanger : remplacer le parlementarisme par une construction faisant du président de la République un monarque élu. Par bonheur cette monarchie n'est pas héréditaire : il aurait fallu couronner l'amiral Philippe en 1970.

Tout cela dit, je ne serais pas étonné que le chauffeur de taxi qui m'amenait au Palais-Bourbon et qui expédiait d'un coup de balai tous les députés à la poubelle, ait fait une exception pour le sien. Le plus souvent, celui qui se proclame dégoûté de l'élection vote. Et même si son élu (car il le considère comme sien, même s'il ne lui a pas donné son suffrage, il sollicite ses services, il compte sur son « bras long ») est convaincu de malversations, condamné et pour un temps privé de ses droits civiques, il votera pour lui une fois la peine purgée.

Comme disait le maréchal Pétain, les Français ont la mémoire courte. Que François Mitterrand, après la sinistre pantalonnade de l'Observatoire, ait pu poursuivre sa carrière jusqu'au sommet prouve que tous les espoirs sont permis en politique.

Et sous toutes les républiques. A l'aube de la Troisième, Jules Grévy, chef de l'Etat, avait un gendre, Daniel Wilson, député du Loir-et-Cher, qui, dans l'ombre protectrice de l'Elysée, faisait commerce de croix de la Légion d'honneur. A l'époque, cette distinction jouissait d'une forte cote, suscitait des convoitises. Elle n'était pas comme aujourd'hui distribuée à ceux que les médias imposent à l'attention du pouvoir en place : écrivains et savants doivent faire bonne place à des histrions, des saltimbanques et des cogneurs. Un énorme scandale déferla sur le député et emporta beau-papa, qui dut démissionner. Dans les rues, on chantait « Ah! Quel malheur d'avoir un gendre ». En France, c'est connu, la politique se chansonne.

Or deux ans, deux ans seulement après l'affaire, Daniel Wilson était réélu. Grévy, lui, méditait à Mont-sous-Vaudrey sur la constance des citoyens.

Quelque trente ans après cette comédie, la France eut droit à un autre divertissement politique, dont le héros fut, une fois encore, le président de la République. A l'Elysée s'était installé Paul Deschanel, auréolé de la discutable victoire emportée sur le Tigre, Georges Clemenceau. Ce succès monta-t-il à sa tête fragile? Peu après son élection, Deschanel fut contraint à la démission pour dérèglement mental. Au cours d'un voyage officiel en chemin de fer, il se laissa tomber par la fenêtre de son compartiment; on le retrouva en pyjama, assis chez la garde-barrière. La presse fit de l'aventure ses délices, surtout grâce à la réflexion de la brave femme qui le recueillit :

« J'ai vu que c'était quelqu'un de bien. Il avait les pieds propres. »

Le président noctambule ne s'en tint pas là. Peu après cette équipée, on le trouva au matin, barbotant dans une pièce d'eau, au château de Rambouillet. Un repos allait-il être prescrit au président? Pas du tout. Après quelques mois de traitements, il se fit élire sénateur.

Antisémitisme

Georges Bidault. Maurice Schumann. Le premier avait succédé à Jean Moulin, arrêté près de Lyon et exécuté par les Allemands, comme président du Conseil national de la Résistance. Le second, présent à Londres dès 1940, était devenu le porte-parole de la France combattante. Frères dans la lutte contre le nazisme et le régime de Vichy, les deux hommes se retrouvèrent à la Libération au sein du même parti : le démocrate-chrétien MRP (Mouvement républicain populaire). Pourtant ils ne s'aimaient pas. Il y avait un général, LE Général, entre eux. Schumann était gaulliste, pas Bidault.

Ce n'était donc pas avec des intentions angéliques, sous forme d'amicale plaisanterie, que Bidault grinça un jour, parlant de Schumann converti à la religion romaine :

« Ça fait un catholique de plus, mais ça ne fait pas un Juif de moins. »

La boutade se voulait insultante. En réalité, elle exprimait une vérité que Maurice Schumann illustrait, comme le fera plus tard avec éclat le cardinal Lustiger.

Ce qui est vrai de la religion l'est aussi de la politique. David Ben Gourion, le héros de la naissance d'Israël, le « Lion de Juda », le rappela à Daniel Mayer, alors secrétaire général du parti socialiste.

« Je suis, venait d'affirmer Daniel Mayer, avant tout socialiste, ensuite français, enfin juif.

— Chez nous, répondit en souriant Ben Gourion, on écrit de droite à gauche. »

Incomparable humour juif. René Mayer, président du Conseil en 1953, s'y essaya lui aussi. Je l'entends encore :

« Il y a le youpin, c'est Daniel Mayer. Le juif, c'est Mendès France. L'israélite, c'est moi. Et puis... il y a les Rothschild. »

René Mayer retardait de quelques années. Et quelles années ! Avant 1940, le banquier du XVIe arrondissement et le tailleur du Sentier, s'il leur arrivait de se côtoyer le samedi à la synagogue, ne se considéraient pas du même monde. Mais sous le bourgeron rayé du déporté, dans le wagon à bestiaux qui les menait à l'abattoir d'Auschwitz, dans la chambre à gaz, il n'y avait plus de banquier ni de tailleur. Et depuis, il n'y a plus de barrière sociale entre les Rothschild et les Mayer.

Car dans l'Occident dit civilisé, la France est l'un des pays, peut-être LE pays, où les Juifs ont suscité le plus de haine et essuyé le plus d'humiliations. Pendant un siècle, qui fut largement un siècle républicain, l'antisémitisme a pourri la politique de notre nation. Des écrivains comme Léon Poliakov [1] et Bernard-Henri Lévy [2] ont révélé le scandale. Cette maladie a contaminé des générations de Français.

Certes il y eut pire. L'histoire du peuple juif est faite de pogroms, de tortures, de meurtres, jusqu'à l'horreur absolue de la Shoah. Où se commettaient ces

---

1. *Histoire de l'antisémitisme*, Calmann-Lévy.
2. *L'Idéologie française*, Grasset.

crimes ? En Russie, en Pologne, en Europe centrale et balkanique, dans cette Europe de popes, de curés et de pasteurs, l'Europe chrétienne. Jamais les Juifs n'eurent à subir des musulmans ce que les chrétiens leur infligèrent. Et finalement les disciples de Jésus ont voulu se délivrer de ce péché mortel en en chargeant les fidèles de Mahomet. Car si Israël redevint après la guerre, pour de nombreux Juifs, la Terre promise, ce fut parce que d'autres terres leur avaient été refusées.

En France, pendant la plus grande partie du XIXᵉ siècle, l'antisémitisme fut surtout l'affaire des socialistes. A l'exception du saint-simonisme, tous les courants qui se réclamaient de cette idéologie en étaient plus ou moins entachés. Mais ce furent bientôt, dans les années quatre-vingt de ce siècle, les catholiques qui entrèrent en foule dans cette danse macabre. La haine des Juifs sourdait partout dans notre beau pays des droits de l'homme : gauche anticléricale (Renan, Michelet) et droite chrétienne (Veuillot, Bloy, Vigny) rivalisèrent d'abjection. La palme revint à *La France juive* d'Edouard Drumont, le « best-seller » de l'époque. Dans la presse, la « bonne presse », ce fut *La Croix* qui se distingua en revendiquant le titre de « journal le plus antijuif de France ». Léon Poliakov [1] note qu'en 1890 s'était créée à Paris, sous la présidence de Drumont, une « Ligue antisémitique nationale de France » dont le vice-président Jacques de Biez se qualifiait de « national-socialiste ». Un précurseur.

L'affaire Dreyfus marqua le point culminant de l'antisémitisme à la française. L'armée comptait dans ses cadres bon nombre de Juifs. Drumont les déclara traîtres *par nature*. Le complot qui rassembla le gratin de l'Armée, de la Magistrature et de l'Eglise fut finale-

---

1. *Op. cit.*

27

ment dénoncé et brisé à la suite du *J'accuse* qu'Emile Zola publia dans *L'Aurore*. Cette contre-offensive victorieuse de la Justice et de la Morale eut raison de la coalition du mensonge, de la calomnie et de la tartuferie.

Rendit-elle à la nation l'honneur qu'une grande partie de l'« élite » avait traîné dans la boue ? Les Juifs semblèrent le croire. Malgré les épreuves accumulées, ils se déclaraient et se voulaient d'abord français. Deux fois français même, disaient beaucoup de ceux qui, venant de pays où sévissaient les persécutions, avaient trouvé ici une terre d'asile. Emile Servan-Schreiber m'a raconté qu'en 1914 sa mère, juive d'origine polonaise, lui avait fait jurer, ainsi qu'à ses frères, de ne revenir de la guerre que décorés de la Légion d'honneur. Promesse qu'ils tinrent.

Alors le Juif se devait d'être patriote. Mais il l'était de l'autre côté du Rhin aussi. « Il est difficile de dire, écrit Léon Poliakov [1], qui, des Juifs français ou des Juifs allemands, allait le plus loin dans la surenchère patriotique, en 1871-1914. »

Les pauvres s'aveuglaient, dans les deux camps. En 1933, Adolf Hitler prenait le pouvoir en Allemagne. Chez nous, mes années de jeunesse, entre les deux guerres, m'ont laissé des souvenirs insupportables de journaux insultant les Juifs, de défilés de ligueurs qui singeaient les fascistes et les nazis, de Camelots du roi scandant des slogans antisémites. Cette meute qui aboyait pouvait aussi mordre : Léon Blum fut blessé dans un attentat.

Enfin le régime de Vichy apporta à cette lie sa « divine surprise ». Sans même que l'occupant allemand l'eût demandé, trois mois après l'armistice, dans la zone dite « libre », le gouvernement du maréchal

---

1. *Ibid.*

Pétain promulgua un train de décrets discriminatoires à l'encontre des Juifs. Les nazis trouvèrent facilement des collaborateurs zélés chez nous pour écrire des articles, faire tourner un « Commissariat aux questions juives », signer des ordres de déportation, créer une Milice plus nazie que les Allemands, et ouvrir une annexe de la Gestapo. Ce furent des policiers parisiens qui allèrent en 1942 dans le quartier juif arracher des familles entières à leur domicile et les emmener à Drancy, d'où elles partirent pour leur dernier voyage. Et tandis que l'étoile jaune souillait les poitrines des persécutés, la francisque de Pétain brillait à la boutonnière de François Mitterrand et d'Antoine Pinay.

Fallait-il, la paix revenue, qu'aux blessures subies par les Juifs, le général de Gaulle ajoutât un coup de griffe ? Ce peuple juif « dominateur ».

Avec tout cela, s'il y a encore, comme avant l'holocauste, des Français juifs qui écrivent de gauche à droite, on comprend que nombreux soient les Juifs français qui se servent autrement de leur stylo.

Si la France ne perdit pas son honneur et sa dignité, elle le doit à ceux qui, comme Emile Zola, combattirent la bête au grand jour et aussi, j'allais dire surtout, aux héros anonymes qui ont risqué leur vie en ouvrant leur cœur, leurs bras et leur demeure aux Juifs persécutés par les nazis allemands et français.

Entre les bourreaux et les victimes, il y a les justes. Le devoir de mémoire, c'est aussi pour eux.

Argent _____

De Gaulle appréciait les qualités de Pompidou, il avait peut-être même de l'amitié pour lui, à supposer qu'un tel homme pût éprouver de tels sentiments. Cependant en 1959, quand il proposa le poste de ministre des Finances à ce collaborateur fidèle et que celui-ci le refusa (il avait raison puisque trois ans plus tard il deviendrait Premier ministre) pour rejoindre la banque Rothschild comme directeur général, il ne put s'empêcher de grincer :

« Pompidou ? Il a préféré gagner de l'argent chez Rothschild. »

Descendons quelques marches sur l'escalier de la renommée. En 1981, Valéry Giscard d'Estaing brigue un second mandat de président de la République. Jean Lecanuet, maire de Rouen, personnalité du groupe centriste, un homme tolérant, libéral, lui apporte son soutien. Mais il ne peut s'empêcher de confier à Jean Mauriac :

« Son plus gros handicap, c'est sa naissance, sa famille, son milieu, le fait qu'il soit né pourvu de tout, qu'il a tout eu sans s'en donner la peine : éducation, fortune, toutes les facilités possibles et imaginables. Les Français n'aiment pas cela. Les Français aiment les gens d'origine modeste qui sont arrivés par leur travail [1]. »

Comme si Giscard n'avait fait aucun effort pour devenir ce qu'il est et que sa brillante carrière n'était due qu'à la cuiller d'argent qu'on lui glissa dans la bouche à sa naissance. On sent du dépit chez Lecanuet. Mais il est certain que les Français « n'aiment pas cela ». Et cela, c'est l'argent. Lecanuet ne l'aimait pas. Et de Gaulle non plus.

La France est une vieille nation catholique, frottée de socialisme. L'argent, pour les gens de ce pays, c'est ce en quoi Jésus voyait un rival de Dieu et que Proudhon condamnait en une phrase : « La propriété, c'est le vol. »

En réalité, ce que les Français « n'aiment pas », c'est que l'argent tinte dans la poche des autres. Leur répulsion dissimule l'envie. Ils trouvent que la fortune cesse d'être un vice quand elle leur sourit. Il n'est donc pas surprenant que la politique et l'argent aient toujours entretenu chez nous des relations équivoques. Car si l'on ne fait pas de politique pour gagner de l'argent, il faut de l'argent pour faire de la politique. Et ceux qui en manquent, il faut bien qu'ils en trouvent.

Dieu, ou plutôt le Diable, sait ce que coûte, par exemple, une campagne électorale. On ne se contente plus, comme jadis, des panneaux d'affichage et des préaux d'école. Il faut de nos jours s'offrir les services onéreux d'un institut de sondages, d'un conseiller en communication, d'un site Internet, de permanents qui ne sont pas bénévoles. Et pour une élection présidentielle, c'est le grand jeu ! Sous les IIIe et IVe Républiques, réunir les deux assemblées à Versailles n'exigeait pas des milliards, même quand il fallait, comme en 1953

---

1. *L'après de Gaulle : notes confidentielles, 1969-1989*, Fayard.

pour élire René Coty, voter treize fois. Le suffrage universel est beaucoup moins économe. Ce sont des sommes colossales qu'il faut engager.

La loi Rocard a certes contribué à injecter une bonne dose de morale dans la vie publique en apportant l'aide financière de l'Etat aux partis politiques. Auparavant il fallait tirer les cordons de sonnette. Personne n'était assez candide pour croire que les caisses étaient alimentées par les cotisations des adhérents. Et les communistes eux-mêmes ne pouvaient garder leur sérieux en parlant des considérables recettes qu'ils engrangeaient avec le muguet du 1er mai. Les ressources du PC venaient de beaucoup plus loin.

Je me rappelle une scène cocasse qui se joua, sous la IVe République, dans l'hémicycle du Palais-Bourbon. Jacques Duclos, vedette du parti communiste, qui maniait avec autant de brio l'humour que la menace, avait choisi comme adversaire du jour un obscur député de la Vendée, dont on n'avait jamais entendu la voix. Clovis Macouin, tel était le nom de ce personnage, n'avait rien d'un capitaliste : c'était un ancien facteur, à l'allure rustique, à la barbe opulente et manchot de surcroît. Mais il avait été « acheté », selon Duclos, par le patronat et il n'était pas de taille à tenir tête. A l'accusation, le bonhomme pris de court balbutia :

« Peut-être, mais c'est de l'argent français ! »

L'éclat de rire qui parcourut l'assemblée était celui de la connivence : on tend la main gauche et la droite monte vers le cœur. Clovis Macouin enfonçait une porte ouverte, tout le monde savait qui payait l'ancien facteur et d'où venait l'argent que touchait l'accusateur communiste mais dans le climat de l'époque, Duclos avait mis les rieurs de son côté.

Le hasard fait que je me trouvai quelques mois plus tard en face de celui que mandatait Georges Villiers, président du Patronat à l'époque, pour fournir aux partis le nerf de la politique. Il s'appelait André Boutemy, ancien directeur des Renseignements généraux, puis préfet sous l'Occupation. Ces activités lui avaient valu quelques désagréments au moment de la Libération mais, le temps passant, l'ancien fonctionnaire de Vichy était devenu sénateur de Seine-et-Marne. Ni lui ni moi ne nous embarrassâmes de circonlocutions :

« Cet argent, lui demandai-je, comment et à qui le distribuez-vous ?

— J'ai horreur de me compliquer la vie. J'attribue à chaque parti les sommes correspondant au nombre de ses élus.

— Les communistes ?

— Ah non, pour eux, c'est Moscou qui paie.

— Les socialistes ?

— Bien entendu, je ne vois pas pourquoi ils ne recevraient pas leur part. »

L'homme était fait pour la fonction. Bien en chair, le teint couperosé, grand amateur de vieux malt et de repas fins, il alliait le cynisme envers les politiciens à une royale désinvolture à l'endroit de ses employeurs. Arrivant chez lui, j'avais aperçu dans l'antichambre, assis côte à côte, Marcel Dassault et son conseiller favori Guillain de Bénouville. Comme on m'introduisait auprès d'André Boutemy, je jugeai convenable de lui signaler la présence de ces deux visiteurs : n'étaient-ils pas arrivés avant moi ? Mon hôte haussa les épaules, sourit et dit :

« Quand on paie, on peut attendre. »

Une réplique qu'aurait aimée Sacha Guitry.

Dissipés par la loi Rocard [1] ces miasmes du passé ? Pas tout à fait sans doute. Du moins une plus grande transparence en atténue-t-elle la nocivité. En revanche les ténèbres enveloppent toujours les fameux « fonds spéciaux » mieux appelés naguère encore fonds secrets. Certes leur montant global est inscrit au budget. Mais celui qui attribue cette manne – le Premier ministre – peut placer qui il veut sous la corne d'abondance.

L'honnête Raymond Barre disait qu'il répartissait ainsi ces fonds : une moitié pour les services secrets et le reste réparti entre le président de la République pour ses « dépenses de souveraineté », les ministères et « les partis politiques de la majorité ».

Quand le chef de l'Etat s'appelle Jacques Chirac ou François Mitterrand, on est sûr que la « souveraineté » se place très haut. On évalue à cinq cents millions d'euros ce qu'ont coûté à l'Etat douze années de chiraquie. Et encore ne s'agit-il que de chiffres *officiels*. L'anse du panier national a sérieusement dansé, comme elle s'est agitée pendant les deux septennats de Tonton. Certes ces sommes volumineuses, nos deux derniers présidents ne les ont pas dirigées sur quelques paradis fiscaux, ils les ont dépensées. On peut dire qu'ils ont royalement vécu.

On se demande pourquoi tant de Français se sont dit choqués de la promenade de Nicolas Sarkozy sur le yacht de son ami Bolloré. Cette « dépense de souveraineté » n'était pas, pour une fois, à la charge du contribuable.

---

1. Cette loi ne concerne que les partis politiques. Les syndicats, eux, continuent de s'alimenter chez l'ennemi de classe, comme l'a révélé le scandale des fonds versés aux syndicats par Gautier-Sauvagnac, de l'UIMM (Union des Industries et des Métiers de la Métallurgie), la plus importante des organisations patronales.

Armée _____

Un animateur de radio des années cinquante, le gentil Jean Nohain, dit Jaboune, avait avant la dernière guerre créé *Benjamin*, un journal destiné aux jeunes. Il m'a raconté qu'en décembre 1939 (les hostilités avaient éclaté en septembre), il avait écrit à Mme Gamelin, épouse du général commandant en chef des armées alliées, pour l'inviter à présider la distribution de jouets aux enfants de l'Arbre de Noël de *Benjamin*. Réponse résumée de la générale :

« Je suis malheureusement très occupée, mais mon mari viendra. »

Cocasse. D'abord, on rit. Mais ensuite... Quel abîme d'inconscience, d'incompétence, de légèreté ces mots ne révélaient-ils pas ? C'était alors ce qu'on appelait « la drôle de guerre ». Sur le front, les canons se faisaient moins entendre que les artistes du « théâtre aux armées ». On se la coulait douce derrière l'infranchissable ligne Maginot, qui protégeait la frontière... jusqu'au point où elle s'interrompait, là où les Allemands entreraient cinq mois plus tard. On mettait la fleur au fusil.

Ce qui allait devenir un embrasement mondial commençait pour la France ainsi que les deux conflits précédents : dans l'impréparation. Du 18 juin 1815 (bataille de Waterloo) au 18 juin 1940 (appel du général de Gaulle) la France a toujours été en retard d'une guerre. Mais à défaut de chars et d'avions, elle n'a jamais manqué de musique militaire.

La France a, sur trois conflits, essuyé deux désastres, précédés de deux cocoricos. En 1870, le ministre de la Guerre, le maréchal Lebœuf, claironnait : « Il ne manque pas un bouton de guêtre. » En 1940, les affiches placardées par le gouvernement proclamaient : « Nous vaincrons parce que nous sommes les plus forts. »

Certes il y eut la victoire de 1918, glorieuse pour les survivants, meurtrière pour tant d'autres. L'armée avait un demi-siècle de retard. Les « poilus » partirent se faire tirer comme du gibier, en pantalon garance, bien visible, avec les saint-cyriens en casoar. Malgré des assassins comme le général Nivelle, qui fit tuer pour rien, au Chemin des Dames, deux cent soixante et onze mille hommes, la victoire fut remportée par l'héroïsme des soldats, les taxis parisiens envoyés sur la Marne en 1914 et les Américains en 1917.

Les vrais succès de notre armée, elle les remporta dans ce qu'on appela « l'épopée coloniale », contre des combattants qui n'étaient pas les uhlans mais les sujets du roi Behanzin au Dahomey, de la reine Ranavalona à Madagascar, de l'empereur Tu Duc en Annam et – encore fallut-il dix-huit ans pour « pacifier » l'Algérie, toute la durée de la monarchie de Juillet – de l'émir Abd el-Kader. Après quoi les peuples incorporés à « l'Empire » furent invités à marcher au pas cadencé, chausser les godillots et aller se faire tuer pour défendre une « mère patrie » qui n'était pas la leur.

Mais les cadres supérieurs de cette armée, aux si piètres performances ailleurs que dans les sables sahariens ou les rizières tonkinoises, déployèrent tous leurs talents en politique : ils se chargèrent du coup d'Etat du 2 décembre 1851 qui hissa Napoléon III sur les ruines de la IIe République; ils tentèrent sans succès d'envoyer l'un des leurs, le général Boulanger, à l'Elysée; ils commirent l'ignominie de faire condamner Dreyfus; ils observèrent avec complaisance les assauts des ligues dans l'entre-deux-guerres; enfin, pour couronner cette belle carrière, après avoir provoqué par leur lumineuse tactique le désastre de Diên Biên Phu, ils organisèrent en Algérie un coup d'Etat réussi et un *pronunciamiento* raté. Quel palmarès!

L'homme qui dut à ces brillants stratèges de revenir au pouvoir se montra ingrat, mais clairvoyant : Charles de Gaulle, l'un des rares militaires de haut rang à ne pas aimer l'armée et à juger avec lucidité le plus que médiocre appareil de notre défense nationale, avant comme après la guerre, en a fait, avec l'arsenal nucléaire et des matériels de qualité, un instrument performant. Des ingénieurs et des mathématiciens ont remplacé les scrogneugneux et les fabricants de putschs. Autrefois les militaires n'avaient pas le droit de vote, mais ils complotaient en coulisses. Aujourd'hui, « la grande muette » peut parler, mais elle se tait. L'Europe a mis fin aux conflits qui la déchiraient depuis des siècles. C'est bon d'avoir une armée qui a enfin les moyens de faire la guerre et qui n'a pas besoin de s'en servir.

Bonheur_____

Les gens de la politique aiment les abstractions, refuges commodes. On évoque la liberté, la vérité, la solidarité, toutes ces choses en é qui évitent de se salir les chaussures dans la boue du quotidien en respectant le politiquement correct.

On dirait en revanche qu'il y a des termes à éviter, comme dangereux ou malsains.

Aussi ai-je été surpris, agréablement, pendant la campagne pour l'élection présidentielle de 2007, d'entendre Ségolène Royal prononcer le mot bonheur.

Jamais jusque-là cela ne m'était arrivé. Et pourtant, en avais-je subi, des discours dans les meetings, les congrès, les débats parlementaires! La politique ignore le bonheur. Ou peut-être partage-t-on, dans le « microcosme », comme disait Raymond Barre, l'opinion que le général de Gaulle exprimait un jour devant Alain Peyrefitte :

« Le bonheur, ça n'existe pas! »

Qu'éprouvait-il donc, en descendant les Champs-Elysées, ce jour d'août 44 où Paris en liesse fêtait sa libération? Sans doute l'enivrement de la gloire. Et la gloire ne fait pas le bonheur. Peut-être, comme l'argent, se contente-t-elle d'y contribuer. Qu'éprouvait-il, en mai 58, en voyant les députés à plat ventre devant lui? L'âpre joie de la revanche. D'où le bonheur est absent.

Les Pères fondateurs des Etats-Unis d'Amérique s'en souciaient, eux. Ils avaient écrit dans la Déclaration d'indépendance, le 4 juillet 1776 :

« Tous les hommes ont été créés égaux, leur Créateur les a investis de certains droits inaliénables ; parmi ceux-ci se trouvent la vie, la liberté et la poursuite du bonheur... »

Nos révolutionnaires à nous, quelques années plus tard, ont oublié ce dernier « droit ». Ils n'énumérèrent que la liberté, la propriété, la sûreté et la résistance à l'oppression.

Leur maître Jean-Jacques ne s'était pas privé, lui, d'en tartiner, du bonheur. On en trouve à toutes les pages de son œuvre. Mais il n'a même pas réussi à en convaincre Sieyès, l'oracle de l'époque, qui se contentait d'écrire que « le bien-être est le but de l'homme ». Quelle platitude chez ce prophète constipé !

A l'époque, il se trouva cependant quelqu'un pour annoncer que le bonheur était « une idée neuve en Europe ». Cette belle déclaration venait malheureusement de Saint-Just, l'un des plus actifs pourvoyeurs de la guillotine.

Si ceux qui nous gouvernent observent un si profond silence à propos du bonheur, c'est sans doute parce qu'ils se savent incapables de l'apporter à leurs contemporains. On n'attend d'ailleurs pas d'eux qu'ils nous fassent ce cadeau. Et malgré les auteurs de la Déclaration d'indépendance, aucun pouvoir n'est en mesure de garantir ce droit. Même Saint-Just en doutait, puisqu'il disait aussi, abandonnant son optimisme :

« L'art de gouverner ne produit que des monstres. »

Son miroir le lui répétait.

Bouffe

« Dis-moi ce que tu manges, je te dirai ce que tu es. »

Cet aphorisme de Brillat-Savarin est-il de nature à nous renseigner sur la personnalité de nos célébrités politiques ? Voyons un peu.

Le général de Gaulle, commençons par lui, aimait les potages. Il appartenait à une génération de Français qui ne concevaient pas de repas du soir sans une soupe. On imagine très bien l'officier de Gaulle, dans une des sinistres villes de garnison où il servit, sa petite famille réunie autour de la table, maniant la louche et distribuant la pitance. De son temps aussi, dans une armée quelque peu courtelinesque, la soupe était synonyme (et l'essentiel) du repas. Les biffins (ainsi appelait-on les fantassins) entonnaient en chœur la scie qui faisait le tour des casernes :

« La soupe et l'bœuf,
et les fayots,
ça fait du bien par où qu'ça passe... »

Vincent Auriol était fou de cassoulet. Il s'en faisait expédier des marmites, prêtes à réchauffer, par le chef cuisinier de l'*Hôtel des Palmes et de l'Industrie*, à Castelnaudary. Il ne s'en vantait pas, lui natif de Muret, auprès de ses compatriotes toulousains, une rivalité irréductible opposant la ville rose, qui avec le confit d'oie ou de canard tolère le mouton dans la confection du plat, à la capitale du Lauragais, qui ne supporte que le porc. Prosper Montagné avait bien tenté de réconcilier les deux rivales, avec Carcassonne en plus, et avait décrété que le cassoulet était le dieu de la cuisine occitane, un dieu en trois personnes : le Père à Castelnaudary, le Fils à Carcassonne et le Saint-Esprit à Toulouse. En vain : la cuisine est une affaire trop sérieuse pour qu'on y mêle la religion, et chacune des trois villes est restée sur ses positions.

Député-maire de Decazeville, dans l'Aveyron, Paul Ramadier ne se serait privé pour rien au monde de son estofinade du samedi. Ce plat costaud, spécialité de sa ville, est à base de stockfish ou, ce poisson nordique étant rare, de morue. Ce produit de la mer, conservé dans le sel, doit être débarrassé de sa gangue par un long stage dans l'eau courante. Aussi Ramadier prenait-il soin de le placer, en quittant le dimanche soir Decazeville pour rejoindre Paris, dans la chasse d'eau des W-C. Chaque fois ensuite qu'un occupant des lieux tirait la chaîne, l'eau se renouvelait. Retirée en temps utile, la morue était prête pour la friandise du président, en fin de semaine.

Auvergnat né à Montboudif, Georges Pompidou préférait aux préparations culinaires compliquées que les cuisiniers de l'Elysée sont fiers de réaliser ce qu'il appelait les « plats canailles », en particulier le petit salé aux lentilles (aux lentilles du Puy, précisait-il). Et pas un déjeuner ne se terminait sans qu'on servît un beau morceau de cantal de Salers ou un disque odorant de saint-nectaire. Il respectait ainsi un autre aphorisme de Brillat-Savarin :

« Un dessert sans fromage est une belle à qui il manque un œil. »

41

Un autre Auvergnat – par l'élection et non par la naissance – et d'une origine sociale un peu mieux située, Valéry Giscard d'Estaing, ne partageait pas ce goût jugé sans doute trop trivial pour son palais : il se régalait, lui, d'œufs brouillés. Il eut un jour l'idée saugrenue de se faire inviter à dîner dans des foyers français à seule fin de prendre le pouls de l'opinion. L'expérience ne dura guère : il ne pouvait s'asseoir à une table – que ce fût celle d'un banquier, d'un maraîcher ou d'un garçon coiffeur – sans qu'on lui présentât son plat qui devenait de moins en moins de prédilection.

François Mitterrand aima toute sa vie fréquenter les restaurants. De préférence ceux qui excellent dans la préparation des poissons, crustacés et coquillages. Ce fut dans un de ces établissements, à Neuilly, que je fis sa connaissance en 1947 : il était ministre des Anciens Combattants. J'avais la chance d'aimer les huîtres : il en commanda sans s'informer de mes goûts. Devenu président de la République, il affichait un mépris bien peu socialiste pour le personnel de cuisine ; il ne sollicitait le chef de l'Élysée que pour les repas officiels. Au quotidien, il préférait faire venir les plats d'un traiteur, ou aller au restaurant. Jamais il ne daigna descendre aux cuisines, en quatorze ans de règne. Danielle Mitterrand non plus. Et s'il arrivait au président de recourir au service de bouche du palais, ce pouvait être à une heure impossible. Ainsi eut-il envie, un soir à près de minuit, de manger une langouste : le chef de cuisine dut solliciter un ami, le restaurateur Jacques Le Divellec, de lui procurer de quoi satisfaire la lubie d'un Roi-Soleil sans perruque.

Ses goûts rustiques portaient Jacques Chirac vers la tête de veau pour ce qui est du solide et la bière pour ce qui est du liquide. Mais quelle voracité ! De la goinfrerie.

« Qui n'a pas vécu une journée avec lui, raconte Franz-Olivier Giesbert, passe à côté de la vraie nature de Chirac. Du matin au soir, il est tourmenté par un vertige compulsif qu'il comble en s'empiffrant comme s'il avait à nourrir une armée de ténias. Jamais il ne semble repu. »

Et voici le détail des opérations : vers 7 heures du matin, tartines beurrées avec miel et confiture ; sur le coup de 10 h 30, sandwiches au pâté et au saucisson ; à 13 heures, déjeuner complet ; 16 h 30, nouvelle ration de sandwiches au pâté et au saucisson ; dîner aussi consistant que le déjeuner. Et le tout arrosé de bière.

« Je n'ai pas le choix, confiait Chirac à l'auteur. Je suis condamné à bouffer sans arrêt. Quand j'ai faim, ce qui m'arrive plusieurs fois par jour, je deviens agressif et même hargneux. Alors j'essaie de fermer ma gueule le temps qu'il faut et puis je vais manger un morceau vite fait pour retrouver ma bonne humeur. »

Même le grand bâfreur qu'était Edouard Herriot y mettait plus de délicatesse. Et pourtant !

On sait que Lyon est l'un des hauts lieux de la gastronomie. Aussi ne faut-il pas s'étonner que deux des maires les plus célèbres de cette ville, Edouard Herriot et Raymond Barre, eussent été des gourmets. Et même des gourmands. J'ai vu un jour le premier, celui que les Lyonnais appelaient simplement « le Président » et Léon Daudet « l'imposteur chaleureux », à un âge avancé, emphysémateux et podagre, s'empiffrer chez *La Mère Brazier,* au col de la Luère, une deuxième assiette de fonds d'artichaut au foie gras. Près de lui, son directeur de cabinet lui rappela que son médecin lui avait prescrit un régime. Ronchonnant, Herriot héla le maître d'hôtel :

« Supprimez-moi la salade ! »

Il connaissait tous les bouchons de la ville, du *Mal*

assis à *La queue de cochon* et Raymond Barre, quelques lustres plus tard, suivait le même chemin. Et ni l'un ni l'autre ne se contentèrent des tables lyonnaises : Herriot véhiculait son appétit jusque chez Alexandre Dumaine à Saulieu et chez Fernand Point à Vienne. Barre fréquentait Georges Blanc à Vonnas et Jean Ducloux à Tournus. Et quand il abandonna la mairie, après de brillants mandats, celui qu'on appelait le meilleur économiste de France (chacun comprendra qu'il ne s'agissait pas d'Herriot) répondit aux journalistes qui s'informaient de ses projets :

« J'irai plus souvent aux déjeuners du Club des Cent. »

Je ne crois pas que les Anglais soient impatients de savoir si Tony Blair était friand de *haggis,* ou que les Russes se demandent si Staline n'appréciait la viande que saignante. C'est un travers français que de s'interroger, comme Brillat-Savarin, sur les relations de l'estomac et du cerveau. Notre pays s'est donné la réputation de faire de la cuisine un art. Et que nos compatriotes soient loin de tous savoir faire le marché et cuire une côtelette ne les empêche pas de se dire gastronomes. Avoir la peau du ventre bien tendue, merci petit Jésus.

Comment, dans ces conditions, la politique pourrait-elle ignorer le fricot et le pichet ? Elle s'y intéresse de deux manières différentes : il y a la cuisine politique et la politique de la cuisine. Il arrive que la première soit savoureuse, quand abondent les promesses électorales, mais il est rare que la digestion soit paisible. Et que dire des cuisiniers assassins !

L'une des recettes les plus mortifères, c'est à Jacques Chirac qu'on la doit. Elle a été exécutée avec la collaboration d'un des meilleurs ouvriers de France en la matière, François Mitterrand. La chose se passe en octobre 1980. Le bouillon d'onze heures, destiné à Valéry Giscard d'Estaing, se prépare chez Edith Cresson. Au cours d'un dîner, bien entendu. Chirac ne fait pas dans la dentelle : il propose tout simplement à Mitterrand de faire battre Giscard, qui se présente à un second mandat. Il y parviendra : le candidat socialiste s'installera à l'Elysée pour quatorze ans.

Il faut dire que Chirac est, en cuisine politique, un trois étoiles Michelin : il a, avant de saigner Giscard, étranglé Chaban-Delmas et, ensuite, il révolvérisera Barre. Seul Nicolas Sarkozy, plus dur ou moins fatigué que lui, l'étendra pour le compte.

Auprès de ces nauséabondes tambouilles, la politique de la cuisine apparaît pleine de grâce et de délicatesse. Ce fut l'homme considéré comme le plus éminent diplomate de tous les temps qui plaça l'art culinaire au sommet de la politique. A Vienne en 1814, au lendemain de l'abdication de Napoléon Ier, les grandes puissances de l'époque traçaient pour un siècle les frontières de l'Europe. Face aux appétits russes, autrichiens, prussiens et anglais, Charles Maurice de Talleyrand-Périgord, ex-évêque d'Autun, ex-prince de Bénévent, ministre des Affaires étrangères de Louis XVIII après l'avoir été de Napoléon, déploya ses talents pour épargner à la France de payer trop cher les pots cassés par l'empereur. Au roi qui lui demandait s'il lui fallait des collaborateurs, Talleyrand répondit simplement :

« Sire, j'ai plus besoin de cuisiniers que de diplomates. »

On ne compte pas les événements, heureux ou déplorables, où la table a joué un rôle majeur. Louis XVI n'aurait pas été arrêté à Varennes s'il n'avait pas fait une halte auparavant à Sainte-Ménehould pour satisfaire une envie de pieds de cochon.

La Révolution ne s'est pas faite qu'à la Bastille, au

45

club des Jacobins et sur l'échafaud. Elle a eu lieu à table, non pas dans le contenu des casseroles, mais sur les chaises des convives : la bourgeoisie prit là aussi le pouvoir. Les nobles émigrés avaient laissé sur le carreau leurs cuisiniers, qui ouvrirent des restaurants. On put ainsi voir, le 16 octobre 1793, jour de l'exécution de Marie-Antoinette, Robespierre, Saint-Just, Camille Desmoulins et Fouquier-Tinville venir fêter l'événement au restaurant Méot en se gavant d'une béchamel d'ailerons et de foie gras d'oie, d'une poularde rôtie, de douze cailles et douze mauviettes par convive, le tout arrosé de vin de Champagne.

Il est vrai que, le 9 thermidor ayant changé le personnel, Jean-Jacques Régis de Cambacérès, qui préside alors le Comité de salut public et fera carrière sous Napoléon, se vantera à bon droit d'avoir la meilleure table de France.

En février 1848, alors que chancelait la monarchie de Juillet, les opposants à Louis-Philippe préparaient la chute du roi en organisant des banquets : entre poire et fromage fusaient les discours incendiaires d'où allait sortir la IIe République.

C'est au cours d'un dîner en mars 1906 que Georges Clemenceau, qui s'était fait la réputation de tombeur de ministères, entra pour la première fois au gouvernement, et pas pour occuper un strapontin. Le nouveau président du Conseil, Ferdinand Sarrien, invita chez lui le redoutable personnage. Et l'on raconte qu'à l'heure de l'apéritif, au chef du gouvernement qui lui demandait ce qu'il désirait prendre, Clemenceau répondit :

« L'Intérieur. »

Portefeuille qu'il obtint et qui fit de lui « le premier flic de France », fusilleur de grévistes avant de devenir « le Père la Victoire ».

A l'occasion de l'Exposition universelle de 1889, la République triomphante entendit exprimer sa confiance dans ses institutions, vieilles seulement de quatorze ans, par une montagne de boustifaille. Le traiteur Potel et Chabot servit aux dix-huit mille maires rassemblés à Paris un repas composé d'un potage à la parisienne, de truites saumonées sauce Françoise, de filet de bœuf à la gelée, de galantine de poularde truffée, de dindonneaux rôtis, de pâtés Potel, de salade printanière, de soufflés glacés, de gâteaux des Iles, de babas au rhum, le tout arrosé de vieux madère, de graves, de médoc, de pommard, de champagne, de café et de liqueurs !

Il est vrai que le clou de cette exposition n'était autre que la tour Eiffel, qu'on inaugurait. Cette grande dame de fer n'était pourtant pas du goût de tout le monde. Ainsi le peintre Degas, à qui l'on demandait son avis, se borna à répondre :

« J'attendrai qu'on ait retiré les échafaudages. »

Chambres _____

Elles sont deux, en démocratie, c'est la règle. Chez nous elles s'appellent Assemblée nationale et Sénat. Pourquoi ce régime, à bon droit considéré comme le moins mauvais de tous, marche-t-il sur deux pattes ? Et pourquoi, dans un certain nombre de pays, dont le nôtre, ces bipèdes boitent-ils ?

Ce système dit « bicamériste » fut inventé en vertu de ce qu'on pourrait appeler le principe de précaution : ce n'est pas parce que le peuple est souverain qu'il peut à son gré exercer sa souveraineté. « Sa volonté, ses besoins, doivent se trouver moins dans sa bouche que dans le cœur du Prince », disait Napoléon.

En démocratie, les « élites » n'ont jamais pensé autrement, mais comme elles ne pouvaient confier l'Etat à un prince (qu'elles avaient chassé ou qu'elles avaient privé de l'autorité pour se mettre à sa place), elles ont inventé une « chambre haute » peuplée ici de lords, là de pairs, ailleurs de sénateurs. Ces personnages étaient et parfois sont encore chargés de rabattre leur caquet aux députés.

Ces derniers sont élus au suffrage universel direct. Les « sages », ou réputés tels, non. On élève leur limite d'âge et on les fait désigner par un collège plus restreint, plus « raisonnable ».

Petit à petit cependant, il leur fallut, devant les assauts de la « chambre basse », abandonner le plus clair de leurs prétentions : en France, les sénateurs de la IIIᵉ République ont fait valser bon nombre de gouvernements. La Quatrième, puis la Cinquième ont mis fin à cette situation : en tout état de cause, c'est l'Assemblée nationale qui a le dernier mot.

Cela dit, la fonction sénatoriale ne manque pas de charme. Pour achever une carrière politique, le Sénat est un paradis. Ses membres siègent neuf ans dans le magnifique palais du Luxembourg. Leurs fesses sont mieux traitées que celles des députés : elles ont droit à des fauteuils, au Palais-Bourbon, elles doivent se contenter de bancs. Et les sénateurs ayant moins de responsabilités que les députés, il leur est demandé moins de comptes.

Le premier Sénat de l'Histoire était romain. Les empereurs surent se servir de cette assemblée héritée de la République. Caligula y fit siéger son cheval et Domitien la consulta sur la sauce qui accompagnerait un turbot.

Les sénateurs ont toujours eu la réputation d'être de bons vivants et de fins gastronomes. L'un d'eux, élu de la Vienne, M. Couteaux, passa à la postérité avec sa recette de lièvre à la royale.

Charisme

On chercherait en vain ce terme dans le *Littré*. Il ne fait son apparition qu'en 1928 dans le *Larousse*, avec cette définition, fondée sur son origine grecque *kharisma* (grâce) :

« Nom donné à des dons spirituels extraordinaires octroyés transitoirement par l'Esprit saint à des groupes ou à des individus en vue du bien général de l'Eglise chrétienne. »

Le charisme était donc réservé au domaine de la spiritualité chrétienne. Je n'ai pas le souvenir de son appropriation par la politique avant le retour au pouvoir du général de Gaulle, qui jouissait déjà du prestige et à qui ses thuriféraires ajoutèrent cet attribut. Les médias firent alors main basse sur cette pépite et le *Larousse* s'est alors avisé d'élargir la définition :

« Autorité fondée sur les dons surnaturels d'un individu, qui s'exerce dans la conduite d'un groupe humain. »

Ainsi le charisme est-il plus généreusement distribué que jadis. Néanmoins il s'agit toujours, avec ces « dons surnaturels », d'une affaire religieuse. Sont ou furent charismatiques des personnalités qui ne se frottèrent à la politique qu'indirectement, et pour défendre des valeurs morales, comme Martin Luther King, Albert

Schweitzer, l'abbé Pierre, sœur Emmanuelle ou le dalaï-lama. Il faut vraiment ne pas y regarder de trop près pour déclarer charismatiques les dons célébrés à l'envi pendant la dernière campagne présidentielle par Nicolas Sarkozy et Ségolène Royal.

Non. A moins que l'Esprit saint n'ait délégué ses pouvoirs aux médias, on ne peut célébrer le charisme de n'importe qui. C'est d'ailleurs ce que de Gaulle lui-même disait de Clemenceau à son confident Claude Guy :

« Il n'a jamais suscité de mystique. Il a été le grand souffle qui a fait changer la victoire de camp. »

Enfin entrons dans le jeu. Si l'on peut, en politique, parler de charisme, ce ne doit être qu'à propos de personnalités qui ont un jour suscité un élan spontané d'adhésion de l'opinion publique et allumé la flamme qui a longtemps entretenu cette ferveur. De ce style d'hommes – de Gaulle étant hors concours – je ne vois que deux exemples dans les temps modernes : Antoine Pinay et Pierre Mendès France.

Personne avant 1952 n'aurait jugé charismatique Antoine Pinay, « l'Antoine », comme disait Roger Duchet, le fédérateur de la droite libérale à cette époque. Le discret maire de Saint-Chamond qu'était Pinay ne soulevait aucune passion. Il allait son bonhomme de chemin, coiffé du petit chapeau que lui procurait l'entreprise de chapellerie de son ami Fléchet, sénateur de la Loire. Que savait-on de lui ? Il avait été membre du Conseil national de Pétain, mais il avait aidé la Résistance. Bien que conservateur, il était apprécié des mineurs de sa commune. Il s'était taillé une réputation locale en partageant en deux, dans une crémerie de sa ville, des camemberts et en étiquetant sur chaque moitié un prix différent, afin de montrer que le consommateur, mal éclairé, choisissait la moitié la plus chère.

Je me rappelle que Maurice Petsche, ministre des Finances en 1949 – il avait la tête près du bonnet et se montrait parfois mal embouché –, avait craché à Pinay, alors son secrétaire d'Etat :

« Antoine, tu n'es qu'un cul ! »

Si Petsche avait été encore de ce monde trois ans après avoir lancé cette amabilité, qu'aurait-il pensé en assistant à l'épiphanie de Pinay ?

On peut d'ailleurs se demander si l'intéressé n'avait pas de lui-même une piètre opinion. A Vincent Auriol qui lui proposait la présidence du Conseil, en janvier 1952, il répondait :

« Je ne suis pas préparé pour cela. Je ne ferais pas un bon chef de gouvernement. Je connais mes moyens. »

De nouveau sollicité, deux mois plus tard, il accepte non sans réticence :

« Je ne suis pas un politique, je travaille plutôt sur le plan technique et je ne sais pas si je serai à la hauteur de la tâche que vous voulez bien me confier. »

Il y va donc... et c'est un triomphe. Non seulement il emporte le vote mais il casse en deux le parti gaulliste, dont il amorce ainsi le déclin.

Ce succès, à quoi « l'Antoine » le doit-il ? A un programme d'une cristalline simplicité, qui s'adresse au portefeuille des Français, ou plus exactement aux Français qui ont un portefeuille. Aux fraudeurs du fisc, qui ont fait franchir la frontière à leurs capitaux, il offre l'amnistie et, aux contribuables, à qui les gouvernements précédents n'ont parlé que de pompe à phynances, il propose un emprunt indexé sur l'or, exempté d'impôt et de droits de succession.

On acclame Monsieur Pinay. J'ai été témoin, un soir, de l'entrée du héros à la brasserie Lipp. Les consommateurs se sont dressés comme un seul homme en applaudissant. Pour expliquer cet engouement, Edouard Herriot dit :

« Il a une tête d'électeur. »

Ce charisme, Pinay en conservera l'auréole. Candidat à la présidence de la République, Valéry Giscard d'Estaing lui rendra visite en sollicitant sa bénédiction.

Avec Pierre Mendès France, c'est une autre affaire. Quand son charisme à lui se manifeste de manière éclatante, dans les années cinquante, il révèle à une large opinion un homme déjà connu et admiré. Il a servi comme aviateur de la France Libre, Charles de Gaulle en a fait un ministre et il a forcé le respect du général en lui donnant sa démission. Les sévères mesures qu'il proposait à la Libération (contrôle des prix, blocage des comptes bancaires, échange des billets avec prélèvement) étaient, pour de Gaulle, trop dures pour un pays meurtri par quatre ans de guerre et d'occupation. Mendès France s'en alla en disant :

« On se trompe en distribuant de l'argent à tout le monde sans en reprendre à personne. »

On peut dire que si Pinay a construit sa popularité sur la facilité, Mendès France a édifié sa réputation sur la rigueur. En 1946 encore, alors que trois partis se partagent le pouvoir et que Félix Gouin, qui succède à de Gaulle, lui offre le portefeuille des Finances, il répond que dans l'orchestre où l'on joue déjà trois airs, il est inutile d'en faire entendre un quatrième.

Mais c'est en 1954 que l'opinion le hisse sur le pavois, au son des trompettes embouchées par un jeune et courageux journal qu'ont créé Jean-Jacques Servan-Schreiber et Françoise Giroud, *L'Express*. Le désastre de Diên Biên Phu vient de sanctionner sept années de cette folie meurtrière qu'est la guerre d'Indochine.

L'Assemblée nationale, atterrée, élit Mendès France pour négocier la paix (la chose faite, elle lui tordra le cou). Dans la foulée, la Tunisie obtient son indépendance.

Edgar Faure, qui devient après Mendès France chef du gouvernement, poursuit cette politique en mettant fin au protectorat du Maroc. Mais les plus grands hommes ont leurs petitesses : par jalousie sans doute, Mendès France ne pardonnera pas à Edgar Faure de lui avoir succédé et d'avoir continué son œuvre; il le fera même exclure du parti radical.

Doué d'immenses qualités de sincérité et de probité, Mendès France cultive le pessimisme. Il prophétise volontiers le pire et, heureusement, se trompe souvent. La Communauté européenne, il ne la jugeait pas viable. En 1958, il voyait de Gaulle en « otage des colonels ». En 1962, il répétait que le Général ne partirait de l'Elysée que mort.

Il s'enfermait dans une tour d'ivoire. Il se méfiait des démocrates-chrétiens et il méprisait les socialistes, à l'exception de Gaston Defferre dont il disait : « C'est un verre d'eau pure dans un baquet d'eau sale. » La popularité de ce grand parlementaire lui venait, au fond, de son opposition au Parlement.

J'ai rencontré Pierre Mendès France quand j'appris que, sur les conseils de Jean-Jacques Servan-Schreiber, il allait se lancer à la conquête du parti radical. Le dialogue fut bref :

« Croyez-vous qu'on puisse faire du neuf avec du vieux ?

— Là n'est pas la question. Pour mener une action politique, il faut un parti.

— Créez-en un. Parcourez la France, lancez un appel à la rénovation des mœurs politiques, beaucoup vous suivront.

— Je ne suis pas le général de Gaulle. Je suis parlementaire et, excusez-moi, radical. »

On a vu le résultat. Mendès France redevint un solitaire. Peu à peu ses partisans l'abandonneront, désespérés par son pessimisme et son amertume. Il ne lui restera qu'une poignée de fidèles, plus tard récupérés par François Mitterrand.

Mais, comme Pinay, il a sa place dans la mémoire de beaucoup de Français.

Chirac, Jacques

La télévision a présenté, en octobre 2006, un film consacré à Jacques Chirac. L'objet de cette production était de montrer l'envers du politicien, et de faire découvrir un homme qui ne ressemble pas au buveur de bière, au bâfreur de tête de veau que l'intéressé lui-même, semble-t-il, s'est plu à mettre en valeur. On apprend qu'il se passionne pour les origines de l'homme et qu'il sait tout sur le sumo.

Mais personne n'est dupe. A écouter tous les témoins, à commencer par sa femme et par sa fille, la seule chose qui, toute sa vie, a vraiment emballé Chirac, c'est la politique. C'est la raison pour laquelle il s'est déguisé en maquignon qui fréquente les comices agricoles et est capable d'évaluer le poids d'une vache sur un simple coup d'œil. Ainsi a-t-il assuré sa base politique.

Petit-fils d'un instituteur corrézien franc-maçon, il a hérité la circonscription du « père Queuille » à Ussel, après un pèlerinage auprès du vieux politicien des IIIe et IVe Républiques, qui s'est rendu célèbre en déclarant qu'il n'était pas de problème apparemment insoluble qui ne puisse être résolu par une absence de solution. Jacques Chirac, qui aurait pu énoncer cet axiome, est un radical-socialiste sur lequel le gaullisme a étalé une couche de vernis que Georges Pompidou a astiquée. Porté aux nues par les agriculteurs, il a toujours soigné ce personnage-là. Et il pensait sans doute qu'étaler ses connaissances le desservirait. Sa popularité, il la chercha à l'étable, pas à l'Académie.

Mais l'homme politique – quarante ans de carrière, dont douze à l'Elysée –, quel est-il ? Un ambitieux exclusivement soucieux de lui-même, consacrant une prodigieuse énergie à conquérir des titres et des fonctions. Cet égotisme démesuré a seul conduit son action, ou plutôt son inaction. Pas d'histoires fut sa règle de vie. Il ne laisse rien derrière lui, à l'exception du musée des Arts premiers, ce qui n'est pas négligeable mais ne suffit pas à dessiner une trace dans l'Histoire. La peur de l'impopularité a fait de lui un paralytique. Chirac doit battre le record des projets avortés : il suffisait de cent gueulards derrière une banderole pour qu'il oubliât ce que l'intérêt national exigeait de lui. De sorte que Nicolas Sarkozy a reçu en don de l'immobilisme de François Mitterrand et de Jacques Chirac (vingt-six ans, plus d'un quart de siècle !) les indispensables et impopulaires réformes que la France attendait. Il est même probable que la décision – pertinente – de Chirac de s'opposer à la guerre de Bush en Irak a eu pour motif premier la volonté de ne pas bouger.

Il faut reconnaître que les deux initiatives qu'il prit ne furent guère couronnées de succès. Elu président de la République en 1997, et disposant d'une majorité parlementaire à sa dévotion, il eut l'idée saugrenue de dissoudre l'Assemblée : le corps électoral lui renvoya les socialistes, avec lesquels il dut faire semblant de gouverner. En 2006, assuré de faire ratifier par voie parlementaire le projet de Constitution européenne, il choisit la procédure du référendum et se retrouva avec une majorité de « non ». Une balle dans chaque pied.

Tous ceux qui ont approché Jacques Chirac – j'en ai eu parfois l'occasion – portaient le même jugement : dans le privé, l'homme est affable, cordial, attentif, capable d'élans et même de compassion envers les blessés de la vie. On aurait envie d'ajouter : quel dommage qu'il ait fait de la politique, car en ce domaine, le prince charmant devenait ogre.

L'ambition fit de lui un assassin politique. Il a planté son poignard successivement dans le dos de Jacques Chaban-Delmas, Valéry Giscard d'Estaing et Raymond Barre, qui risquaient de lui barrer la route de l'Elysée. Il alla même jusqu'à assurer la défaite de Giscard en encourageant les gaullistes à voter pour Mitterrand en 1981, assurant ainsi la victoire d'un parti socialiste écarté du pouvoir depuis plus de vingt ans. Comme disait Edouard Balladur, qui avait essayé – en vain – de lui jouer le même tour :

« Il a tellement trahi qu'il ne pardonne pas la trahison. »

Et Raymond Barre :

« Il a une grande capacité de nuisance. »

Ceux qui étaient du même bord que lui sont mieux placés que quiconque pour juger Jacques Chirac. Voici un bref florilège [1] :

Alexandre Sanguinetti : « C'est un activiste : de l'action sans pensée. »

Marie-France Garaud, sa conseillère : « C'est notre meilleur coureur de 400 mètres haies ; malheureusement, si l'on enlève les haies, il continue de sauter. »

Jacques Foccart : « Il n'appartient pas à la très petite phalange des hommes d'Etat dotés d'une vision loin-

---

1. Souvenirs de l'auteur ou tiré des ouvrages de Jean Mauriac, *op. cit.*, Jacques Foccart (*Foccart parle*, 2 vol., Fayard) et Franz-Olivier Giesbert (*La Tragédie du président : scènes de la vie politique, 1986-2006*, Flammarion).

taine et de la capacité de prendre dans la solitude du chef les bonnes décisions au bon moment. »

Raymond Barre : « C'est un pantin désarticulé qui réagit sans jamais réfléchir. »

Olivier Guichard : « Brutalité, inconséquence, aucune réflexion, mépris des décisions prises, ton toujours péremptoire... Il demeure le plus conservateur des conservateurs. »

Jean de Lipkowski : « Toute sa vie il a été ballotté par des conseillers, incapable de prendre seul une décision, d'arrêter une ligne de conduite et de s'y tenir... Il n'a jamais écrit un seul discours et il ne relit même pas ceux qui ont été écrits pour lui. »

Louis Joxe : « L'homme est fragile. Il n'a pas de colonne vertébrale, il change tout le temps. »

Pierre Mazeaud : « Il ne sait faire que de la politique. »

Nicolas Sarkozy : « On croit que Jacques Chirac est très con et très gentil. En fait, il est très intelligent et très méchant. »

Maurice Druon : « C'est une bicyclette : il ne tient debout que quand il roule. »

Robert Boulin : « Chirac, le plus grand des démagogues, dont toute la politique se résume à faire des coups, qu'il improvise, vit dans l'instant, se laisse aller à des impulsions. »

Finalement, l'appréciation la moins défavorable vient d'un adversaire (si l'on peut dire), François Mitterrand : « Il y a quelque chose d'irrationnel en lui. »

Laissons à Jacques Chirac, pour la postérité, le bénéfice de ce mot de Rivarol :

« C'est sans doute un terrible avantage que de n'avoir rien fait, mais il ne faut pas en abuser. »

Circonscriptions _____

Ah! Les campagnes électorales de jadis, animées, bruyantes, joyeuses parfois, avec les odeurs de fumier, de bouffardes, les ronds de gros rouge sur les tables, les bruits de croquenots, les claques sur les omoplates!

Histoire de s'amuser un peu, voici quelques souvenirs glanés en ces années déjà anciennes.

Député extrêmement conservateur, avant la dernière guerre, des Basses-Pyrénées (devenues depuis Pyrénées-Atlantiques), Jean Ybarnegaray coiffé de l'indispensable béret se présente, comme il est de règle en Pays basque, debout dos au fronton de pelote, devant les électeurs de la commune rassemblés, curé en tête. Il s'apprête à prendre la parole. Le prêtre lève la main :

« Avant de t'entendre, Jean Ybarnegaray, tu dois répondre à cette question : on dit que tu as plusieurs maîtresses ; est-ce vrai ? »

On ne rigole pas avec la morale, chez les Basques... mais en ce temps-là, les femmes n'ont pas encore acquis le droit de vote (elles devront attendre 1945). Le candidat bombe le torse, parcourt du regard l'assistance et, d'une voix forte, répond :

« Curé, tu as raison. Jean Ybarnegaray a plusieurs

maîtresses. Mais ce que tu ignores, c'est le nombre de femmes qui se sont offertes à lui et qu'il a refusées ! »
Pas une voix ne lui manquera dans la commune.

En 1951, à Saint-Gaudens, dans la partie pyrénéenne de la Haute-Garonne, Hippolyte Ducos sollicite le vote de ses concitoyens. C'est un vieux radical, doyen d'âge de l'Assemblée nationale, respecté de tous, helléniste réputé. Du fond de la salle où se tient sa réunion, un loustic copieusement imbibé lui lance :
« Tais-toi, vieux con, tu n'es pas républicain ! »
Interloqué, au lieu d'ignorer l'interrupteur ou, d'un mot, le remettre à sa place, le brave homme entreprend de se justifier :
« Pas républicain ? Je ne suis pas marié à l'église.
— Tais-toi, insiste le pochard, tu n'es pas républicain.
— Mes enfants ne sont pas baptisés.
— Tu n'es pas républicain ! »
Que faire ? Notre candidat, bien que vieux routier de la politique, ne s'est jamais trouvé dans une telle situation. Il croit pouvoir relever le défi :
« Et que faut-il faire, pour être un bon républicain ?
— S'être fait enterrer civilement ! »

Dans la Mayenne, Robert Buron fait sa tournée. A Evron, il annonce après une réunion qu'il doit en tenir une autre au sud du département, à Saint-Denis-d'Anjou : « Je dois faire vite, je vais prendre la route la plus rapide, par Sablé.
— Mais Sablé, lui objecte un notable, c'est dans la Sarthe.
— Oui. Et alors ?
— Mais vous allez sortir de la Mayenne ! »

A Saint-Brieuc, Henri Bouret est bien implanté : la Bretagne vote démocrate-chrétien. Ce député jeune et sympathique aime à rendre service, sa porte est toujours ouverte et parfois, dans le pays, on en abuse. Bouret a déjà aidé une vieille électrice qui lui a écrit, sollicitant une aide : « Je n'arrive pas à m'en sortir. Depuis la mort de mon mari, il n'y a plus une seule bête à corne à la ferme. » Cette brave dame l'implore, cette fois, de lui acheter un dixième de la Loterie nationale. Il refuse, elle insiste, il se laisse fléchir.

« Le pire est arrivé, me dit-il, elle a gagné ! Pas une grosse somme certes, mais enfin elle a gagné... Ils sont venus par dizaines me demander le même service. Je ne pouvais bien entendu que refuser, ce que j'aurais dû faire la première fois. Le nombre d'électeurs que j'ai perdus, c'est pas croyable. »

Ainsi s'établissaient les relations entre élus et électeurs. A la bonne franquette. C'était il y a une cinquantaine d'années. Mais un autre monde.

Les préaux d'école, les comptes rendus de mandat, les vins d'honneur appartenaient à une époque où le député était attendu le samedi matin à sa descente du train par son comité, en quête des nouvelles de Paris. Aujourd'hui, pas un gardien de phare, pas un berger des Bauges qui ne sache avant son élu ce qui se passe en France, dans le monde... et parfois même à l'Assemblée nationale. On est entré dans l'âge de la télévision, des sondages, d'Internet.

Restent les reliques : panneaux, affiches, isoloirs, urnes, scrutateurs... et circonscriptions. Celles-ci, elles n'ont pas bougé depuis la Révolution française.

Chez nous, bien qu'ils ne représentent que 15 % de la population active, les ruraux restent les privilégiés du scrutin. Le député de Longjumeau, dans l'Essonne, vaut en nombre d'électeurs cinq fois celui de Marvejols, en Lozère. Toulouse n'a droit qu'à quatre conseillers généraux et le reste du département de Haute-Garonne, dont la population totale ne représente guère que la moitié de celle de la ville rose, s'en offre trente-cinq. Là-bas, un paysan vaut quinze citadins. Il est vrai qu'il se trouve de beaux esprits chez nous pour prétendre, et peut-être pour croire, que nos bourgs pourris apportent un élément de stabilité dans la nation. Toujours la peur des villes !

On peut parfaitement comprendre que les habitants des campagnes se désolent de se voir privés de services et de commerces de proximité : mais qui va au supermarché, sinon eux ? Que l'on soit attaché au facteur et au boulanger, rien de plus normal, après tout. Mais qu'on ne déborde pas dans la politique en condamnant les cités à être sous-représentées.

Que dire des communes, qui sont à peu de chose près aussi nombreuses que les paroisses de l'Ancien Régime. Je notais dans un livre publié il y a plus de trente ans [1], mais la situation n'a pas changé, qu'à elle seule la France possédait plus de communes que les cinq autres pays fondateurs de la Communauté européenne, et trente fois autant que la Grande-Bretagne plus peuplée qu'elle.

L'organisation (si l'on peut dire) municipale française est une source de charges excessives. Les regroupements de communes sont encore ridiculement peu nombreux; bien des maires, qui pourtant se plaignent des responsabilités qui leur incombent, préfèrent conserver l'écharpe tricolore et chercher de l'aide auprès de l'autorité préfectorale plutôt qu'entrer dans une collectivité capable de vivre mieux en coûtant

---

1. *Ça suffit !*, Grasset.

moins cher. De minables rivalités poussent les maires à exiger une piscine ou un centre « culturel » alors qu'il suffit (ou plus exactement *parce* qu'il suffit) à leurs administrés de se rendre dans la commune voisine où de telles réalisations existent déjà. On sonne le tocsin quand un bureau de poste sans usagers est remplacé par un car et l'on se jugerait indigne du mandat reçu des électeurs si l'on n'entretenait pas plusieurs routes pour relier les deux mêmes localités.

Un ministre de l'Intérieur, Christian Fouchet, avait songé à imposer des regroupements de communes. La crise de mai 68 a mis fin à ce rêve en même temps qu'au ministre. Deux ans plus tard, le Premier ministre Jacques Chaban-Delmas avait envisagé la création de quatre cents cantons urbains et la suppression d'un certain nombre de cantons ruraux dépeuplés. Ce fut une levée de boucliers : les conseillers généraux des déserts découvrirent qu'ils devaient représenter, à défaut de la population, l'espace. On abandonna le projet, comme le président Sarkozy a écarté la suggestion de Jacques Attali de supprimer les départements.

Bref, comme le disait un jour Jacques Chirac, remettant en carton une réforme, selon la méthode éprouvée qui lui permit de régner douze ans, « les Français n'aiment pas être bousculés ».

Colonialisme _____

Le 30 mars 1885, à la Chambre des députés, Georges Clemenceau monte à la tribune. Il a quarante-quatre ans. Il n'est pas encore « le premier flic de France », moins encore « le Père la Victoire », mais on l'appelle déjà « le Tigre », qui déchire les gouvernements de ses griffes. Ce 30 mars, il s'en prend sauvagement au président du Conseil Jules Ferry :

« Oui, tout est fini entre nous ; nous ne voulons plus vous entendre ; nous ne voulons plus discuter avec vous les grands intérêts de la patrie. Nous ne vous connaissons plus, nous ne voulons plus vous connaître... Ce ne sont plus des ministres que j'ai devant moi, ce sont des accusés de haute trahison sur lesquels, s'il subsiste en France un principe de responsabilité et de justice, la main de la loi ne tardera pas à s'abattre. »

Cette diatribe assassine, que Clemenceau dira plus tard regretter, est accueillie par des applaudissements à l'extrême gauche comme à droite. C'en est fait de Jules Ferry et de son gouvernement. Et l'homme accablé, sortant du Palais-Bourbon, est accueilli par une foule qui crie : « Mort au Tonkinois ! »

De quoi ce républicain intègre, qui a si profondément marqué l'enfance de la IIIe République, s'est-il rendu coupable ? De colonialisme (bien que le terme ne figure pas encore dans le vocabulaire politique). Une malheureuse expédition au Tonkin, mal préparée, a entraîné un conflit avec la Chine et une défaite militaire à Lang Son. Clemenceau a sauté sur l'occasion.

L'histoire de la colonisation française est, comme beaucoup d'entreprises dans notre pays, pleine de contradictions, de passions éphémères, d'épopées et de calculs, de dévouements et de sacrifices, mais aussi d'ignorance, de sottise et de démagogie. La France qui, au XIXᵉ siècle, est en passe de devenir la deuxième puissance coloniale du monde, derrière l'Angleterre, rencontre du même coup celle-ci pour rivale et les occasions ne manquent pas de se chamailler. Mais alors que l'Angleterre, reine des mers, a poursuivi une politique coloniale pragmatique et cohérente, sûre de l'adhésion du peuple britannique, la France a suivi une voie zigzagante. Louis XV a abandonné sans grand chagrin à Albion le Canada (quelques arpents de neige, disait stupidement Voltaire) et l'Inde. Napoléon a vendu la Louisiane aux Etats-Unis. Les colonies laissèrent longtemps indifférents les terriens que nous sommes. Le cœur des Français ne battait guère pour l'Algérie, le Sénégal, la Cochinchine, les îles antillaises et la Réunion, possessions que la IIIᵉ République a trouvées dans son berceau.

Jules Ferry, lui, a des ambitions. Clemenceau le combat parce qu'il croit que ce politicien voudrait faire oublier l'Alsace et la Lorraine, cesserait d'avoir l'œil fixé sur la ligne bleue des Vosges pour tourner son regard vers le Congo et le Mékong; les « provinces perdues » le seraient définitivement pour lui et il affaiblirait notre potentiel militaire en Europe pour des aventures en Extrême-Orient.

C'est un contresens. Le Vosgien qu'est Ferry

n'oublie ni Strasbourg ni Metz. Il veut planter outre-mer, partout où c'est possible, le drapeau français, rendre ainsi à notre pays sa fierté après le désastre de 1870. Il trouve pour soutenir cette politique des appuis au Parlement (députés français des colonies), la Société de géographie, des explorateurs comme l'officier de marine Savorgnan de Brazza, qui avec des moyens dérisoires taille un immense domaine français en Afrique. Peu à peu, l'opinion prend conscience de l'enjeu, et bientôt se passionne pour la grande aventure. La colonie devient une affaire politique, la gauche célèbre l'instituteur, la droite le missionnaire et tout le monde le soldat. Mais personne ne se soucie de savoir ce que pensent les peuples colonisés de cette « œuvre civilisatrice ».

La conquête n'est pas partout une promenade. Il faut combattre le roi Behanzin au Dahomey, le sultan Ahmadou et l'almany Samory sur le Niger, la reine Ranavalona à Madagascar... et la Chine pour s'emparer du Tonkin.

Quand éclate la guerre en 1914, les autorités françaises jugent légitime de faire endosser l'uniforme aux indigènes des peuples conquis dont les ancêtres deviennent les Gaulois. Beaucoup de Maghrébins, d'Indochinois, d'Africains noirs y laisseront leur peau, mais on ne fera pas pour autant de ces gens des citoyens. On distribue assez généreusement les croix de bois et les décorations, mais pas de cartes d'électeur.

Un grave signal va partir du Maroc en 1921. Abd el-Krim entre en lutte contre la France et la guerre du Rif durera six ans. On le capture, on l'incarcère, bon débarras. La France a son Empire, elle est présente dans les cinq parties du monde. Les lycéens adhèrent à la Ligue maritime et coloniale et, en 1931, l'Exposition coloniale accueille à Paris des millions de visiteurs enthousiastes : on admire la reconstitution du temple d'Angkor Vat, on rigole devant les négresses à plateau, on achète des bagues en poil d'éléphant, on regarde bouche bée les danseuses cambodgiennes. Et tout ça c'est à nous...

Le dernier conflit mondial a incendié la planète. Les peuples sous tutelle secouent leurs chaînes. Avec lucidité, l'Angleterre mesure immédiatement la force, et prévoit l'issue de cette aspiration à l'indépendance. Au contraire de la France, elle s'est donné des interlocuteurs, au premier rang desquels Gandhi. Elle a compris qu'on ne reste qu'en partant. Amener le drapeau ne signifie pas humilier la patrie, mais établir un autre type de relations. L'administrateur et le militaire anglais s'en vont, mais des diplomates leur succèdent et surtout ils laissent la langue, des circuits commerciaux, des échanges culturels : la confiance remplace la subordination.

Nous nous obstinons, nous, à conserver l'Empire. Nous en serons chassés.

Pourtant les alertes ne manquent pas : émeutes en 1945 à Sétif en Algérie, en 1946 à Hanoï, en Indochine, en 1947 au Maroc et à Madagascar. Nous répondons par les armes et par une politique d'illusionnistes. On va chercher un roi fantoche au Vietnam, un sultan de pacotille au Maroc.

Nous étions peu nombreux, à la Libération, à comprendre et à dire que c'en était fini du système colonial. Les campagnes du journal *Franc-Tireur*, à la rédaction duquel j'appartenais, ne recueillaient alors guère d'écho. Mon ami Jean Rous, socialiste reconverti du trotskisme, s'était voué à la cause de l'indépendance des colonisés. Je rencontrais dans son bureau tous ceux qui deviendront chefs d'Etat ou ministres : Habib Bourguiba, Ferhat Abbas, Mohammed Alaoui, parent du Sultan. Rous attirait à lui un grand nombre de délinquants politiques qui, quelques années plus tard, seront reçus à l'Elysée avec des courbettes. Il ratissait large. Un jour que lui et moi revenions au journal, nous tombâmes sur un confrère du service sportif en conversation avec un gigantesque Noir. Rous se précipita, main tendue, et invita le colosse à le suivre :

« Ah non! s'écria notre confrère. Celui-là, tu me le laisses. C'est un boxeur! »

Les petits-enfants de ceux qui conspuaient « Ferry le Tonkinois » applaudissent à l'envoi d'un corps expéditionnaire en Indochine. Tous nos dirigeants politiques, du général de Gaulle à Joseph Laniel, le dictateur à tête de bœuf[1], y allèrent de leurs couplets patriotiques... jusqu'à ce que le désastre de Diên Biên Phu, stupidité stratégique venant à l'appui de l'aveuglement politique, mette fin dans la honte aux rodomontades et permette au lucide Pierre Mendès France de négocier la paix.

L'issue de ce lamentable conflit, qui dura huit ans, ne servit pas de leçon. A peine la guerre d'Indochine prenait-elle fin qu'éclatait celle qui ensanglantera l'Algérie pendant huit autres années. Un régime – la IVᵉ République – y laissa sa peau et en procura une toute neuve au général de Gaulle.

La décolonisation ne pouvait se faire dans l'allégresse. Du moins était-il possible, comme les Anglais, de la réussir sans honte. Notre stupide vanité nous a couverts de boue. La chance a voulu que les Améri-

---

1. Ainsi le nomma François Mauriac dans un de ses « blocs-notes » de *L'Express*.

cains aient pu faire oublier aux Vietnamiens la guerre française, mais elle ne nous a pas souri en Algérie. La cécité des pieds-noirs, leur comportement « petit Blanc » ne justifiaient pas les conditions dans lesquelles ils ont dû quitter leur pays. Et un homme courageux et estimable comme Pierre Messmer ne peut être excusé, comme ministre des Armées, de son impitoyable attitude envers les harkis, rejetés chez eux et traités en parias chez nous.

Nous n'avons pas à nous excuser d'avoir été des colonisateurs, ni à rougir de l'œuvre accomplie. Ce que nous avons, en revanche, à nous faire pardonner, c'est d'avoir été de bien piètres décolonisateurs.

Communistes _____

L'une des phrases les plus frappantes, par sa concision autant que par son exactitude, qui aient été prononcées au sujet du parti communiste – c'était après la dernière guerre, quand celui-ci représentait une force impressionnante, dans le pays comme au Parlement – est à mettre au crédit de Guy Mollet, secrétaire général du parti socialiste :

« Les communistes ne sont pas à gauche, ils sont à l'Est. »

Tout était dit. On pourrait en effet écrire l'histoire du PC français en suivant celle de l'URSS. Né avec le régime soviétique, il est mort avec lui. Pendant soixante-dix ans, ce fut un corps étranger diffusant ses toxines dans l'organisme national. Aujourd'hui on parle de lui comme d'un objet qui n'intéresse que l'archéologie politique. Les débris qui en restent se mettent à l'ombre du rosier socialiste, mégotant des alliances pour conserver les quelques municipalités qui, on ne sait pourquoi, leur font encore confiance. Cette agonie qui n'en finit pas ne peut faire oublier que ce parti a pourri la vie publique du pays : dès sa création, à Tours en 1920 (voir l'article : Socialistes), il ne fut que l'outil docile de l'URSS. Les plus enragés anticommunistes eux-mêmes ne pouvaient imaginer une si totale sujétion, obéissant aux variations de la diplomatie russe et vivant des subsides envoyés de Moscou. Si l'argent est le nerf de la guerre, il l'est aussi de la révolution.

« En 1918-1920 encore, écrit Philippe Robrieux [1], les envoyés du bolchevisme préposés à l'aide internationaliste arrivaient dans les pays capitalistes avec des valises à double fond, bourrées de pierres précieuses. C'est ainsi que le "camarade Thomas", responsable pour l'Europe occidentale, s'était vu entraîné à la fin de l'année 1919 au Kremlin dans une chambre forte, où il s'était retrouvé au milieu de gigantesques et fabuleux trésors, produits de toutes les confiscations opérées par la Tchéka [2]. "Prenez, prenez, lui disait Hanecki, prenez encore, prenez davantage !", et Thomas avait pris. Il était parti pour Berlin avec le conseil d'écouler progressivement l'or et les pierres précieuses, ce qu'il avait fait. A partir de 1921, le temps des pierres précieuses et du western kominternien s'achève. On passe aux dollars. On passe aussi à la comptabilité. »

Il faut aussi parler de la « bio », une trouvaille policière haut de gamme, à faire rêver les Renseignements généraux. Chaque adhérent au parti doit remplir une fiche biographique complète, qui constitue la base d'un dossier enrichi d'année en année en suivant le parcours de l'intéressé. Ce document est établi sur le modèle en usage en Russie. Il ne renferme pas seulement des informations sur l'état civil, mais des renseignements sur la vie privée, tels que le passé politique du militant, les opinions des membres de sa famille, ses fréquentations, etc. Et interdiction d'en conserver un double. La « bio » est un examen de conscience et une fiche de délation.

---

1. *Histoire intérieure du parti communiste*, t. I, Fayard.
2. Police politique, qui deviendra le GPU, puis le NKVD.

Au lendemain de l'autre guerre, dans les années vingt, l'URSS compte sur une explosion révolutionnaire en Allemagne. La déception suit de peu l'espoir et, en Europe occidentale, c'est sur les communistes français que les soviets placent leur mise. La direction, à Paris, compte pour du beurre, c'est de Moscou que tombent les consignes, notamment celle qui exige la « professionnalisation » du parti, c'est-à-dire la multiplication des « permanents » appointés et qui par conséquent sont au garde-à-vous. Pendant vingt ans, les virages, le plus souvent des tête-à-queue, se succéderont, au gré du vent qui souffle des steppes : en 1921, le « front unique » préconise le rapprochement avec les socialistes ; en 1927, il faut se battre « classe contre classe » ; en 1932, retour au « front unique » ; en 1936, c'est le Front populaire, et le PC ratisse large, jusqu'aux chrétiens. Maurice Thorez leur tend la main et célèbre dans un discours les bâtisseurs de cathédrales.

La guerre civile fait rage en Espagne à la même époque. Les communistes sont nombreux à s'enrôler dans les « brigades internationales » ; on combat Franco, mais leurs chefs sur place, notamment André Marty, font le ménage pour écarter les « traîtres » anarchistes et trotskistes. Car à Moscou, les grands procès se montent comme une pièce shakespearienne, mais nos intellectuels – André Gide (pour très peu de temps, rendons-lui cette justice), André Malraux, Romain Rolland – bêlent dans le troupeau dont Thorez est le molosse et Staline le berger.

Il est vrai que, cinq ans plus tôt, un procès à la moscovite s'est déroulé à Paris. En 1929, c'est Barbé qui dirige en fait le parti. L'astre de Maurice Thorez, enfant chéri à Moscou, commence seulement à briller. Barbé est suspect, il n'est pas « dans la ligne ». Qui va prendre l'affaire en main ? Le Russe Manouilski. Tout le monde lâche celui qu'on portait aux nues la veille. Barbé est envoyé à Moscou, où il est mis sous pression, tandis qu'à Paris Thorez s'installe à sa place. L'instruction en URSS est conduite avec art; Barbé, lessivé, dit tout ce qu'on veut, jusqu'au jour où Manouilski lui suggère d'aller faire une tournée de propagande... en Oural. Un « conseil » qui devient un ordre. Ce n'est qu'en prétendant avoir rencontré l'ambassadeur de France et lui avoir exposé sa situation que Barbé peut retrouver son passeport et regagner Paris. Il finira en nazi, avec son ami Jacques Doriot.

En 1939, à la veille du dernier conflit mondial, Hitler et Staline signent un pacte qui leur permettra de se partager la Pologne.

Si le général de Gaulle et ceux qui le suivent entrent en résistance à partir de juin 1940, les communistes ne les imiteront qu'un an plus tard, quand Hitler fera entrer ses armées en Russie. Jacques Duclos, patron clandestin du parti en l'absence de Thorez qui, déserteur, a gagné Moscou (« le premier parti de France », ricane-t-on), tente même d'obtenir des autorités allemandes l'autorisation de faire reparaître *L'Humanité*.

La résistance communiste, courageuse, fut aussi impitoyable. En dépit des consignes du général de Gaulle, les militants abattirent des militaires allemands, provoquant l'exécution de nombreux otages. Et comme l'ont démontré, dans un ouvrage solidement documenté, deux historiens [1], le PC disposait pendant l'occupation d'une police politique – le « détachement Valmy » – chargée sous les ordres directs de Jacques Duclos d'assassiner les « renégats » et les « traîtres » ainsi que d'organiser des attentats spectaculaires.

---

1. Jean-Marc Berlière et Franck Liaigre, *Liquider les traîtres : la face cachée du PCF, 1941-1943*, Robert Laffont.

Le PC a payé très cher son action clandestine, même si les pertes n'atteignirent pas le chiffre dont les communistes firent leur slogan à la Libération : le « parti des 75 000 fusillés ». Son patriotisme n'est mis en doute par personne, bien que sa patrie ne soit pas celle des autres Français.

En 1944, dans la France libérée, c'est la grande fraternisation des vrais et des faux résistants, des petits et des grands « collabos ». La guerre n'est pas finie, les armées de l'Ouest et de l'Est convergent à travers l'Europe. Le général de Gaulle a fait entrer des communistes dans son gouvernement (comment aurait-il pu l'éviter ?) et Maurice Thorez, revenu d'URSS, est réhabilité. Staline, recevant le Général au Kremlin en décembre, lui a offert une plaisanterie à la Tarass Boulba :

« Thorez est un bon Français. Vous verrez par vous-même. Avant de le mettre en prison, vous devriez attendre un peu. »

De Gaulle, en réalité, a besoin de Thorez. Les communistes s'agitent, ils sont armés. Les « milices patriotiques », le général entend les dissoudre. Le déserteur de 39 va s'y employer.

Pendant le tour de France qu'il entreprend pour rétablir l'autorité de l'Etat, un Etat inexistant, le chef du Gouvernement provisoire de la République s'aperçoit de la fragilité du tissu national. Le PC est présent partout et il fait sentir sa force, même en souriant. A Lyon par exemple, les combattants des maquis sont rassemblés place Bellecour. Le commissaire de la République, Yves Farge, entretient un flirt très poussé avec les communistes et il me racontera la scène en se passant la langue sur les lèvres.

« Où sont les corps constitués ? » lui demande de Gaulle.

75

Et Farge :

« En prison, mon général. »

La lune de miel du PC et des autres partis durera jusqu'en 1947. Rien ne va plus quand la « guerre froide » succède au temps des sourires. Les événements se précipitent. Paul Ramadier, président du Conseil, exclut les ministres communistes de son gouvernement. Une scission de la CGT donne naissance à Force ouvrière. Pendant plusieurs mois, la France connaît un climat de guerre civile. Si faibles qu'ils paraissent, les gouvernements de Robert Schuman et d'Henri Queuille tiennent bon. Des débats homériques transforment l'hémicycle du Palais-Bourbon, selon les heures, en arène romaine ou en champ de foire. Les communistes traitent Schuman de boche, qui a « porté le casque à pointe », Jules Moch, ministre de l'Intérieur, d'assassin dont les mains sont « rouges de sang ». Ils entonnent *La Carmagnole* et *Salut à vous, braves soldats du 17ᵉ*, la chanson de Montéhus en l'honneur du régiment qui, au début du siècle, dans un conflit avec les viticulteurs du Midi, avait refusé de tirer sur les manifestants. L'opposition ne se fait pas non plus prier pour pousser *La Marseillaise*. Elle fait aussi, parfois, preuve d'humour. Ainsi, à la commission des Affaires étrangères, le marquis Roland de Moustier est pris à partie par le communiste Pierre Villon qui, pour exprimer son aversion, lui donne du « monsieur le marquis » :

« Je ne crois pas, monsieur Villon, que vous ayez servi chez moi. Appelez-moi mon cher collègue, comme tout le monde. »

Une sorte de *modus vivendi* s'établit. Les communistes multiplient les incidents et les grèves, mais ne sont pas en mesure d'aller au-delà. Ils conservent leur ascendant sur les intellectuels, qui décidément sont toujours les derniers à comprendre ; il ne viendrait à personne, dans l'intelligentsia, l'idée de comparer Staline à Hitler. Les « penseurs » font une moue dégoûtée devant les manifestations de l'« anticommunisme primaire » et, comme Jean-Paul Sartre, ne veulent pas « désespérer Renault ». Seul Raymond Aron dénonce l'escroquerie du communisme et la lâcheté des clercs.

A aucun moment de la longue période – quarante années – qui s'étend de la tombée du rideau de fer à l'effondrement de l'empire soviétique, le parti communiste français ne fera un seul pas hors de la voie tracée par Moscou. Pas un des événements majeurs qui ont bouleversé le monde – la rupture de Tito avec l'URSS en 1948, la mort de Staline en 1953, la révolte de Budapest réprimée dans le sang en 1956 et, la même année, la publication du rapport Khrouchtchev dénonçant les crimes de Staline, le printemps de Prague en 1968, la parution de *L'Archipel du Goulag* de Soljenitsyne en 1973, la naissance de Solidarnosc en Pologne en 1980 – n'a fait vaciller le PC dont on peut même dire qu'il est resté, dans ses méthodes comme dans son organisation, stalinien. Mais la tête et le corps ne fonctionnèrent pas au même rythme, peu à peu les sorties se firent plus nombreuses que les entrées tandis que tarissait le flot des subsides, ne laissant pour garnir les caisses du parti que les cotisations étiques des adhérents et la vente du muguet le 1er mai. Le coup de grâce fut donné par François Mitterrand qui les accueillit dans son gouvernement pour mieux les étrangler.

Et, sur leur gauche, un petit facteur trotskiste les regarde en rigolant.

Culture

Georges Mandel était, en ses jeunes années, le secrétaire de celui qu'on appelait toujours le Tigre et pas encore le Père la Victoire.

Peu avant la Première Guerre mondiale, Mandel lui présenta un matin un article destiné au journal que le redoutable polémiste venait de créer, *L'Homme libre*. Un autre jeune rédacteur de la feuille, Georges Gombault, que j'ai connu beaucoup plus tard, m'a raconté que Clemenceau, après avoir lu le billet, laissa tomber :

« Mon petit Mandel, en français une phrase se compose d'un sujet, d'un verbe et d'un complément. Pour les adjectifs, vous me consulterez. »

Mandel, il est vrai, n'avait d'autre diplôme *que* le baccalauréat, en un temps qu'Albert Thibaudet appelait la « République des professeurs ». Certes le Parlement n'était pas exclusivement composé d'universitaires, mais il baignait, comme tout ce qui constituait « l'élite » de la nation, dans un climat de culture classique, littéraire. Bien que les célébrités du monde scientifique – pour l'essentiel Louis Pasteur et les époux Curie – fussent honorés dans nos écoles, l'encensoir n'était balancé d'une main ferme que devant les sommités des Lettres et du Droit : les langues (mortes), grec et latin, la philosophie, l'histoire, la littérature, ce qu'on rassemblait sous le vocable d'« humanités » était le picotin dont se nourrissait le personnel politique.

De toutes les personnalités qui ont dominé les affaires publiques, pendant la période qui précéda la guerre de 1914-1918, un seul appartenait au corps médical, Clemenceau, et deux seulement étaient mathématiciens, Paul Painlevé et Louis Loucheur. Tous les autres appartenaient au monde des Lettres et du Droit. A ces titres, Joseph Caillaux ajoutait celui d'inspecteur des Finances et Paul Reynaud celui de diplômé de l'Ecole des hautes études commerciales : ce qui en faisait, entre Chambre des députés et Sénat, des spécialistes en économie et finances : c'est dire l'indigence du Parlement en ces matières. On se réfugiait derrière des « mots ». Celui du baron Louis : « Faites-moi une bonne politique, je vous ferai de bonnes finances. » Le calembour qui courait sur le ministre Raoul Péret : « Si Raoul pouvait, Raoul paierait. » Les « millions du père Gaspard » accumulés par le Normand réputé sage Henry Chéron... Ceux qui alors connaissaient vraiment le sens de l'inflation, du crédit, de l'investissement, de la monnaie, il fallait aller les chercher outre-Manche et outre-Atlantique.

La IIIe République était celle d'une intelligentsia qui plaçait l'éducation (plus exactement l'instruction) [1] comme article premier de son programme depuis ses fondateurs avec Jules Ferry. Mais quelle était l'orientation des études secondaires et universitaires ? Les politiciens donnaient la réponse. La langue française, qui dominait l'Europe aux XVIIe et XVIIIe siècles et

---

1. Ce qui est aujourd'hui ministère de l'Education nationale s'appelait alors Instruction publique.

s'effaçait déjà devant l'anglais – qui s'annonçait comme langue universelle, laissant au placard d'où ils n'étaient jamais sortis esperanto et volapük –, restait le joyau révéré de l'Université, des salons et de la politique. Tous les partis sans exception célébraient le culte de la grammaire, de l'orthographe, de la syntaxe, du style et, à l'école primaire, de la calligraphie.

Cette IIIe République survécut sous les traits de la Quatrième : les Auriol, Coty, Bidault et Pleven étaient les avatars des Tardieu, Flandin, Briand et Chautemps. Lettres et Droit, Droit et Lettres. Plus Sciences-Po, devenue Institut d'études politiques. Il y avait même *le* médecin : le Dr Queuille.

Le paysage changea avec la Cinquième. L'arbre planté par Michel Debré au lendemain de la guerre était devenu forêt. L'Ecole nationale d'administration (ENA) occupa l'espace. La République des professeurs était morte. L'heure avait sonné de la République des fonctionnaires. De moins en moins d'universitaires et de juristes, de plus en plus d'inspecteurs des Finances, de conseillers d'Etat et de préfets. Valéry Giscard d'Estaing, qui faisait entrer, après Albert Lebrun, Polytechnique à l'Elysée, était aussi énarque. Dans l'univers politique aujourd'hui, l'ENA place ses hommes, à droite comme à gauche. L'agrégé Alain Juppé se sentait bien seul, quand il siégeait encore au Palais-Bourbon.

Nos derniers présidents littéraires furent Charles de Gaulle, qui récitait *Andromaque* par cœur; Georges Pompidou qui, me recevant un jour à l'Elysée, exaspéré par les fautes d'orthographe trouvées dans la lettre que lui adressait un ancien élève de Normale, m'annonça qu'il allait renvoyer à son auteur ce texte corrigé ; François Mitterrand enfin, dont le beau langage séduisait même ses adversaires de droite. L'ENA est entrée rue du Faubourg-Saint-Honoré avec Jacques Chirac et aujourd'hui Nicolas Sarkozy reçoit les éditeurs pour leur assener que la belle littérature, celle qui se vend moins bien que les mémoires d'une présentatrice de télévision, est « une connerie » et pour leur conseiller de ne pas « faire leur Saint-Germain-des-Prés » (le Président retarde d'un bon demi-siècle).

Ce qui ne l'empêche pas d'employer un ministre de la Culture, poste créé par le général de Gaulle en 1959 pour André Malraux et qui survit depuis cinquante ans. Ce portefeuille s'imposait, ce qui n'était pas le cas sous la IIIᵉ République, quand l'éclat de la culture française n'avait besoin que d'un sous-secrétaire d'Etat aux Beaux-Arts. De sorte qu'aujourd'hui la Culture est devenue, comme la Police, l'Armée et le Fisc, une affaire d'Etat.

« La culture, disait Edouard Herriot, c'est ce qui reste quand on a tout oublié. » Aujourd'hui, c'est elle qui est oubliée.

Décentralisation _____

Feuilletant il y a quelques années la revue corse *Autonomia*, dans le but d'écrire un pamphlet contre les agités du régionalisme, je découvris le texte d'une lettre que le maréchal Lyautey avait envoyée en 1928 à son ami Jean de Pange. Le nationalisme du journal trouvait dans cette correspondance du grain à moudre, ce qui me surprenait, venant d'un maréchal de France, membre de l'Académie française, ministre de la Guerre, bras droit de Gallieni, pacificateur du Maroc. Lyautey écrivait :

« Au moment où la guerre tournait mal, en 1917, je me disais : s'il faut refaire une grande Lotharingie allant de la Suisse à la mer du Nord et englobant la Franche-Comté et la Lorraine, ne m'y trouverais-je pas très bien ? Je n'aime pas le drapeau tricolore, je n'aime que le drapeau lorrain ! Je me sens chez moi dans toute la vallée du Rhin, à Mayence, à Cologne, parce que je suis franc. Je ne me sens pas bien à Béziers... »

Renversant, non ? Plus patriote que Lyautey, aurais-je dit avant d'avoir lu ces lignes, ça n'existe pas. Eh ! bien si, et apparemment beaucoup. Cet illustre soldat qui fit un nombre incalculable de fois hisser les couleurs (les trois) avoue qu'il *ne les aime pas* et appelle de ses vœux le démembrement du pays qu'il a servi. Comment, sachant cela, douter de la fragilité de la nation française ? Et comment prêter une oreille complaisante à ceux qui, sous prétexte de *décentralisation*, risquent de compromettre l'unité nationale ? En 1969, le général de Gaulle présenta une telle réforme par référendum et les Français, bien inspirés (sans doute d'ailleurs n'avaient-ils pas lu le projet), la rejetèrent, donnant ainsi raison à un bon gaulliste, Alexandre Sanguinetti qui, cette même année, écrivait dans *Le Figaro* :

« C'est la centralisation qui a permis de faire la France malgré les Français. Ce n'est pas un hasard si sept siècles de monarchie, d'empire et de république ont été centralisateurs : c'est que la France n'est pas une construction naturelle. C'est une construction politique voulue pour laquelle le pouvoir central n'a jamais désarmé. Sans centralisation, il ne peut y avoir de France. Il peut y avoir une Allemagne, il peut y avoir une Italie, parce qu'il y a *une* civilisation allemande ou *une* civilisation italienne. Mais en France, il y a plusieurs civilisations. »

Oui, c'est une très longue histoire que celle d'une France où l'Etat précéda la Nation. J'étais allé chercher quelque lumière auprès de Jean-François Gravier, auteur d'un livre qui, en 1947, avait été à l'origine de l'aménagement du territoire [1]. Nous étions remontés aux origines, aux *pagi* (pays) de la Gaule, lieux d'implantation des tribus, regroupés en *civitates* (cités) d'une superficie à peu près équivalente à celle de nos départements, ce qui prouve l'intelligence des constituants de 1790. Les plus grandes de ces unités territoriales donnèrent naissance à certaines provinces (Au-

---

1. *Paris et le désert français*, réédition Flammarion.

vergne, Berry, Limousin, Poitou), œuvres de l'administration romaine qui les léguera à l'Eglise. Ce cadre subsistera jusqu'à la Révolution. Quant aux autres provinces, telles que Champagne, Bourgogne, Flandre, Normandie, Bretagne, elles seront taillées autour de l'an mille par les grands féodaux. Ces espaces à dimension régionale ont été créés contre le (ou plus exactement en l'absence de) pouvoir central. On comprend que Mirabeau ait pu parler d'un « agrégat inconstitué de peuples désunis ».

La différence saute aux yeux, entre les circonscriptions nées de Rome, calquées sur la réalité humaine, et celles qui sont venues de la féodalité, issues des ambitions des grands. L'organisation de la France moderne ressemble davantage, en fin de compte, à celle de l'Empire romain qu'à celle de la féodalité. Avec des monarques comme Philippe le Bel ou Louis XI, le pouvoir central s'affermissait et fournissait à la France un Etat capable de résister aux forces centrifuges. Cette continuité, Alexis de Tocqueville l'a décelée, elle lui fournit la matière de sa grande œuvre [1] qu'en quelques mots François Furet résume [2] :

« Ce sont les conquêtes administratives du roi de France qui sont le trait dominant de l'histoire nationale depuis la fin du Moyen Age et c'est à travers l'administration quotidienne des affaires que le pouvoir exerce son influence sur la société civile. »

La centralisation, qui fut ainsi la grande affaire de tous les régimes, allait-on y mettre fin sous prétexte que les régions devaient se libérer d'un joug prétendu écrasant de Paris ? Depuis soixante ans on s'y est essayé, une première fois sous la IVᵉ République,

1. *L'Ancien Régime et la Révolution*, *Œuvres complètes*, Bibliothèque de la Pléiade, Gallimard.
2. *La Révolution française*, Gallimard.

timidement et, ce qui se justifiait, pour favoriser le développement économique des zones les moins favorisées, avec les « régions de programme », puis à deux reprises sous la Ve République avec les présidents Mitterrand (réforme Defferre) et Chirac (réforme Raffarin). J'en reparlerai.

Le régionalisme, quelle tarte à la crème ! Surtout quand on regarde le découpage que nos technocrates ont réalisé. Prenons la Bourgogne. S'il fut, dans notre histoire, une province qui eut une existence, ce fut bien elle, par la longue et dure rivalité qui l'opposa à la couronne de France. Qu'en est-il aujourd'hui de la Bourgogne ? Sens est tourné vers Paris, Mâcon vers Lyon, Nevers vers la Loire. Reste Dijon, avec la gloire passée des ducs et son magnifique vignoble.

Et la Picardie, qui va de la frontière belge à la Manche, où Amiens et Château-Thierry font assaut de susceptibilités ? Et le Béarn qui se sent mal en Aquitaine ? Et le Pays basque qui n'apprécie guère d'être associé au Béarn ? Marseille et Nice qui se jalousent ? Ajaccio qui n'aime pas Bastia et Bastia qui le lui rend si bien qu'il a fallu diviser la Corse en deux départements ? Metz et Nancy qui se regardent de travers ? Strasbourg et Mulhouse qui en font autant ?

Voici la Normandie, une des rares provinces parfaitement délimitées, dans l'espace et le temps, et cela depuis le traité de Saint-Clair-sur-Epte en 911 : on nous en a fabriqué deux, parce que Caen ne veut pas s'incliner devant Rouen. A la Bretagne on a soustrait la Loire-Atlantique et, à cause de la rivalité entre Rennes et Nantes, bâti (mal) une région Pays de la Loire dont l'originalité est de n'avoir que deux départements sur cinq qui soient baignés par ce fleuve.

Et ce monstre qu'est la région Rhône-Alpes, que

faut-il en penser ? Je sais qu'il existe une région lyonnaise, même si l'histoire ne la connut pas depuis l'empire romain, avec le Beaujolais, le Mâconnais, la Bresse, la Dombes, le Forez, le Bugey, le Bas-Dauphiné, une partie du Vivarais et du Velay. Je sais ce qu'est la Savoie, je puis à la rigueur concevoir une région Alpes, encore qu'il n'y ait pas grand-chose de commun entre Chamonix et Digne, mais Rhône-Alpes, certainement pas. Pourquoi pas, raisonnablement, une région Savoie-Dauphiné, une région Lyon-Loire ?

Passons sur les anomalies et les sottises, sur les susceptibilités à la Clochemerle, on peut considérer que les régions administratives eurent quelque utilité économique, même si la véritable révolution est due au vertigineux progrès accompli par les moyens de transport (TGV, lignes aériennes, autoroutes) et de communication (Internet notamment). Mais pourquoi avoir fait coiffer l'économie par la politique, si ce n'est pour créer des fonctions nouvelles, des mandats et, bien entendu, des budgets !

Si au moins les Français la désiraient, cette décentralisation, les excités de la réforme pourraient habiller leur programme d'un costume démocratique, mais il n'en est rien. Pour la seule fois consultés sur l'affaire, en 1969, ils ont répondu non. Et chacun sait que plus le pouvoir est lointain, mieux il est supporté. Un Ariégeois préfère Paris à Toulouse, un Grenoblois Paris à Lyon. Comme ces Comtadins après la Révolution, qui, tombés sous la coupe d'un préfet, regrettaient le légat : plutôt Rome que Paris.

Aujourd'hui, nous pouvons juger à ses fruits l'arbre planté par Gaston Defferre et arrosé par Jean-Pierre Raffarin. La décentralisation n'a en rien affaibli le pouvoir central, surtout depuis que la Ve République a placé à la tête de l'Etat un président dont les prérogatives sont celles d'un monarque élu. Le seul résultat de la réforme est à chercher dans son coût : le contribuable est là pour payer ; lui qui n'avait à nourrir que la commune, le département et l'Etat, doit en plus engraisser la région. Le président du conseil général veut être aussi honoré que le préfet, loger dans une aussi belle résidence et manger son ragoût dans d'aussi riches porcelaines. Le président du conseil régional adopte le même schéma avec le préfet de région.

Et que de crustacés dans le même panier ! Prenons la région Centre, dont la capitale est Orléans. Où est le pouvoir ? Entre les mains du préfet de région ? Du président du conseil régional ? Du maire d'Orléans ? De celui de Tours qui, à l'autre bout du territoire, administre une ville plus peuplée que sa rivale ? Des parlementaires influents ? Chacun gère son coin et, en fin de compte, c'est Paris qui gouverne.

Nos décentralisateurs rêvent-ils de nous imposer une nouvelle féodalité, l'ENA donnant l'adoubement à des fonctionnaires et à des élus qui feignent de rester sur leur quant-à-soi et qui en réalité s'entendent comme de vieux copains ? C'est le style clin d'œil qui est de règle. Tous ceux qui sont dotés de quelque responsabilité dans notre belle France savent, mais se gardent de le reconnaître, parce qu'il est politiquement correct de le nier, que l'Etat a seul une vue d'ensemble sur le domaine national, de l'hexagone et de ses prolongements outre-mer, et qu'il est par conséquent le plus capable d'apprécier les besoins des Français et de corriger les inégalités.

S'il faut vraiment alléger le poids de l'Etat, ce n'est pas par le bas qu'il faut le faire, en enfermant les

Français dans leur passé tribal, mais en les entraînant vers le haut, vers une Europe qui élargira leur horizon. A une condition cependant : que cette Europe ne se contente pas de réunir les nations qui la composent, mais qu'elle devienne une véritable fédération. Une décentralisation à l'échelon continental. Exaltant, non ?

Démocratie _____

Le mot de Winston Churchill est connu : « La démocratie est le pire des régimes, à l'exception de tous les autres. » Encore faut-il s'interroger sur la manière dont ce régime fonctionne. Les deux pays (la Suisse mise à part, qui est une vraie démocratie, mais d'un style tout à fait original) qui ont précédé la France sur la route enchantée de la démocratie – l'Angleterre et les Etats-Unis – ont connu, le premier depuis 1689, le second depuis 1776, une stabilité institutionnelle dont notre nation n'a pas eu le bonheur de jouir : aujourd'hui même, plus de deux siècles après la Révolution, certains rêvent d'une VIe République et Nicolas Sarkozy, en attendant, vient de promulguer la Cinquième *bis*.

Gouvernement du peuple, par le peuple, pour le peuple, telle est la définition de la démocratie. Ce principe posé, pour les Français les difficultés ont commencé dès 1789, et elles ne sont pas évacuées, en dépit des apparences et des leçons que nous distribuons sans relâche au monde entier. Liberté, Egalité, Fraternité, Droits de l'homme, c'est notre fonds de commerce, mais nous n'avons pas toujours honoré nos échéances.

Ce n'est pourtant pas faute d'avoir essayé les modèles. La France a fait, depuis la Révolution, l'expérience de onze régimes et d'une quinzaine de constitutions sans parler des retouches. A chaque changement, ceux qui exercent le pouvoir croient avoir résolu l'équation... et une nouvelle inconnue surgit.

Les révolutionnaires de 1789 auraient pu songer – c'était le cas de certains – à une monarchie constitutionnelle « à l'anglaise ». Malheureusement les situations ne pouvaient se comparer. En 1688, au sortir de longues crises, politiques et religieuses, au cours desquelles un roi, Charles Ier, avait perdu la tête, s'opéra avec harmonie l'union du monarque et du peuple : le *Bill of Rights* de 1689 reste aujourd'hui, après la Grande Charte de 1215, l'acte créateur de la démocratie anglaise.

Quant aux Pères fondateurs des Etats-Unis, s'ils rejetaient la tutelle britannique, et même s'ils dénonçaient la monarchie dans son principe, ils restaient imprégnés des libertés politiques et des principes religieux de l'Angleterre.

Ce modèle de démocratie était né d'une maturation de plusieurs siècles, obtenue, explique François Furet[1], grâce à une aristocratie libérale, intelligente et ouverte, mêlée à une bourgeoisie de progrès, déjà bien engagée dès le XVIIe siècle dans la conquête industrielle, ainsi qu'à une religion fondée sur le libre examen, favorisant l'épanouissement de l'individualisme et l'aspiration à l'égalité.

La France ne disposait pas, en 1789, d'une telle richesse : elle n'avait connu que l'absolutisme monarchique, illustré par Richelieu et plus encore par Louis XIV, un clergé soumis à la couronne et une noblesse étroitement tenue en laisse par les rois. Quant

---

1. *Op. cit.*

aux parlements, ils n'étaient capables que de poussées de révolte vite réprimées. Il fallut attendre le siècle des Lumières pour qu'émergeât une bourgeoisie éclairée, pour l'essentiel les gens de robe du tiers état. Bien tard. Trop tard.

Les révolutionnaires de 1789 ne pouvaient donc compter que sur eux-mêmes pour créer une démocratie viable. Ils ne voulaient pas, contrairement aux Anglais, composer avec une monarchie qu'ils détestaient, faute d'avoir été de longue date acceptés par elle ; ils rejetaient, niaient même, ce qui devint « l'Ancien Régime ». Leur conception de la démocratie, démontre encore François Furet, est absolutiste : « Le peuple, écrit-il, a pris la place du roi, mais c'est la même place. »

Une nation peut-elle faire que son passé n'ait jamais existé ? La France a connu un terrible déchirement, entre révolution et contre-révolution, qui a duré un siècle... et il n'est pas certain que ces plaies soient aujourd'hui refermées.

On a vraiment pu croire la Révolution finie avec la IIIe République, mais l'illusion ne dura que quelques décennies. Le socialisme marxiste, et surtout le bolchevisme après 1917, ont montré que le vieux clivage subsistait. Les héritiers de Jaurès et de Blum, ceux de Lénine et de Staline, se veulent les enfants des Jacobins de 1789, des émeutiers des journées de juin 1848 et des communards de 1871. Et la méfiance domine toujours les rapports humains.

Jamais le sacro-saint principe de la séparation des pouvoirs n'a été réellement respecté : ou c'est l'exécutif qui abuse, ou c'est le législatif, et l'on en est à une constitution qui évolue d'année en année sans trouver un équilibre convenable.

Napoléon, qui sut se servir de la Révolution pour rétablir l'absolutisme, disait :

« Le premier devoir du Prince, sans doute, est de faire ce que veut le peuple, mais ce que veut le peuple n'est presque jamais ce qu'il dit. »

Cette méfiance envers le peuple, que partagent bien des démocrates, s'explique par les résultats des plébiscites, qui ont comblé les vœux des Napoléon, le grand et le petit, et, plus près de nous, ceux des régimes totalitaires.

Je me souviens que, quand, en 1962, le Général proposa par référendum que le président de la République soit élu au suffrage universel, Georges Pompidou confiait :

« Naguère je pouvais conseiller le Général. Maintenant, c'est à peine s'il m'écoute quand j'évoque les dangers de la démocratie directe. »

Les républicains grand teint se sont toujours méfiés des consultations populaires directes. Le modèle suisse, avec les « votations », ne peut servir de référence. La vraie politique de la Confédération helvétique – nation dont Michel Debré me disait qu'elle n'était autre qu'une banque avec la croix rouge comme enseigne – se fait davantage à la Bourse de Zurich que dans les cantons. Le danger du référendum, c'est qu'il risque d'être soit un plébiscite destiné à conforter un pouvoir personnel, soit une consultation que ne précède aucune véritable explication. Et l'inquiétant, quand le peuple se trompe, c'est qu'il n'y a personne pour le corriger : n'est-il pas « souverain » ?

La stabilité institutionnelle n'est pas la seule leçon de démocratie qui nous vient des Anglo-Saxons. Les Anglais et les Américains élisent leurs représentants avec des modes de votation qui ne changent pas. En

France, la loi électorale a plusieurs fois valsé. Nous avons eu droit tantôt au scrutin majoritaire à deux tours (c'est le cas depuis 1958), tantôt à la représentation proportionnelle, comme sous la IV République. Quant à la III République, elle a pratiqué les deux. Chacun de ces modes de scrutin a ses partisans, qui les défendent la main sur le cœur. En réalité les convictions jouent un rôle mineur dans les choix.

Cela dit, l'élection au suffrage universel est le sacrement de la démocratie. Et le cas échéant une police d'assurance sur l'ordre public, on a pu s'en rendre compte en 1968, après la « chienlit » de mai. Si les agités ne furent pas dupes, ils ne purent que s'écraser devant l'appel aux urnes. Ils en furent réduits aux formules vengeresses – « élections, piège à cons » – mais inopérantes.

Nous savons tous que le temps n'est plus d'une citoyenneté réduite à la seconde où l'on choisit un bulletin de vote. La démocratie moderne exige une information, une consultation, un contrôle permanents de tous les citoyens, et non pas le respect des seules échéances électorales. Elle exige également un *modus vivendi* – et non plus une guerre sans merci – entre majorité et opposition. Est-ce possible ? Sans doute le jour où les Français seront, ce qui n'est toujours pas le cas, capables d'aimer les deux parties de leur histoire.

Démocrates-chrétiens _____

On peut sans doute appliquer à la démocratie chrétienne, à travers ses avatars, plus qu'aux autres partis, le mot célèbre de Charles Péguy : « Tout commence en mystique et finit en politique. » A condition toutefois de ne pas mettre sous ce monument de style baroque, toujours battu en France, au contraire de l'Allemagne et de l'Italie, par les vents venus de la gauche et de la droite, cette charge explosive destinée par le poète à tous les politiciens. En effet, dans la longue et inexpiable guerre qui opposa l'Eglise catholique et l'Etat républicain (voir l'article : Religion), les démocrates-chrétiens ont avec une constance méritoire travaillé à la réconciliation de ces deux adversaires. Leur chemin fut semé d'embûches et ils furent toujours contraints de se cramponner à un « centre » dont l'existence fut rarement autre qu'imaginaire.

Préparée par un siècle des Lumières peuplé de libertins anticléricaux, la Révolution fit payer à l'Eglise des siècles d'intolérance religieuse associée à l'absolutisme royal. Tout au long du XIXᵉ siècle, l'institution hiérarchique dont Rome est le sommet fut au cœur des combats auxquels prirent part trois rois, deux empereurs et deux républiques.

A la fin de ce siècle, quand le régime républicain fut

définitivement scellé sur le socle politiquement meuble de la France, l'Eglise ressentit l'événement comme une défaite, ce qui était indubitablement le cas. Un pontife lucide, Léon XIII, comprit alors qu'un certain passé était mort. Il s'efforça de convaincre les catholiques français, en cette circonstance plus papistes que le pape après avoir été sous Louis XVIII plus royalistes que le roi, de faire bonne figure à Marianne. Ce qu'on appela « le Ralliement » s'accompagna d'une autre initiative spectaculaire – et pour beaucoup de ces mêmes dévots, scandaleuse – de Léon XIII : la promulgation de l'encyclique *Rerum novarum* qui appelait clergé et fidèles à prendre conscience de la situation de la classe ouvrière.

Ces deux appels du pape ne furent donc entendus que d'une minorité de catholiques et on put les croire classés dans les placards de la Curie quand le successeur de Léon XIII, Pie X, entendit refermer hermétiquement les portes entrebâillées de l'Eglise au monde. Sa condamnation rageuse du « modernisme » s'accompagna en 1910 de celle du Sillon, mouvement créé par Marc Sangnier. Héritier de ce « catholicisme libéral » de La Mennais, Lacordaine, Montalembert et Ozanam, le Sillon invitait les catholiques à la démocratie.

En fils soumis de l'Eglise, Marc Sangnier s'inclina sous le coup de crosse. Mais son œuvre eut une influence plus grande encore après son effacement qu'avant. « Si le grain ne meurt... » avait dit Jésus.

J'ai connu Marc Sangnier. J'ai travaillé à ses côtés à la veille de la dernière guerre. C'était alors un homme de soixante-cinq ans, d'une grande vigueur physique et intellectuelle. Tribun, sa parole était aussi vive que sa plume de journaliste. Fidèle à son passé, il poursuivait auprès des catholiques le combat qu'avait livré Aristide

Briand pour la paix et la réconciliation des peuples d'Europe. Toute sa vie il fut un militant politique autant qu'un chrétien fervent. J'ai vénéré cet homme.

Il avait une tête de Gaulois, avec ses moustaches et ses longs cheveux blancs que ses mouvements de menton faisaient voler. Des yeux clairs et vifs égayaient cette face aux traits aussi mobiles que ses très belles mains. Quand je parus pour la première fois devant lui (j'avais vingt ans), il me dit :

« Comme tout le monde ici, appelle-moi Marc et tutoie-moi. »

Il déployait une activité incessante. Il publiait deux journaux, *La Démocratie* et *L'Eveil des peuples*, il parcourait la France pour donner des conférences ou organiser des meetings, il créait les auberges de jeunesse, il réunissait dans son domaine de Bierville, près d'Etampes, des jeunes venus de tous les pays d'Europe pour y travailler de leurs mains. Il croyait à la force des idées de justice et de tolérance et, si l'époque semblait lui apporter un cruel démenti, l'avenir allait quelques années plus tard lui donner raison.

Il y avait aussi chez cet homme si lucide, si généreux, si désintéressé et, en politique et dans les relations sociales, si hardi, un côté bigot qui me surprenait un peu. A l'église, il multipliait les génuflexions et il se signait à tour de bras. Il baisait la croix d'un chapelet qui ne quittait pas sa poche et qu'il égrenait souvent. Comme Louis XI, il collectionnait les médailles et son missel débordait d'images de piété. Il composait des invocations à des saints dont il sollicitait l'intercession et peu lui importait que les reliques qu'il vénérait fussent ou non authentiques.

L'influence de Marc Sangnier – de qui je m'étonne que la canonisation n'ait pas fait l'objet d'un procès sous un pape comme Jean XXIII – fut considérable chez les catholiques de progrès. L'idéologie qui animait le Sillon donna naissance à une efflorescence réellement miraculeuse de formations politiques (Jeune République et Parti démocrate-populaire), de mouvements d'action sociale (syndicats chrétiens de la CFTC et Semaines sociales), de groupements de jeunesse d'Action catholique (ouvriers de la JOC, étudiants de la JEC, agriculteurs de la JAC). Aujourd'hui encore, on peut constater que les graines semées dans les années trente ont vigoureusement germé. A côté de la CFTC, fidèle à son appellation religieuse, la CFDT a prospéré en se laïcisant sans renier sa filiation chrétienne. Quant à la JAC, elle fut à l'origine de la « révolution paysanne » dont Alexis Gourvennec fut le pionnier en Bretagne.

Sur le terrain politique cependant, à la veille de la dernière guerre, les démocrates-chrétiens ne représentaient pas grand monde et la presse de cette tendance – le quotidien *L'Aube* et l'hebdomadaire *Sept* – ne comptait pas des lecteurs par millions. Si maigre qu'elle fût, cette école de pensée allait toutefois prendre du poids – paradoxalement, car son existence fut et restera paradoxale – en une période de notre histoire où la pensée libre ne pouvait exister qu'interdite.

Le désastre de 1940, qui jetait le discrédit sur une partie de la représentation politique [1], jugée responsable de cette défaite, ouvrit la voie de la Résistance aux démocrates-chrétiens que leur idéologie tenait éloignés d'un régime de Vichy inspiré par les thèses de l'Action

---

1. La chambre de 1940 était celle du Front populaire. Le parti qui, dans l'opinion, s'en tira le moins bien fut le parti radical. Les socialistes, grâce au prestige de Léon Blum et à ses leaders qui rejoignirent de Gaulle, tirèrent mieux leur épingle du jeu.

française. Le plus connu de ces hommes nouveaux, éditorialiste de *L'Aube*, Georges Bidault, allait devenir en 1943, après l'arrestation par la Gestapo et la mort de Jean Moulin, président du Conseil national de la Résistance.

La Libération récompensa avec générosité les démocrates-chrétiens de leur courageux engagement : sous le sigle du MRP (Mouvement républicain populaire) ils devinrent l'une des trois formations politiques – les deux autres étant le parti socialiste et le parti communiste – qui se partagèrent la presque totalité du corps électoral et de sa représentation.

Ce succès était ambigu... et il le restera. Les chefs et les militants du MRP vibraient d'une sensibilité gauchisante – sillonniste pourrait-on dire – mais leurs électeurs étaient des gens de droite, privés de leurs anciens élus et qui, faute de mieux – ou de pire, comme on voudra –, votèrent (notamment les femmes, qui venaient d'acquérir ce droit) pour des candidats à l'étiquette rassurante.

A la Libération, le général de Gaulle gouverna avec ces trois partis, mais, bientôt exaspéré par la prétention des élus, dont il ne voulait entendre que le silence, à exister et à ruer dans les brancards, il se retira en janvier 1946 (voir l'article : Gaulle, Charles de). Il ne doutait pas d'être rappelé dans les plus brefs délais : il ne concevait même pas que cette bande de braillards fût capable de se débrouiller sans lui. Et pour l'opération Canossa, il comptait sur le MRP qui se proclamait à tous les échos le « parti de la fidélité ».

Illusion. A l'exception de quelques-uns d'entre eux, comme Maurice Schumann et Edmond Michelet, les démocrates-chrétiens refusèrent de rompre l'attelage de la troïka. De Gaulle ne leur pardonnera jamais. « Les requins ont mangé les apôtres » : tel fut, parmi d'autres gentillesses, le jugement qu'il porta sur eux, notamment sur Georges Bidault, qu'il détestait. En 1948, il le reçut néanmoins (« plat comme une punaise mais malin », confiera-t-il à Georges Pompidou [1]). Bidault lui dit :

« Mes amis ont le goût du suicide.

— Jusqu'à la torture exclusivement », lui renvoya le Général.

Curieux personnage que Georges Bidault. On le disait un peu trop porté sur le vin blanc et il eut le tort de lancer à Paul Reynaud, rencontré à la buvette du Palais-Bourbon :

« La route du fer est toujours coupée [2] ?

— Pas celle du zinc, en tout cas », rétorqua l'interpellé.

En réalité, le « petit homme », comme l'appelait aussi de Gaulle, mangeait très peu et deux verres suffisaient à le griser. Ce qui faisait dire au socialiste Arthur Conte :

« Quand on ne tient pas la chopine, il ne faut pas boire le litre. »

Bidault joua un rôle majeur sous la IVe République. Il était connu pour lancer des formules qui laissaient parfois ses interlocuteurs perplexes. Par exemple, alors qu'une crise politique semblait se dissiper : « Les tuiles remontent sur le toit. » Ou encore ceci, digne de l'humoriste de l'époque, Pierre Dac : « Il vaut mieux se laver les dents dans un verre à pied que les pieds dans un verre à dents. »

La grande affaire du MRP, notamment de Georges Bidault et de Jean Letourneau, dont derrière ces

---

1. Georges Pompidou, *Pour rétablir une vérité*. Flammarion.
2. Slogan lancé en 1940 par Reynaud après une expédition militaire française sur Narvik, en Norvège, pour empêcher l'Allemagne de s'emparer des mines de fer.

hommes le parti assurait la lamentable gestion, était la politique coloniale. Alors qu'un grand vent d'indépendance soufflait sur le monde et agitait les territoires soumis jadis par les nations colonisatrices d'Europe, nos démocrates-chrétiens – il est vrai harcelés par les gaullistes, encore plus attardés qu'eux en la matière – s'accrochaient à un « Empire » appelé à voler en éclats. Cet aveuglement contribua à prolonger de sept ans la guerre d'Indochine. Et loin d'avoir tiré les leçons de l'événement, Georges Bidault fut de ceux qui firent obstacle, jusqu'à s'associer au terrorisme de l'OAS (Organisation armée secrète), à l'indépendance de l'Algérie. Cette obstination à refuser la réalité est sans doute la faute la plus grave qui se puisse commettre en politique.

Le MRP ne survécut pas à la IVᵉ République. Depuis 1958, les démocrates-chrétiens ont été condamnés à occuper une place inconfortable, au centre, avec des alliances diverses. De leur sein ont émergé des personnalités de poids, mais qui furent incapables de rassembler durablement un corps électoral fluide. Tour à tour Jean Lecanuet, Raymond Barre, François Bayrou en ont fait l'expérience.

Mais ils ont la foi, et ils peuvent prier comme ce Péguy, si désagréable avec ses subtilités sur mystique et politique, mais qui sait aussi trouver les mots qui consolent :

« Nous ne demandons... que la dernière place en votre Purgatoire. »

Diplomatie

C'est Pétrone, dans le *Satiricon*, qui inventa l'expression « ménager la chèvre et le chou ». Le mot a, depuis, fait une belle carrière et l'on peut dire qu'il est devenu l'une des règles de base de la diplomatie.

La diplomatie n'est pas la politique étrangère, mais elle a pour rôle de la faire connaître, de l'expliquer et de la défendre. Les diplomates sont des fonctionnaires, certains d'entre eux de très haut niveau, mais des fonctionnaires tout de même. Un ambassadeur est investi d'une double mission : représenter son pays et renseigner son gouvernement. La chèvre et le chou. Les plus brillants de ces diplomates ne manquent pas une occasion de montrer ces deux visages, avec le plus de grâce et de finesse possible.

Commençons par le portrait de l'un de ces personnages. Je pourrais, parmi ceux que j'ai connus, parler d'Hervé Alphand, qui représenta longtemps, et brillamment, la France aux Etats-Unis, et qui imitait si bien le général de Gaulle que les amis qu'il surprenait au téléphone, en entendant LA VOIX, se mettaient au garde-à-vous.

A la réflexion, j'ai choisi André François-Poncet, personnalité très pittoresque avec ses moustaches conquérantes et ses mots pleins d'esprit et de cruauté.

Ancien élève de l'Ecole normale supérieure, ce qui est encore mieux vu que Sciences-Po dans la Carrière [1], il était ambassadeur de France (ce qui, comme maréchal dans l'armée, est une dignité et non un grade ou une fonction; tous les ambassadeurs de France ne le sont pas, eh non) et membre de l'Académie française où les diplomates du dessus du panier se sentent comme chez eux. André François-Poncet avait été professeur, puis député de la droite décente sous la IIIe République, avant de représenter la France en Italie, mais surtout dans l'Allemagne d'Hitler, puis, après la guerre, dans celle d'Adenauer. Arrêté par la Gestapo, il fut interné au Tyrol pendant près de deux ans. Il fut aussi journaliste : *Le Figaro,* seconde coupole pour l'habit vert, abrita sa prose appréciée des lecteurs d'un journal qu'un autre académicien, François Mauriac, indisposait souvent.

En Allemagne, que ce fût avant ou après la guerre, il aimait à dire que jamais on ne servait à sa table d'autres vins que des rouges français et des blancs allemands. La chèvre et le chou.

Ses collaborateurs filaient doux. L'un d'entre eux, de petite taille, avait le malheur d'ignorer parfois la ponctualité, vertu que l'ambassadeur plaçait au nombre des théologales. Exaspéré, il exigea des explications, un jour que le nabot avait oublié l'heure de l'horloge pointeuse :

« Pourquoi ce retard? tonna l'Excellence.

— J'essayais un costume », plaida le malheureux.

François-Poncet le toisa :

« Mais il ne vous faut que cinq minutes! »

Bien qu'il eût combattu comme officier pendant la

---

1. Seule la Carrière diplomatique, avec une majuscule, se contente de ce substantif. Les carrières préfectorale et militaire exigent l'épithète et doivent s'arranger d'un c minuscule.

guerre de 14-18 (ou peut-être à cause de cela), il n'aimait guère l'armée. Il interpella un jour le gouverneur militaire de Rhénanie en ces termes :

« Vous avez récemment déposé sur mon bureau un rapport qui se voulait prophétique. Les faits se sont chargés d'en démontrer l'absurdité. Tout homme d'honneur se ferait sauter la cervelle, mais je dois dire qu'en ce qui vous concerne, l'effet serait pratiquement nul. »

Assistant à des manœuvres dans la zone française d'occupation, après la dernière guerre, il dut rester debout pendant plus d'une heure sous un ciel inclément, et écouter le commentaire d'un général.

« Vous n'avez pas été sans remarquer l'erreur de ce colonel, expliqua le commentateur à feuilles de chêne. Au cours d'un combat véritable, il aurait été tué.

— Aucune importance, grinça François-Poncet, il y a de la réserve ! »

D'autres diplomates que lui occupèrent un fauteuil à l'Académie, et il y en eut de plus célèbres pour leurs œuvres littéraires que pour leurs fonctions dans la Carrière : Jean Giraudoux, Saint-John Perse (Alexis Léger), Paul Morand, Paul Claudel. Ce dernier peut même être cité en exemple dans l'art de ménager la chèvre et le chou. Il réussit, sans que son confort ni sa réputation en fussent affectés, à ciseler en 1940 une ode au maréchal Pétain et une autre en 44 au général de Gaulle.

Avec les médias, les relations des diplomates sont plus ambiguës. Les ambassadeurs se livrent peu à la curiosité des journalistes dans les pays où ils sont en mission. J'en connus un, qui à vrai dire n'était pas diplomate de métier, mais homme politique, et ne manquait pas d'humour : il sut conquérir la sympathie de la presse japonaise sans lui fournir la moindre information. François Missoffe sortit de l'avion qui l'amenait à Tokyo et, répondant à ceux qui l'interrogeaient sur sa mission, montra, près de lui, son épouse et ses huit enfants :

« Je viens de la part des mères françaises de famille nombreuse donner une paire de claques au Dr Ogino [1]. »

Les relations avec la presse sont confiées par l'ambassadeur à un collaborateur et il arrive que celui-ci, animé d'un zèle l'entraînant au-delà des limites permises par la morale et les bons usages, serve moins la diplomatie que des services aux activités plus obscures. Je faillis en être l'innocente victime. Je déjeunais avec Michel Jobert, secrétaire général de l'Elysée sous la présidence de Georges Pompidou. La veille, les Anglais avaient renvoyé à Moscou une centaine de membres de l'ambassade d'URSS à Londres, suspects d'espionnage.

« Pourquoi n'en faites-vous pas autant ? demandai-je.

— Parce que nous connaissons leurs agents. Si nous nous en débarrassions, le KGB nous en enverrait d'autres et il nous faudrait un temps fou pour les repérer. »

Je fus saisi à cet instant d'angoisse. Pour mon travail de journaliste, je rencontrais des conseillers ou secrétaires d'ambassade étrangers. Je devais déjeuner quelques jours plus tard avec un Russe avec qui j'entretenais de bons rapports. Et s'il « en » était ? Je m'ouvris de mes doutes à Michel Jobert, qui me répondit :

---

1. Médecin japonais, inventeur d'une (incertaine) méthode contraceptive fondée sur le calendrier de la fertilité féminine.

« Téléphonez-moi cet après-midi. Si le personnage est net, je vous dirai que tout va bien. Dans le cas contraire, je vous indiquerai sa place dans la hiérarchie en y mettant le nombre d'étoiles, comme dans le Guide Michelin. »

J'appelai, comme convenu, et j'entendis :

« Mon pauvre ami, trois étoiles! »

Je n'eus plus jamais de nouvelles de mon Russe : l'Elysée était-il sur écoutes du KGB?

L'histoire diplomatique est pauvre en exemples de parents également brillants dans la Carrière. On ne trouve guère en France que les frères Cambon, Paul et Jules, dans le premier quart du XXe siècle. En Angleterre, c'était l'antipathie qui régnait entre Winston Churchill et Christopher Soames, ambassadeur à Paris, qui avait épousé sa fille. Un jour qu'on demandait à sir Winston quel personnage rencontré dans sa vie il admirait le plus, le vieux lion lança :

« Mussolini. »

Et devant la tête de son interlocuteur stupéfait :

« Il a fait exécuter son gendre! »

Quand on jette un regard sur ce XXe siècle shakespearien, plein de sang et de larmes, pour reprendre les paroles de Churchill en 1940, on est frappé par l'aveuglement des puissances européennes. De 1900 à la guerre de 14-18, chaque grande puissance cherche frénétiquement des alliances et ce jeu du « rassure-moi et fais-lui peur » aboutira, à partir de l'assassinat d'un archiduc autrichien à Sarajevo, à une boucherie et un amoncellement de ruines. Cet échec de la diplomatie ne sera pas médité et à l'absurdité de la guerre succédera l'absurdité de la paix. La France a particulièrement brillé dans ce concert. La haine lorraine de

Poincaré pour l'Allemagne, la haine anticléricale de Clemenceau pour la catholique Autriche-Hongrie ont contribué à fabriquer Hitler et à tailler une Europe d'Arlequin dont on a pu constater la fragilité. Il n'y avait plus de Talleyrand chez nous.

L'ignorance des peuples égala la sottise de leurs dirigeants. Le 30 septembre 1938, le président du Conseil Edouard Daladier regagne Paris après avoir la veille à Munich abandonné, en accord avec l'Anglais Neville Chamberlain, la Tchécoslovaquie, notre alliée, à Hitler. Une foule l'attend à l'aéroport du Bourget et il s'attend à être hué. On l'acclame. Il grommelle :

« Les cons ! »

Les criminels, eux, étaient dans l'avion.

Il fallut attendre l'hécatombe de 39-45 pour qu'enfin la France et l'Allemagne se réconcilient et jettent les bases d'une Europe pacifiée. Cette grande politique, après les errements d'un demi-siècle, fut l'œuvre de deux hommes, Robert Schuman en France, Konrad Adenauer en Allemagne. Elle ne put malheureusement atteindre les objectifs élevés que ses initiateurs avaient conçus. L'Europe de Schuman et d'Adenauer, qui était aussi celle de De Gasperi en Italie et de Spaak en Belgique, celle de Jean Monnet en un mot, en un nom (voir l'article : Europe) ne trouva pas au Parlement français de majorité suffisante. A l'opposition communiste, inspirée par Moscou, se joignit celle des gaullistes et de socialistes attardés. Et quand le général de Gaulle reprit le pouvoir, il entendit capter l'héritage de Robert Schuman en se déclarant l'artisan de la réconciliation franco-allemande, lui qui, en 1944, harcelait les Alliés pour qu'ils consentissent à démembrer l'Allemagne. Par bonheur Américains et Anglais n'étaient pas plus disposés qu'en 1918 à prendre en considération les vieilles lunes de Poincaré. Les ambitions de Schuman – une Europe fédérale – s'envolèrent au souffle de cette « Europe des patries » que de Gaulle imposa. Le Général trouva un exécutant de choix, pour jouer le rôle de la poupée du ventriloque, en la personne de Maurice Couve de Murville, dont son maître lui-même disait :

« Vous l'asseyez sur un bloc de glace, la glace ne fond pas. »

Robert Schuman. On ne célébrera jamais assez cet homme modeste, vertueux, digne, réservé. Il a bien mérité de l'humanité. Il fut un grand ministre des Affaires étrangères. Célibataire, chrétien fervent mais sans ostentation, travailleur acharné, il était économe de ses biens comme de ceux de la France. « La République est pauvre », répétait-il quand, président du Conseil dans l'immédiat après-guerre, les politiciens sollicitaient à qui mieux mieux des crédits. Ministre des Finances, il était le dernier à quitter les lieux et faisait le tour des bureaux pour éteindre les lumières. Il aimait le cinéma et je l'ai vu, alors qu'il présidait le gouvernement, dans une file d'attente pour prendre un billet : il refusait tout passe-droit.

Il cultivait une feinte naïveté. Un matin de 1951, dans son cabinet du Quai d'Orsay, il attend la visite quotidienne des directeurs de son administration. Il vient de lire un livre de Roger Peyrefitte, *Les Ambassades*, et il est troublé. Le romancier laisse entendre que l'homosexualité n'est pas absente de la diplomatie française et l'époque ne s'arrange pas volontiers de telles pratiques. Au premier visiteur, le ministre montre le livre, sur sa table :

« Vous avez lu ?

— Oui, monsieur le Ministre.

— C'est vrai, ce qu'il raconte ?

— A quel sujet, monsieur le Ministre ?

— Ces hommes qui... que... enfin vous voyez.

— Oui, monsieur le Ministre.

— Et combien y en a-t-il ?

— Je ne sais pas, monsieur le Ministre.

— A peu près.

— Une vingtaine », répond, au hasard, de guerre lasse, le directeur, qui sort là-dessus.

Dans le couloir, il croise un collègue, qui vient à son tour au rapport :

« Comment va le patron, ce matin ?

— Il a lu *Les Ambassades* et il est obsédé par les pédés de la Carrière. Il m'a demandé combien il y en avait.

— Et que lui as-tu dit ?

— Une vingtaine, pour m'en débarrasser. »

La scène se reproduit dans le bureau de Schuman, avec ce second visiteur. Questions et réponses se succèdent jusqu'au moment où le ministre demande :

« Combien y en a-t-il ?

— Une vingtaine. »

Et Robert Schuman, dans un soupir :

« Mon Dieu, pourvu que ce soient les mêmes. »

Écologie

J'écoutais Michel Debré, dans une réunion publique, parler d'écologie. Aucun sujet ne lui faisait peur ; comme disait de lui un de ses « amis » sénateur, « il a des idées, en particulier sur tout ». Ce jour-là donc, c'était d'écologie qu'il était question. On aurait dit une fable de La Fontaine qui aurait pu s'intituler : le castor et le saule. Debré racontait qu'il avait entendu deux militants écologistes se quereller, l'un prenant la défense des arbres qui bordaient le canal du Rhône, l'autre se faisant l'avocat des castors qui détruisaient, avec les rives, la végétation qui les bordait. Lequel fallait-il protéger, l'animal ou le végétal ? Les deux écolos avaient raison, concluait, goguenard, un Debré plus que méfiant à l'endroit des « Verts ». Sa morale à lui était qu'en tout état de cause la priorité doit être donnée à l'homme.

Cette prééminence de notre espèce, déjà discutable quand elle est célébrée avec aussi peu de nuances, Michel Debré l'accompagnait, avec l'autorité cassante qui était la sienne, d'un hymne à la natalité.

Comment pouvait-il ne pas apercevoir la contradiction que renfermait le discours ?

Les thèses écologistes recueillent l'adhésion d'un nombre croissant d'habitants d'une planète menacée de toute part. Après une longue période d'hésitation, les responsables politiques d'un certain nombre de pays, dont le nôtre, sont convaincus des périls que font courir à la Terre mère la destruction par les dragues des fonds maritimes, l'utilisation démente par les agriculteurs des pesticides et fongicides, le gaspillage de l'eau, la déforestation intensive, la pollution des mers et des rivières, les émissions de gaz toxiques, etc.

Mais qui est à l'origine de ce géocide? L'homme et lui seul, qui ne consomme jamais assez, qui ne produit jamais assez, qui ne gaspille jamais assez. La civilisation occidentale, fille de la religion judéo-chrétienne qui veut ignorer que nos premiers dieux furent des animaux, a fait de l'homme le roi de la nature, un roi absolu, un autocrate aveugle et cruel, qui a oublié les temps anciens où il ne prétendait pas encore régner sur la biosphère mais où il se contentait d'en faire simplement partie. Les cris des écologistes aujourd'hui ne seraient-ils pas les échos assourdis de ce panthéisme des origines?

Le sixième jour de la création, enseigne la Genèse, Dieu s'adresse à Adam et Eve en ces termes :

« Soumettez les poissons de la mer, les oiseaux du ciel et toute bête qui remue sur terre. »

Ainsi Dieu (enfin celui qui parle pour lui) fait de l'homme le maître du monde, écrivais-je dans un livre récent [1]. Les termes de cet adoubement sont forts. Dominez, soumettez. Ce n'est pas à une cohabitation harmonieuse avec les animaux (et, sans que ce soit dit, les végétaux) que les humains sont invités. Comme si

---

1. *Vivre avec ou sans Dieu*, Grasset.

ce que l'homme a d'animal en lui – une part importante, parfois dominante – devait être oublié, nié. Ce gouvernement de la planète serait assuré, dans le plan de l'Eternel, par la démographie ; car il ordonne aussi à Adam et Eve ainsi qu'à leur descendance :

« Soyez féconds et prolifiques, remplissez la terre et dominez-la. »

C'est donc par le nombre autant que par l'intelligence que le règne de l'homme doit être assuré. On voit ce qu'il en est aujourd'hui : la planète devient trop exiguë pour contenir une humanité à croissance exponentielle. Et non seulement nous faisons des enfants mais les sciences, à commencer par la médecine, prolongent constamment leur vie. La nature s'est toujours défendue de l'homme avec la violence dont l'homme use avec elle : famines, épidémies, guerres, catastrophes. A son tour l'homme s'arme de mieux en mieux contre ces menaces avec les instruments de la science, mais il n'a toujours pas endigué le tsunami des naissances.

Et, fidèles comme Michel Debré aux injonctions bibliques, nous considérons les paroles prêtées à Dieu par la Genèse comme un témoignage de son amour pour l'homme. Non, amis écologistes, c'est une malédiction.

S'il faut protéger les espèces animales et végétales en voie de disparition, il faut aussi protéger l'espèce humaine de sa propre prolifération.

Élections _____

Les peuples à vraie tradition démocratique – Britanniques, Nord-Américains, Scandinaves – votent toujours de la même manière, que le mode de scrutin soit compliqué, comme aux Etats-Unis (votes multiples, grands électeurs), ou simple comme en Grande-Bretagne (un seul tour, est élu celui qui vient en tête). En France on a, en la matière, tout essayé (enfin, pas sûr, on a tellement d'imagination, chez nous !) : proportionnelle (intégrale, au plus fort reste, à la plus forte moyenne), majoritaire à deux tours, majoritaire avec grands électeurs et même, de 1951 à 1958, les « apparentements », une réelle trouvaille.

A l'époque, la coalition qui gouvernait péniblement était combattue sur sa gauche (communistes) et sur sa droite (gaullistes) et elle s'était formée selon la formule dite de l'omelette, inventée sous la IIIᵉ République par un certain Lautier (on bat les œufs et on coupe les deux bouts). Pour se défendre, elle avait inventé un système électoral qui permettait à ces alliés idéologiquement éloignés les uns des autres comme chiens et chats (socialistes, radicaux, démocrates-chrétiens et conservateurs) de fabriquer des listes communes et de faire ainsi élire en bloc des candidats qui auraient été battus individuellement. Un beau travail d'illusionniste.

112

Ce qu'on peut être inventif, dans notre beau pays! C'est ainsi qu'une loi électorale peut être une bénédiction pour un vicieux qui sait s'en servir. Ainsi François Mitterrand, un maître du bonneteau, trouva le moyen original d'écarter ses adversaires gênants en favorisant ses ennemis déclarés mais peu encombrants. Il fit adopter en 1986 la représentation proportionnelle : les socialistes que menaçaient la tempête sauvèrent leurs meubles, au détriment de la droite bien élevée et au profit des amis de l'infréquentable Le Pen. La comédie se termina par la nomination d'un Chirac affaibli comme Premier ministre. Un moindre mal pour le parti de la rose : Mitterrand et Chirac s'entendaient comme chevillards au cul des vaches depuis que le second avait fait campagne pour le premier afin de couper à Valéry Giscard d'Estaing la route de l'Elysée.

Bref, en France, le mode de scrutin est affaire de circonstances. Nous en avons utilisé presque autant que de constitutions : tout en dissertant à perte de vue sur les avantages et les inconvénients de chacun d'eux, la proportionnelle étant réputée « juste » parce qu'elle donne leur chance aux divers courants de l'opinion, y compris les plus farfelus, et le scrutin majoritaire « efficace » parce qu'il permet de constituer une majorité de gouvernement.

C'est ce dernier procédé – mis à part la parenthèse de 1986 – que nous utilisons depuis 1958, celui des « mares stagnantes », comme disaient ses adversaires sous la IIIᵉ République. Au premier tour on choisit, au second on élimine, enseignent les profs de Sciences-Po. Ce qui permet le suspense du « ballottage » et les magouilles qui s'ensuivent. De qui rafler les voix de la première course pour franchir en tête le poteau d'arrivée à la seconde, avec ou sans photo? Bien entendu ces tractations s'ourdissent dans l'ombre tandis qu'au grand soleil retentissent les proclamations : défense républicaine, pas d'ennemis à gauche, bloc national et autres comptines.

En réalité nous appliquons en France la règle que j'entendais énoncer par le radical Yvon Delbos :

« Le meilleur mode de scrutin est celui qui me fait élire. »

Mais, en matière d'élection, le plus important n'apparaît dans aucun texte. Il s'agit en quelque sorte d'un premier tour, mais pour lequel, contrairement aux habitudes américaines des démocratiques « primaires », les électeurs ne sont pas appelés aux urnes. On appelle cette chose l'investiture, une invention qui ne date pas d'hier, bien rodée d'une république à l'autre (c'est même sans doute ce qui se fait de plus stable chez nous). C'est l'œuvre des partis politiques, de toutes nuances, qui leur permet de tenir leurs élus en laisse en leur procurant, compte tenu des aléas des scrutins, sinon une certitude, du moins une probabilité d'élection. Ne fait fi de l'investiture que celui qui reçoit ailleurs une meilleure proposition.

Perdre l'investiture, c'est se voir privé du lien qui unit le candidat à ses électeurs, desquels il n'est le plus souvent connu que par son étiquette, et surtout c'est trouver en face de soi un concurrent qui l'a obtenue, lui, l'investiture. Cette épée de Damoclès suffit à maintenir le député dans le droit chemin. Car en dépit d'une idée reçue, l'élu n'est pas près de ses électeurs et les poignées de main sur les marchés ne doivent pas faire illusion : on n'est plus au temps d'avant la dernière guerre.

Le suffrage n'est qu'en apparence universel et libre. Le peuple ne fait, dans presque tous les cas de figure, que ratifier le choix des partis, de ces partis que le général de Gaulle poursuivait de sa hargne et dont il construisit l'exemplaire le plus rigide et le plus caporalisé de l'histoire républicaine avec celui du communisme français de l'étincelante période stalinienne.

Qu'un citoyen, si vertueux et compétent qu'il soit, s'avise de solliciter « sans étiquette » (admirons ce terme de bonneterie d'après soldes) le vote des électeurs, il sera broyé entre les meules des grandes formations politiques. Celles-ci se combattent avec acharnement, mais elles s'unissent contre les solitaires.

Le solitaire, voilà l'ennemi. Il faut hurler avec les loups ou se laisser bouffer par eux.

Éloquence

On sait, depuis les prophéties bibliques, le sermon de Jésus sur la montagne, les philippiques de Démosthène et les plaidoiries de Cicéron, que politique et religion (l'un et l'autre se confondant souvent) ne peuvent se passer d'éloquence. La parole, par l'anathème, l'incantation, la dialectique, le lyrisme, peut produire des miracles ou des catastrophes. C'est par son verbe diabolique que Hitler électrisa son peuple, par les accents du courage patriotique que Churchill entraîna le sien à combattre. Car pour que les mots deviennent de l'Histoire, il faut que l'Histoire soit au rendez-vous. L'appel du 18 juin du général de Gaulle, personne ne l'entendit mais tout le monde s'en souvint, alors que tout le monde entendit le maréchal Pétain faire don de sa personne à la France, mais personne ne se le rappela.

L'éloquence sacrée de Bossuet était au service de l'absolutisme royal, elle faisait frissonner les dentelles de la Cour. Sous la tribune du club des Jacobins, les têtes se sentaient mal assurées sur les épaules. Le « nous sommes ici par la volonté du peuple » de Mirabeau, le « je fais la guerre » de Clemenceau, l'« alea jacta est » de Jules César ont infléchi le cours des plus grands événements.

Plus modestement, dans la vie quotidienne des nations, l'éloquence n'est jamais absente. Elle sert à convaincre ou à tromper, ce qui est souvent la même chose. « L'Empire, c'est la paix » (Napoléon III), « Je vous ai compris » (Charles de Gaulle)...

Et si, comme on disait sous la IIIe République, un discours peut changer une opinion, jamais un vote, on s'écrasait dans l'hémicycle quand un maître de la tribune s'exprimait. Le torrent de Gambetta, la trompette de Jaurès, le violoncelle de Briand, le bronze d'Herriot étaient célèbres.

Il arrivait même que l'éloquence l'emportât par son absence. C'est ainsi que Joseph Laniel devint président du Conseil : on n'attendait rien de lui et nul ne fut déçu. Et André Marie décrocha cette même timbale avec un procédé analogue : ayant prononcé un discours absolument vide, il s'exposa à un feu roulant de questions : il reprit la parole pour ne répondre à aucune. Il l'emporta à la fatigue.

Un jour, des micros firent leur apparition, au Parlement comme au music-hall. Le temps était venu des chanteurs sans voix et des députés sans coffre. On aurait dit que cet objet, qui permettait à tout le monde de se faire entendre, mettait fin à l'éloquence.

Au début, le micro, dont les utilisateurs connaissaient mal le maniement, réserva quelques joyeuses surprises. Au cours d'un débat extrêmement houleux, des injures volèrent, chargées d'exprimer l'indignation théâtrale du parti communiste ; Mmes Maria Rabaté et Denise Ginollin, harpies de service, faisaient assaut de violence verbale. On entendit soudain, dominant le tumulte, la voix de baryton du président Herriot, qui avait oublié de rendre muet le micro :

117

« Ils ont des femmes, je me demande où ils les ramassent! »

Avant d'être élu président de la République, Vincent Auriol avait présidé l'Assemblée constituante. Le micro était une innovation. Ayant donné la parole à un député de droite réputé provocateur, on l'entendit soupirer « avé l'accent », dans l'indiscret appareil :

« Té! voilà l'autre, ça va être le cirque maintenant! »

Arriva le temps des médias audiovisuels. On n'aboie plus guère sur les tréteaux, avec ou sans micro, on a recours à la radio et plus volontiers encore à la télévision. Les pittoresques campagnes électorales de jadis (voir l'article : Elections) ne font plus recette. Quant aux compétitions présidentielles, elles deviennent de grands spectacles. Les téléspectateurs se tiennent à l'affût du coup bas et du mot malheureux. Et le clou de cet Elysée-Olympia, c'est la rencontre en vue du second tour, match où tout est permis.

Le général de Gaulle fut le premier à utiliser systématiquement la télévision. Quand il revint au pouvoir en 1958, il se jugeait orateur médiocre et s'obligea à améliorer sa diction. Il songea même un moment à solliciter les leçons d'Aimé Clariond, un sociétaire de la Comédie-Française qu'il appréciait. Quand il se rendait à l'étranger, il prononçait toujours quelques mots dans la langue du pays.

Il avait son style, à périodes raciniennes. Georges Pompidou caressait Balzac, Valéry Giscard d'Estaing rêvait de Maupassant, François Mitterrand châtiait son langage en songeant à Chateaubriand. Jacques Chirac fréquentait plutôt Henry Bordeaux. Nicolas Sarkozy côtoie, lui, Frédéric Dard.

Élysée_____

Elu président de l'éphémère IIe République, le 10 décembre 1848, Louis Napoléon Bonaparte s'installe à l'Elysée. Il quitte ce lieu trois ans plus tard, devenu empereur, pour un palais qu'il juge plus digne de ses nouvelles fonctions, le Louvre. Il y mettra du sien, ajoutant des bâtiments, et il y laissera des meubles, bien entendu de style Second Empire. Le ministère des Finances de la IIIe République occupera l'espace et il faudra attendre François Mitterrand pour, non sans mal, le faire déménager pour Bercy.

Délaissé par Napoléon III, l'Elysée sert à héberger les souverains en visite. Il en avait vu d'autres, depuis qu'à l'aube du XVIIIe siècle, sous la Régence, Louis Henri de La Tour d'Auvergne, comte d'Evreux, avait fait construire cet hôtel sur un terrain vague, le marais des Gourdes, où des maraîchers faisaient pousser leurs légumes.

Suivant le cours tumultueux des événements, en ces temps troublés qui en soixante-trois ans vont de l'Ancien Régime à Napoléon III en passant par la Révolution, le Directoire, le Consulat, le Premier Empire, la Restauration, la monarchie de Juillet et la IIe République, l'Elysée tombe, si l'on peut dire, des mains aristocratiques de la marquise de Pompadour et de la duchesse de Bourbon-Condé, mère du duc d'Enghien, dans celles, bourgeoises, du financier Beaujon, militaires, du maréchal Murat, et roturières du glacier Velloni. De ces vicissitudes il reçut les noms : hôtel d'Evreux, Elysée-Bourbon, Hameau Chantilly, Elysée-Napoléon... enfin Elysée tout court.

Succédant à Adolphe Thiers, au début de la IIIᵉ République, le maréchal-président Mac-Mahon y emménagea. Depuis lors, tous les chefs de l'Etat républicain y ont résidé. Le seul d'entre eux qui ait songé à émigrer en d'autres lieux fut le général de Gaulle, qui lorgnait le château de Vincennes. Il y renonça, le monument étant par trop excentré et inconfortable.

Je me souviens que, sous la IVᵉ République, l'Elysée avait pour vis-à-vis, dans un immeuble du faubourg Saint-Honoré, une entreprise de dératisation dont une enseigne vantait les mérites. Jugée sans doute indigne de ses illustres voisins, la mort-aux-rats a disparu.

État _____

« En France, la droite est contre la Nation et la gauche contre l'Etat. »

A l'époque – les années cinquante – où il prononçait cet aphorisme, qu'on eût cru destiné au marbre ou au bronze, le ministre démocrate-chrétien Pierre Henri Teitgen avait quelque raison de voir ainsi les deux France : l'espace politique était envahi par le communisme stalinien et le gaullisme césarien, après plus d'un siècle et demi de guerre entre les « républicains » redoutant le coup d'Etat et leurs adversaires qui craignaient la révolution.

La formule de Teitgen a pris bien des rides aujourd'hui. La droite ne se méfie plus de la « Nation ». Quant à la gauche, elle a cessé de considérer « l'Etat » comme un ennemi. François Mitterrand a prouvé qu'il prenait, à en occuper le sommet, autant d'autorité que de voracité (être longtemps privé d'une place à table aiguise l'appétit) et même d'un cynisme qui dépassait celui de ses prédécesseurs, de Gaulle mis à part. Il invoquait la « raison d'Etat » et le « secret défense » avec aplomb, il utilisait les écoutes téléphoniques et les rapports d'argousins sans troubles de conscience.

Mais que faut-il entendre par Etat? Même en son temps, Teitgen avait tort de ne voir en ce que de

Gaulle appelait un « monstre froid » le seul pouvoir exécutif, car son domaine s'étend aux services publics, à cette Administration dont la gauche, à qui elle fournit ses gros bataillons, fut toujours amoureuse. C'est elle, la gauche, qui inspira ou commit les nationalisations à tout va et elle qui en toutes circonstances fait obstacle au dégagement de l'Etat. Ce gigantesque appareil étatique, la droite l'attaque au nom du libéralisme, non sans hypocrisie, car ses élus, bras dessus bras dessous avec ceux de la gauche, défilent écharpe au vent pour protester contre la fermeture d'une caserne ou d'un bureau de poste dans leur circonscription. Pas un Français, de quelque bord qu'il soit, qui n'attende de l'Etat non seulement qu'il assure sa sécurité et dispense la justice, mais qu'il instruise, surveille et nourrisse les enfants à partir de trois ans, qu'il soigne les malades, qu'il fasse marcher les trains, qu'il distribue le courrier, qu'il envoie le courant électrique dans les foyers, qu'il risque la vie de sauveteurs pour porter assistance à des skieurs inconscients... L'Etat, c'est la nounou de la Nation.

Ce mammouth-là a survécu au déluge. Avant même l'absolutisme, les rois de France forgeaient l'appareil administratif qui s'est imposé de siècle en siècle. Alexis de Tocqueville [1] a bien montré que l'Ancien Régime, par ses structures étatiques, avait, au moins autant que le mouvement intellectuel des Lumières, préparé la Révolution. Et c'est cet édifice administratif qui a permis tous les bouleversements politiques du XIXe siècle. Chaque coup d'Etat, restauration ou révolution jetait bas les institutions mais laissait intacte l'Administration, qui assurait la continuité.

Bien entendu, l'Etat se chargeant de tout, ses diri-

---

1. *Op. cit.*

geants – tête fragile sur un corps indestructible – sont logiquement rendus responsables de tout, sang contaminé, canicule, vache folle, grippe aviaire, etc. Juste retour. Une démission de ministre, au pire un changement de gouvernement. Et on repart.

Rien là que de normal. En démocratie, le fonctionnaire est « irresponsable ». C'est un exécutant de... l'exécutif. Il applique les instructions du gouvernement (bien ou mal, c'est à celui-ci d'y veiller) qui, lui, est pleinement responsable (mais pas coupable, précisa une ministresse inspirée).

Quels que puissent être les défauts ou les insuffisances de l'Administration, c'est vers le pouvoir politique qu'il faut se tourner. La grande muette, ce n'est pas seulement l'armée, c'est l'Administration tout entière. Ainsi que l'écrivait à Jean Milhaud Louis Joxe [1], qui fut un très grand fonctionnaire avant d'être un homme politique de premier plan :

« Comme vous, je n'aime pas qu'on attaque l'administrateur. Il a connu, au demeurant, des fortunes contradictoires ; à certains moments, on le glorifie parce qu'il "sauve" l'Etat en un temps où le gouvernement demeure inexistant (je me souviens même d'avoir reçu une lettre où l'on me félicitait de servir l'Etat en un temps où il n'y avait, paraît-il, plus d'Etat). Quelque dix ans plus tard, le même fonctionnaire est accusé de freiner la marche de toute chose et de bloquer la machine sous un excès de technique. Pareils exercices sont trop faciles, il s'y mêle un peu de lâcheté. Je préfère certaine morale qui veut que le gouvernement soit responsable. »

Le jeu démocratique est faussé quand exécutant et

---

1. Jean Milhaud, *Mon ami l'Etat : pour une administration plus efficace et plus humaine*, Imprimerie nationale.

exécutif se superposent, se confondent et bien davantage encore quand ils se soustraient au contrôle du pouvoir législatif, comme la constitution de la Ve République l'a voulu. Dans le régime parlementaire classique, celui que la France a connu pendant près d'un siècle de son histoire, les ministres restaient aussi des représentants du peuple. Désormais, abandonnant leur mandat parlementaire en entrant au gouvernement, ils dépendent du bon vouloir du chef de l'Etat, qui en outre est maître de leur nomination, de leurs missions, de leur révocation. Qu'ils cessent de plaire, ou qu'ils veuillent prendre leur liberté, les voilà parias, sans fonction, sans mandat. S'ils espèrent un repêchage dans quelque office, commission ou agence d'Etat, il leur faudra s'humilier... à moins qu'ils ne soient eux-mêmes fonctionnaires, ce qui leur assure un poste dans leur administration d'origine. C'est le cas de beaucoup d'entre eux. Le Parlement, lui aussi, est envahi de fonctionnaires, les seuls qui jouissent de la garantie de l'emploi en cas d'échec électoral, puisque leur place est tenue au chaud.

Les agents de la fonction publique sont intègres et soucieux de l'intérêt général. Mais s'il faut les féliciter de *servir* l'Etat, on ne peut admettre qu'ils le *dirigent*. La démocratie repose sur une série de contrôles : de l'élu par l'électeur, du gouvernement par l'élu, de l'administration par le gouvernement. Ces règles ont été sérieusement mises à mal par les institutions et les habitudes de la Ve République.

Que serait l'Etat sans son armature, son squelette, cette spécialité bien française que sont les « grands corps » ? Un monstre toujours froid mais aussi un monstre mou. Les grands corps ? Il y a les « politiques », Inspection des Finances, Conseil d'Etat, Cour des comptes, corps diplomatique, corps préfectoral, et les « techniques », Ponts et Chaussées, Mines, Génie rural, Eaux et Forêts, Recherche agronomique... Les fonctionnaires appartenant à ces filières sont formés par l'Ecole nationale d'administration, cette ENA créée par Michel Debré au lendemain de la dernière guerre, ou par les grandes écoles (Polytechnique, Centrale, Agronomique, HEC, etc.). Dans cette pépinière d'administrateurs se recrutent les directeurs des ministères, bien entendu, mais aussi les membres des cabinets ministériels, les responsables des partis politiques, les parlementaires, les ministres... Un tissu serré.

C'est à ces « grands corps », souvent critiqués, mais surtout par ceux qui n'ont pu y entrer, qu'on doit dans une large mesure d'avoir fait de la France un pays moderne. Face aux intérêts privés, c'est le corps des Ponts et Chaussées qui a contribué à maîtriser le développement urbain. Les campagnes sont, de leur côté, redevables au Génie rural et aux Eaux et Forêts d'une évolution qui évita l'anarchie. L'équipement nucléaire doit beaucoup au corps des Mines. Et le corps préfectoral, que feraient sans lui les élus locaux ? Il n'est pas certain qu'on ait rendu service à la Nation en dotant les présidents de conseil général de pouvoirs concurrents de ceux des préfets : la réforme coûte très cher, c'est ce qu'on peut en dire.

Les préfets restent en réalité les patrons des régions et des départements. Certains d'entre eux disposent d'un pouvoir considérable, dû à leurs relations et à leurs talents. Au temps où la capitale n'avait pas de maire, le préfet de police et le préfet de la Seine savaient administrer Paris avec compétence et probité : pas question alors d'emplois fictifs. S'il y eut dans les années trente un Jean Chiappe déloyal, lié aux ligues d'extrême droite, Paris put se féliciter de l'action d'un

Louis Lépine, créateur du fameux concours, et même d'un Eugène Poubelle, qui imposa les boîtes qui portent son nom. André Louis Dubois interdit l'usage du klaxon et mérita le surnom de « préfet du silence ». Il arrivait aussi, c'est vrai, que les réformes eussent moins de succès. Ainsi Roger Léonard autorisa les conducteurs arrêtés à un feu rouge, mais se trouvant à droite sur un carrefour, à passer sans attendre le vert. Pour vérifier que ses instructions étaient bien appliquées, il prit le volant de sa voiture et, parvenu devant l'Assemblée nationale, il tourna à droite malgré le feu d'arrêt. Coup de sifflet rageur du flic de service, qui s'approcha et, apercevant l'appareil auditif fixé à l'oreille de Léonard, affligé de surdité, interpella, goguenard, le préfet :

« Alors, mon petit père, non seulement on est miraud, mais encore on est sourdingue ? »

Ce gaillard dut attendre longtemps sa promotion de brigadier.

On a beaucoup dit que le véritable gouvernement de la France était constitué, auprès du président de la République, du Premier ministre et des membres du gouvernement, de ce corps de hauts fonctionnaires qui tous se connaissent, correspondent et agissent souvent à l'insu des responsables politiques. C'est ce qu'Edgar Faure appelait la « technostructure ». Dans un petit pamphlet [1], j'avançais l'idée que le pouvoir réel n'appartient pas aux seuls technocrates, mais également « à un certain nombre de dirigeants de l'industrie, de la banque, du commerce et de la publicité, des vedettes du Parlement, des partis, des professions libérales, de la presse et de l'Université, enfin des responsables

---

1. *Ça suffit, op. cit.*

nationaux d'organisations professionnelles et syndicales... Il existe, entre les deux ou trois mille personnes qui forment cette "société", des incompatibilités d'humeur, des conflits d'intérêts et des divergences politiques. Pourtant, même quand ces gens se combattent, ils appartiennent au même monde, ils se connaissent, ils savent qui est qui, qui fait quoi. Ils se comprennent, dans le sens étymologique du terme, la plupart d'entre eux ont le même niveau de culture, qu'ils y aient accédé tôt ou tard, et surtout *ils parlent le même langage...* Les journaux les rassemblent sous le vocable de "Tout-Paris". C'est "Tout-Etat" qu'il faudrait dire ».

Cette appartenance à un même milieu culturel fait qu'il y a moins de distance entre le chef du gouvernement et le propriétaire d'un grand magazine, entre le ministre des Finances et le président d'une grande entreprise, entre le ministre du Travail et le secrétaire général de la CGT qu'entre les excellences et les citoyens du commun.

La France d'en haut et la France d'en bas ne sont pas celles qu'on croit.

Europe

Comme toujours il y a Victor Hugo. Qui a pensé à tout et écrit sur tout. Qui a donc pensé à l'Europe et écrit sur l'Europe. Admirablement, avec le lyrisme qui convient. L'illustre polygraphe a rêvé d'un continent pacifié et pacifique.

Deux autres personnages, pas des écrivains, ceux-là, encore qu'il leur soit arrivé de tenir la plume, ont voulu faire l'Europe à leur façon, Napoléon dans sa poigne, Hitler sous sa botte. Tous deux ont vu se dissiper leurs fantasmes dans les neiges de Russie, laissant derrière eux des monceaux de cadavres.

Entre l'empereur en redingote grise et le dictateur en chemise brune, il y eut tout de même un homme, dans les années vingt du précédent siècle, qui tenta d'édifier une Europe qui aurait ressemblé à celle de Victor Hugo, en commençant par son indispensable clef de voûte, la réconciliation de la France et de l'Allemagne. Aristide Briand, le « pèlerin de la paix », échoua dans son entreprise. C'était trop tôt, il fallait encore les soixante millions de morts de la guerre 1939-1945. La France du premier conflit mondial, bien qu'elle eût recouvré les provinces perdues et que la ligne bleue des Vosges eût cessé d'être la frontière, ne pensait qu'à « faire payer le Boche » qui n'en avait pas les moyens et d'humilier l'Allemagne sous des traités de paix qui ne pouvaient provoquer que des désirs de revanche. Ce chauvinisme primaire se reconnaissait en Clemenceau, qui haïssait Briand au point de dire qu'avec un pied dans la tombe il lui en resterait un pour botter le derrière de ce « voyou ». Ainsi préparait-on allégrement la venue d'Hitler.

En 1945, sur les décombres et les charniers, les peuples d'Europe sont enfin disposés à comprendre que vingt siècles d'une tragédie ininterrompue suffisent. Le rapprochement de la France et de l'Allemagne, qui va en prendre l'initiative ?

A cette époque, c'est le général de Gaulle qui gouverne la France. Il a trop lu les livres de Gallouédec et regardé les cartes de Vidal de La Blache. L'Europe, il la voit « de l'Atlantique à l'Oural ». Mais la Russie, elle, ne se considère pas ainsi : elle est puissance eurasiatique, elle-même fédération de peuples. Pour les Sibériens, il y a « l'Europe du pays », mais c'est un morceau du même pays, qui s'étend de part et d'autre de l'Oural. Cette situation fait de la Russie une puissance à elle seule, qui n'a pas sa place dans une communauté européenne, même si au cours des siècles elle participa plus étroitement à l'histoire de l'Europe qu'à celle de l'Asie.

Quoi qu'il en soit, la référence géographique n'empêchait pas le Général, à l'époque, de considérer l'assemblage des nations de l'Europe de l'Ouest comme un contrepoids à la puissance de l'Union soviétique. Et pour édifier cette communauté-là, il jugeait que « Gaulois et Germains » (toujours les classiques, César et Tacite) devaient s'entendre. Et il se cachait à peine pour dire que ses préférences allaient à l'Allemagne plutôt qu'à l'Angleterre.

Mais l'Europe gaullienne, quelle était-elle alors ? Il y a du Clemenceau chez de Gaulle en 1945. Comme le « Tigre » le préconisait en 1918, cette voisine d'outre-Rhin, il veut la voir coupée en morceaux. « Plus de Reich » s'époumone-t-il à répéter aux Alliés, mais un pays composé d'Etats autonomes ayant chacun une constitution et un parlement, surtout pas de pouvoir central. Une Allemagne d'avant Bismarck en quelque sorte. Le rattachement de la Sarre à la France et l'internationalisation de la Ruhr achèveraient de combler ses vœux.

Réalistes, les Alliés en décidèrent autrement. A la période d'occupation suivit la création de deux Allemagnes, communiste sous tutelle soviétique à l'est (régime qui ne prit fin que récemment, après la chute du mur de Berlin), et fédérale, avec gouvernement central à l'ouest.

La réconciliation entre la France et l'Allemagne, elle ne fut pas l'œuvre du général de Gaulle. Elle se fit officiellement et solennellement le 9 mai 1950, avec une déclaration de Robert Schuman, ministre des Affaires étrangères de la IVᵉ République, proposant la mise en commun de la production de fer et d'acier des deux pays. Ce « pool » devait être la première étape du chemin vers une fédération européenne.

Cette perspective n'était pas non plus gaullienne. L'Europe du Général était celle « des nations » sans l'Angleterre, avec une Allemagne démembrée et une Italie dont il riait et dont il pensait ce que j'ai entendu dire un jour à la télévision par Marcello Mastroianni, à qui l'on demandait ce qu'il pensait de la politique de son pays : « C'est la merde, mais nous aimons beaucoup. »

L'Europe dont la déclaration de 1950 éclairait la route était le fruit des réflexions et de l'action inlassable et discrète de Jean Monnet.

Etrange destin que celui de cet homme qui n'obtint aucun diplôme, pas même le certificat d'études, qui n'apparut jamais sur la scène politique, qui ne fut membre d'aucun gouvernement et ne remplit aucun mandat électif. Après la guerre de 14-18, il fut chargé d'un certain nombre de missions diplomatiques – il avait parcouru le monde pour vendre le cognac familial – tendant au rapprochement des peuples d'Europe. Il occupa un poste important à la Société des Nations, mais les égoïsmes nationaux l'écœurèrent tant qu'il démissionna pour revenir au cognac. Son père s'inquiétait de la baisse des ventes aux Etats-Unis. Jean Monnet traversa une fois de plus l'Atlantique et découvrit rapidement la cause du mal : les concurrents de la maison Monnet avaient abandonné le tonnelet, récipient classique du cognac, pour la bouteille. Or dans le verre l'alcool ne vieillit plus. Malgré les réticences du père Monnet, accroché aux traditions, la bouteille l'emporta et la situation fut rétablie. Si Jean Monnet a de nombreuses qualités, la principale est le don de convaincre. Philippe Lamour, qui travailla à ses côtés au Commissariat au Plan, dans les années qui ont suivi la Libération, m'a parlé de lui :

« Monnet, c'est avant tout une méthode. Il utilisait le milieu politique au lieu de s'y mêler. Il avait des difficultés d'expression et ne parlait bien que dans le privé, lentement, en choisissant ses mots. Mais quelle patience! Il a trouvé en Charente une circonscription pour Félix Gaillard, il lui fallait quelqu'un au Parlement pour les contacts. Il a inventé Robert Schuman : il lui a refait le crâne, comme aux enfants à leur naissance. »

Philippe Lamour y allait trop fort. S'il est vrai que Monnet a convaincu Schuman de faire l'Europe, il n'a pas eu beaucoup de peine à y parvenir. Le souvenir que j'ai gardé de Jean Monnet est celui d'un question-neur infatigable, qui ne laisse à son interlocuteur aucun moyen de se dérober. Quant à Robert Schuman, il n'avait rien d'une marionnette qu'on agite ; homme de l'Est, célibataire, chrétien dévot, une sorte de moine laïc, il opposait son flegme au déferlement d'attaques lancées contre lui par les communistes. Président du Conseil, il faisait face aux revendications des parlementaires avec des réponses simples : « La République est pauvre. » Ou encore : « J'entends les discours, j'attends les recettes. » Sous des dehors effacés il cachait une grande finesse politique. Un jour, je lui demandai si les oppositions, au sein du gouvernement, ne risquaient pas de le mettre en minorité. Réponse : « Au Conseil des ministres, les voix ne se comptent pas, elles se pèsent. »

Inspiré donc par Jean Monnet, le plan lancé le 9 mai 1950 était préparé depuis trois ans avec Konrad Adenauer, premier chancelier de l'Allemagne fédérale, et Alcide De Gasperi, président du Conseil d'Italie. A ces trois démocrates-chrétiens (il n'est pas inutile de rappeler que les Français de cette école de pensée se réclamaient du patronage de Marc Sangnier, partisan enthousiaste de Briand entre les deux guerres) s'était associé le socialiste belge Paul Henri Spaak.

Cette Europe impliquait de la part des nations des abandons de souveraineté, ce qui était inacceptable pour le général de Gaulle. Et bien qu'il ait dit en 1950 à Georges Pompidou qu'« il faudra bien réarmer l'Allemagne », il mènera avec les communistes et une partie des socialistes une campagne au canon contre le projet, également inspiré par Jean Monnet et présenté par René Pleven, de Communauté européenne de défense. Cette armée européenne sera finalement rejetée en 1954 par l'Assemblée nationale. De Gaulle triomphait. Il imposait sa vision de l'Europe.

C'est la raison pour laquelle il avalisa en 1958, lorsqu'il revint au pouvoir, le traité de Rome, signé l'année précédente, lui aussi œuvre de la IVe République. Cette Communauté économique européenne était et est restée construite sur les nations. Faute de supranationalité s'imposait la technocratie bruxelloise. Le Général montait dans le train de l'Europe à condition qu'il restât à quai.

Au mois de janvier 1968, le général de Gaulle m'invite à venir à l'Elysée; il écoute ma chronique matinale à RTL et ce que je dis n'est pas toujours ce qu'il aimerait entendre.

« L'Histoire retiendra que je suis l'homme qui a le plus fait pour l'Europe. »

La sienne, mais je garde pour moi cette opinion. Je préfère questionner :

« Pourquoi refuser aussi catégoriquement la supranationalité ?

— C'est impossible, s'écrie-t-il. Ils sont tous américains ! Nous ne serions plus rien !

— Ne risquons-nous pas, si nous restons isolés, de devenir un jour, par la force des choses, nous aussi américains ?

— Que voulez-vous que j'y fasse ?

— Si je comprends bien, vous êtes seul à vous battre ?

— Oui, je suis là. Et puis il y a les Français. »

Il faut reconnaître qu'il était en parfaite communion avec cette « France profonde », celle des matamores de temps calme, celle des « retiens-moi ou je fais un malheur ». En politique comme en économie, le protectionnisme reste encore la règle de nos dirigeants : en ouvrant les fenêtres la nation va s'enrhumer. C'est, à l'abri de prétextes patriotiques, cette peur du grand air qui provoqua l'abandon du projet d'armée européenne, le vote serré du traité de Maastricht, les manifestations altermondialistes et finalement, en 2005, le « non », dû à la sottise et à la mollesse de Jacques Chirac, au référendum sur la Constitution européenne. Ce vote désastreux a permis à des bénéficiaires des subventions de Bruxelles, notamment nos paysans, de cracher dans la soupe.

Le coup d'arrêt donné par le gaullisme à la création d'une Europe fédérale a renforcé le pouvoir des eurocrates, il a laissé grandir la Communauté dans la pagaille des égoïsmes nationaux. L'Europe est devenue une mosaïque d'Etats où la règle absurde de l'unanimité permet à la Lettonie ou à la Slovénie de bloquer le fonctionnement de l'ensemble. L'élargissement à tout va de l'Europe communautaire ne pouvait se concevoir qu'après un accord des six pays fondateurs sur une base fédérale. Pour obtenir leur adhésion, les nations candidates auraient dû accepter cette Constitution. Et nous n'aurions même pas envisagé une seconde d'accueillir un jour la Turquie, terre d'Islam, dans une Europe fille d'une civilisation grécoromaine et judéo-chrétienne.

Extrêmes (droite et gauche) _____

Qu'est-ce qui distingue de leurs « extrêmes » la droite et la gauche ? Avant de répondre à cette question, il faudrait définir la gauche et la droite. Pour celle-ci, les politologues ont parlé de conservatisme, de réaction, d'ordre établi, pour celle-là de mouvement, de progrès, de réforme. Pourquoi pas ? On ne saurait en tout cas chercher une symétrie. Alors que tout le monde appelle la gauche, la gauche, seule la gauche appelle la droite, la droite. Celle-ci refuse ce qualificatif qui, croirait-on, l'incommode. Comme disait Edgar Faure, « sous la IIIe République, il y avait un groupe des Républicains de gauche ; c'était lui qui représentait le mieux la droite ».

La droite et la gauche, dans le flou artistique, se distinguent en fin de compte de leurs extrêmes par ce qu'il y a de plus simple, l'adjectif, ce qui ne veut pas dire grand-chose. Extrême, au fond, veut tout simplement dire contre. Contre quoi ? Tout dépend de l'époque et des circonstances. A droite, contre la République, le Parlement, les étrangers en général et les Juifs en particulier, le fisc et surtout... la droite. A gauche, contre le capitalisme, les patrons, les curés, la police et surtout... la gauche. « Pour tout ce qui est contre, contre tout ce qui est pour », comme disait Pierre Dac.

135

Telle une mine, l'extrême droite est enfouie dans le crâne d'un certain nombre de gens, râleurs permanents, et, à l'occasion d'un événement souvent d'ordre économique (krach boursier, montée du chômage, flambée des prix, alourdissement du poids des impôts), explose, déclenchée par quelqu'un qui crie très fort ou qui a du prestige. Ce type porte le plus souvent l'uniforme, même s'il est habillé d'un complet-veston.

L'extrême gauche, dans le passé, a parfois fait trembler le bourgeois. Les communards, la bande à Bonnot, Action directe, c'était du sérieux. Le gentil facteur Besancenot, lui, ne se veut pas l'héritier de Kropotkine, mais mieux que Mme Laguiller il a ressuscité le cadavre du gauchisme. Il n'y est pas pour grand-chose. Il n'y a plus de parti communiste pour veiller au grain en occupant les lieux. Impitoyable, qu'il était, le PC, envers tout ce qui grenouillait sur sa gauche, trotskistes, maoïstes, anarchistes, on l'a bien vu en mai 68, quand de connivence avec Pompidou, aidé de la CGT, il a liquidé la révolution et remis le prolétariat au boulot, à Grenelle, avec la carotte du SMIC.

L'extrême droite, elle, n'a jamais connu d'éclipse depuis la fin du Second Empire, Napoléon le Petit tenant auparavant le gouvernail, même si les conservateurs de l'époque le trouvaient agaçant avec ses histoires d'extinction du paupérisme. A l'exception des sinistres marionnettes – les Maurras, Déat, Doriot, Bucard – qui, après avoir raté leur coup le 6 février 1934, raflèrent en 1940 la mise avec l'aide de l'armée allemande et d'un maréchal de France, l'extrême droite n'a guère inspiré que les chansonniers et les caricaturistes. Quel musée Grévin! On y voit le maréchal de Mac-Mahon, qui avait crânement crié à Malakoff « j'y suis, j'y reste » mais n'a pu répéter cette fière parole quand Gambetta, avec l'aide des électeurs, le mit à la porte de l'Elysée. Et le général Boulanger, avec son cheval noir et sa barbe blonde, qui rêva de coup d'Etat et en fut réduit à un coup de pistolet sur la tombe de sa maîtresse. Dans le lot se trouve aussi un papetier de Saint-Céré, un certain Pierre Poujade, qui mobilisait les victimes de l'impôt et réussit en 1956 à faire élire cinquante-deux députés (dont on se hâta d'invalider un certain nombre, soyons sérieux) et à battre aux points les candidats gaullistes, tandis que le Général, dépité, soupirait : « Dans ma jeunesse, les épiciers votaient pour les notaires, aujourd'hui, les notaires votent pour les épiciers. » Le dernier de la série, Le Pen, n'est plus qu'un vieux reître fatigué et obligé de vendre ses meubles...

Aux extrêmes, les remous ne se transforment pas en tsunamis. Entre les deux, on gouverne et, plus encore, on s'agite, on fait frissonner les décors et trembler les planches. Comme l'écrit Stéphane Denis [1], « tout le travail des hommes politiques est aujourd'hui d'occuper la scène en permanence pour que nous n'ayons pas l'idée d'aller voir en coulisses ».

On se tolère, il arrive même qu'on s'apprécie, entre gens de la droite bien élevée et ceux de la gauche qui l'est un peu moins et qui garde une touche de débraillé, du moins dans les congrès. Les adversaires se combattent, mais pas comme jadis, sans mise à mort. Les couteaux sont depuis longtemps au vestiaire. Droite et gauche parlementaires rassurent, même dans leurs invectives. Elles alternent de bonne grâce, il leur arrive aussi de cohabiter sans drame, à la bonne franquette. Tandis qu'aux deux extrêmes, on trépigne d'une impatience jamais assouvie.

---

1. *Pause*, vol. 3 : *La fin des journaux*, Fayard.

Gaulle, Charles de _____

Le général de Gaulle, après qu'il eut abandonné le pouvoir en janvier 1946, disait un jour à Claude Guy, son aide de camp et son confident, à qui il livrait alors ses pensées les plus intimes :

« Si je ne m'étais pas fait militaire, j'aurais certainement fait une carrière politique [1]. »

Formule étrange mais révélatrice parce qu'à sens inversé. La vérité, c'est que de Gaulle a fait une carrière militaire mais s'est fait politique. Il dira d'ailleurs à Claude Guy :

« A quarante ans, ma certitude était la même qu'à quinze ans. Je n'imaginais pas qu'il pût y avoir des obstacles sérieux à mon accession à la tête de l'Etat. »

La politique ! Il y songeait bien avant 1940 en effet, et il s'y est introduit de façon tout à fait personnelle, et insolite, en se faisant entendre dans le silence de « la grande muette ». Il écrit des livres *(La France et son armée, Le Fil de l'épée)* qui le font remarquer, pas toujours avec plaisir, par ses pairs, et qui le brouillent, à propos de propriété littéraire, à celui qui était jusque-là son protecteur, le maréchal Pétain.

Mais c'est surtout dans les coulisses de la IIIe Ré-

---

1. *En écoutant de Gaulle*, Grasset.

publique, un régime que plus tard il ne ménagera pas, qu'il se faufile : il nourrit ainsi une ambition qui peut-être ne s'est pas encore révélée à lui-même aussi brûlante qu'elle apparaîtra en 1940.

Le colonel de Gaulle a une intelligence prospective et des vues larges. Il a étudié l'histoire militaire, il sait que depuis Waterloo, qui a marqué la fin de l'épopée napoléonienne, la France a toujours été en retard d'une guerre. Il aurait pu dire ce que plus tard un ministre gaulliste, *condottiere* à qui l'on ne pouvait en remontrer en fait de bravoure, Alexandre Sanguinetti, lancera au visage d'étoilés des trois armes scandalisés :

« Par le nombre de ses morts, l'armée française est la première de l'Histoire. Il n'en est pas de même par le nombre de ses victoires. »

Le colonel de Gaulle se fait l'avocat pressant jusqu'à être importun, mais prophétique, de l'arme blindée. L'Allemagne nazie a compris cela depuis longtemps : ses panzers lui feront conquérir l'Europe de Brest à Stalingrad. Le prophète prêche dans le désert. Pas tout à fait cependant. Un parlementaire qu'on pourrait dire marginal, mais non sans influence, un homme de droite atypique, Paul Reynaud, écoute cet officier éloquent, passionné, convaincant, qui réclame des chars de combat, encore et encore.

Ainsi Charles de Gaulle s'introduit-il dans la politique... et il ne deviendra, en 1940, « l'homme du 18 juin » que parce qu'il aura été auparavant « l'homme du 6 juin ».

Ce jour-là, en pleine débandade de l'armée française, les réfugiés encombrant les routes, Paul Reynaud, le chef du gouvernement, nomme Charles de Gaulle sous-secrétaire d'Etat à la Guerre : quelques jours auparavant, le colonel devenu général de brigade « à titre temporaire » lui a fait des offres de service,

mais pas, lui a-t-il écrit dans une lettre [1], comme
« irresponsable » :

« Chef de cabinet? Chef d'un bureau d'études?
Non! »

Sous-secrétaire d'Etat donc. Un titre courant sous la
IIIe République, qui sera plus tard abandonné, avec ce
goût des temps médiocres pour le mot qui est censé
créer la chose, pour le superlatif qui fera Atlantique la
Loire inférieure, Haute-Provence les Basses-Alpes,
gardienne la concierge, technicien de surface le ba-
layeur et professeur des écoles l'instituteur.

Sous-ministre certes mais membre du gouvernement tout de même. Et quand sera signé l'armistice,
de Gaulle, en mission à Londres, sera le seul du cabinet Reynaud dans la capitale britannique. Si, par
courage ou par chance, le président du Conseil, ou
même un autre ministre, se fût trouvé là-bas pour représenter la France et disposé à combattre, Charles de
Gaulle lui aurait été subordonné... à moins que cons-
cient de sa valeur, de son ascendant, de son autorité et
de son caractère, il ne se fût imposé à n'importe quel
ministre, comme il s'imposera plus tard au général
Giraud. Seul membre du gouvernement à Londres à
l'heure de la capitulation, il est le seul aussi à sauver
par son appel l'honneur tombé bien bas de la France.
Epousailles du courage et de l'ambition. C'est lui-
même qui le dira, en termes lyriques, à Claude Guy :

« L'homme d'Etat est celui qui joint à de grandes
facultés celle de se confondre, le moment venu, avec
de grands événements. »

Pendant les quatre années de guerre, c'est en effet
l'homme d'Etat, pas le stratège, qui impose sa volonté,
trouvant sa force dans sa faiblesse, à un Churchill

---

1. Citée par Jean Lacouture dans son *De Gaulle* édité au Seuil.

exaspéré et à un Roosevelt hostile. Comme il le confiera à Claude Guy, ces deux « alliés » se sont « trompés sur son compte » en voyant en lui « le militaire ».

C'est à partir de la Libération que se révèle en lui, pleinement, l'homme politique. S'il sait faire avec ce qu'il a (par exemple s'associer les communistes, qu'il déteste, mais dont il lui est impossible de se passer), il a des convictions et une volonté de fer : il ne veut pas pour la France du régime parlementaire qui fut soixante-dix ans durant celui de la IIIe République. Il entend faire accepter par les partis politiques et les mouvements de résistance des institutions fondées sur un pouvoir exécutif fort. Mais ces partis, qu'il hait, n'entendent pas plier devant lui. De Gaulle se sent trahi, notamment par les démocrates-chrétiens du MRP qui affirmaient bien haut pourtant représenter le « parti de la fidélité ».

Le Général, chef du « Gouvernement provisoire de la République française », décide alors de se retirer. Il claque la porte le 20 janvier 1946, persuadé que le pays ne peut être gouverné que par lui et qu'il sera rappelé au plus tôt.

Une affaire de jours... Mais les semaines passent et cette République dont il ne veut pas, la Quatrième, qui ressemble comme une petite sœur à la Troisième, se passe de lui.

Alors le Général se décide à l'offensive et essuie deux échecs, le premier dans la campagne qu'il mène contre le projet de constitution, finalement approuvé par référendum, le second en créant un parti, le Rassemblement du peuple français (RPF), qui après quelques succès électoraux est grignoté, puis digéré, par ce « système » détesté.

A Claude Guy, il avait dès son départ en 1946 parlé de son retour :

« Une affaire comme celle-ci commande une série de calculs nombreux et patients. »

Il faudra une décennie et un autre « grand événement », la sanglante guerre d'Algérie, pour qu'il reprenne le pouvoir. Si le politique a perdu une bataille en 1946, une autre en 1955, quand il congédie le RPF et entreprend sa « traversée du désert », il gagne la guerre contre le « système » en 1958. Cette victoire, il l'a enlevée au terme d'une campagne qui est un modèle de duplicité : il n'a pas bougé, il a peu parlé, il a laissé « les événements » et quelques fidèles, les « barons » (Michel Debré, Jacques Soustelle, Roger Frey, Olivier Guichard, Jacques Chaban-Delmas et quelques autres comparses) travailler pour lui. Certains tireront de cette magistrale opération des mandats parlementaires, voire des portefeuilles ministériels. Les autres, pour la plupart, seront simplement des cocus.

Jamais avant 1958 Charles de Gaulle ne fut acquis à la décolonisation. Il était encore, à la fin de la guerre, attaché à « l'Empire ». C'est lui qui, en août 1945, nomma haut-commissaire en Indochine l'amiral Thierry d'Argenlieu, qui ne songeait certainement pas à faire d'Hô Chi Minh un quelconque interlocuteur. De Gaulle n'a pas manifesté la moindre opposition, ni même réticence, à la guerre d'Indochine. Il n'a jamais approuvé l'indépendance, accordée par Pierre Mendès France, puis par Edgar Faure, à la Tunisie et au Maroc. Devant Raymond Tournoux, il grondait que la France allait « tout perdre », il gouaillait :

« Il ne restera que l'Auvergne, personne n'en voudra. »

Tout au long de la IVᵉ République, les gaullistes ne cesseront de dénoncer les « bradeurs ». Et le 15 mai 1958 encore, à quelques jours de reprendre le pouvoir et à quatre ans d'accepter l'indépendance de l'Algérie, de Gaulle déclarait encore :

« La dégradation de l'Etat entraîne infailliblement l'éloignement des peuples associés. » Phrase que Jean-François Revel commentait ainsi :

« Le moins qu'on puisse dire est que cette analyse est un peu courte [1]. »

Mai 1958. La guerre en Algérie dure depuis près de quatre ans. Le socialiste Guy Mollet, président du Conseil, après avoir reçu quelques tomates au cours d'une visite éclair à Alger, ce qui l'a fait incontinent renoncer à toute idée de solution pacifique, a envoyé au combat les hommes du contingent : un demi-million de soldats. Les gouvernements qui se succèdent à Paris semblent ignorer qu'en métropole grandit le désir d'en finir. C'est que, de l'autre côté de la Méditerranée, les cadres de l'armée et les pieds-noirs se déclarent tous partisans de l'« Algérie française » et complotent à tout va. Les gaullistes jugent l'occasion propice à leurs entreprises en utilisant ce courant au profit du Général. Celui-ci observe un silence prudent et à chacun de ceux qui lui rendent visite il répond ce que l'interlocuteur a envie d'entendre. Ses partisans qui travaillent pour lui à Alger ne peuvent pas dire qu'il les encourage. Il ne les décourage pas, ce qui leur suffit.

Le 13 mai, l'Assemblée nationale investit président du Conseil Pierre Pflimlin, MRP, qui envisage d'amorcer une négociation avec les nationalistes algériens. Il est immédiatement accusé de trahison à Alger : les chefs de l'armée choisissent la rébellion et les gaullistes détournent le bénéfice de ce putsch au profit du Général, lequel consent enfin à se montrer. La menace d'une opération militaire sur Paris a raison des velléités

---

1. *Le Style du Général*, Complexe.

de résistance des politiciens, on se bouscule à Colombey où de Gaulle reçoit et, jugeant le fruit plus que mûr, décide de s'engager : il se déclare « prêt à assumer les pouvoirs de la République ». En quelques jours l'affaire est dans le sac. Les députés se rangent pour la plupart derrière lui, qui les flatte en se présentant devant eux. Le communiste Kriegel-Valrimont s'écrie :

« Hier, marche militaire, aujourd'hui musique de chambre ! »

Reste le gros morceau, l'Algérie. De Gaulle s'y rend :

« Je vous ai compris ! » lance-t-il sous les acclamations d'une foule qui, justement, n'a pas compris. Il faudra quatre ans pour qu'elle y parvienne.

Maître du jeu, le Général a le terrain libre pour révéler au monde, une fois encore, ses immenses qualités d'homme d'Etat – prestige, hardiesse, imagination, caractère – et à ses familiers les travers que produit un orgueil démesuré. A l'égard de ceux qui ne se mettent pas au garde-à-vous, il n'a que mépris. Bidault? Un jocrisse. Le Troquer? Un imbécile. Depreux? Un cochon. Mitterrand? Une arsouille. Etc. De chacun il cherche la faiblesse. Les plus fidèles ne recueillent de lui qu'indifférence, voire sarcasme. Exemple : Michel Debré.

Peu d'hommes lui furent aussi aveuglément dévoués. Sous la IVᵉ République, il n'a fait que clamer ses convictions gaullistes, mettant sa plume acérée au service de l'Algérie française. C'est de lui pourtant qu'à Georges Pompidou de Gaulle parle, et il n'est pas possible de ne pas entendre une allusion aux origines de Michel Debré, dont le grand-père était rabbin :

« Ce pauvre Debré est toujours devant le mur des lamentations [1]. »

---

1. Georges Pompidou, *op. cit.*

C'est Debré que, non sans sadisme, de Gaulle va chercher pour diriger le gouvernement qui fera la paix avec le FLN et dont il se débarrassera ensuite comme d'une défroque devenue inutile. Avec lui, tous les gaullistes qui crurent à l'Algérie française doivent avaler leur bile. Léon Delbecque, l'un des artisans de la partie de bonneteau du 13 mai à Alger, a la naïveté de croire qu'il peut encore être entendu du Général en Vᵉ République. Il préside à l'Assemblée un groupe de pieds-noirs. Inquiet des bruits qui commencent à circuler sur les intentions de De Gaulle à l'égard de l'Algérie, il demande audience et dit :

« Mon général, mes amis ne sont pas contents.

— Changez d'amis. »

Dans le florilège du cynisme politique, cette réponse n'est dépassée que par celle qu'Alexandre Sanguinetti, dressé à l'école gaullienne, fit à Alger au colonel Bourgoin, président des anciens combattants d'Algérie, qui a perdu un bras à la guerre. Bourgoin renâcle devant les perspectives de négociations avec le FLN.

« J'ai prêté serment, objecte-t-il, de garder l'Algérie à la France.

— Qu'importe, répond Sanguinetti, c'était avec ta manche vide. »

Et la paix enfin acquise, le général de Gaulle était-il obligé de parquer comme des pestiférés, dans des baraquements de fortune, isolés de la population française, ces harkis coupables d'avoir cru à la parole de la France ?

Quand il prend le pouvoir, en juin 1958, Charles de Gaulle va fêter à l'Elysée ses soixante-huit ans. Sa constitution, que met en forme l'inusable Michel Debré, il la construit en deux temps. D'abord, il se fait élire par un collège de « grands électeurs ». Peu satisfait cependant, étant toujours à la recherche de la légitimité (voir l'article : Légitimité), il fait approuver par référendum – une fois débarrassé de l'Algérie et, ayant échappé à un attentat, profitant de l'émotion populaire – l'élection du chef de l'Etat au suffrage universel.

Cette réforme lui causera une amère déception : en 1965, pour le renouvellement de son mandat, il est mis en ballottage. Ce coup de semonce annonce – bien que nul ne puisse le prévoir – le cri de « dix ans, ça suffit ! » qu'on entendra dans les rues de Paris en mai 1968.

Dix ans, non, mais onze, oui. Sentant la France lui échapper, affaibli par la « chienlit » de 68, et désireux d'en avoir le cœur net, il propose par référendum une réforme du Sénat. Le non gagne, il se retire avec une grande dignité. La mort l'emportera un an plus tard.

En 1949, il avait confié à Georges Pompidou :

« Si je reviens au pouvoir, faites-moi confiance pour n'en plus partir que les pieds devant. »

Il s'en fallut de peu.

Comment, derrière la statue, l'obélisque en uniforme, découvrir l'homme ? Le meilleur portrait de lui a pour auteur celui qui fut son aide de camp Claude Guy [1]. En voici quelques touches :

« Il ne sait, dirait-on, aucun gré aux autres de le suivre : c'est leur devoir... Sa curiosité veille, merveilleusement présente derrière un masque indifférent... Devant la foule, il est en représentation : pas un geste qui ne soit prévu... Il y avait chez lui toute une gamme de rires, dont le rire de complaisance était seul absent... Le souci qu'il avait ordinairement de ne laisser entrevoir de lui que ce qui, croyait-il, servait de sup-

---

1. *Op. cit.*

port à sa légende n'était abandonné qu'au vestiaire. Alors, portes closes et rideaux tirés, la liberté de ses propos semblait extrême à ses familiers... Dire adieu à X, Y ou Z, cela ne lui coûtait jamais, ni dans l'instant ni plus tard, l'apparence d'un regret. Qu'en était-il réellement? On eût dit qu'il remplaçait un instrument par un autre... Il est des mots que je ne lui ai *jamais* entendu prononcer : bonheur, tendresse, joie de vivre... Entretenez-le de questions de personne, il se taira. Si vous insistez, il mettra fin à la conversation. Une veuve bouleversée lui disait devant moi : "Mon mari est mort avec une seule pensée, le général de Gaulle." Il ne répondit pas... J'ai noté son indignation devant toute cruauté, s'agissant des animaux... La nonchalance du corps et l'immobilité du visage au repos, pour peu qu'on les ait observées, évoquent l'idée d'un piège. Du fond de sa méditation, il voit tout, il entend tout... »

Ces quelques notes laissent voir que les exceptionnelles qualités d'intelligence, de caractère, de courage du général de Gaulle, la hauteur de ses vues, son esprit de décision ont eu pour contrepartie une colossale indifférence pour tout ce qui ne le concernait pas, un mépris souvent cruel envers quiconque ne lui était pas aveuglément acquis. Même Mme de Gaulle ne lui inspirait autre chose qu'une déférence familière. Il n'écoutait guère cette habituée des sacristies qu'à propos des libertés que certains gaullistes prenaient avec les alcôves. Beaucoup de ceux qui furent reçus à Colombey parlent des silences de cette femme tricotant dans son coin : le Général fronçait les sourcils quand les aiguilles, s'arrêtant de cliqueter, l'informaient que son épouse prêtait l'oreille.

L'âme de granit de Charles de Gaulle, ses proches ne l'entrevirent ébranlée qu'à l'égard de sa fille Anne, mentalement infirme : du vivant de l'enfant, qui lui fut tôt enlevée, il ne laissa jamais passer un jour sans lui consacrer un long moment dans la chambre rose où elle était étendue. On ne peut non plus négliger l'intérêt affectueux qu'il accordait aux animaux : il reprocha un jour sévèrement à sa nièce Geneviève d'avoir repoussé d'une main leste l'insupportable chien de la Boisserie, dont il tolérait toutes les incartades. Ainsi, pour échapper à son hostilité, à son mépris ou à son indifférence, il fallait n'être pas doué de raison ou ne pas appartenir au genre humain.

Devant Claude Guy, à propos de deux militaires qu'il détestait pour s'être opposés à lui, l'amiral Muselier et le général Giraud, il lança cette phrase, qui donne froid dans le dos :
« Quand on peut écraser quelqu'un, il faut le faire aussitôt. »
Si ceux qu'il a détestés sont légion, quelques-uns auraient-ils mérité son admiration ? A lire ses *Mémoires*, ou les souvenirs de ceux qui l'ont approché, seul semble-t-il Churchill trouve grâce devant lui. Et avec lui le peuple anglais pour son courage (mais non pour le reste). Il ne comprend pas les Américains. En Europe, au fond, c'est de l'Allemagne qu'il est le plus proche. La France ? Il proclame en de multiples circonstances son amour pour elle, mais on comprend qu'il s'agit d'un amour déçu : pour lui, la vérité est que « les Français sont des veaux ».
Il n'avait aucune considération pour ceux qui lui étaient les plus fidèles. L'anecdote parfois est plus révélatrice encore que des témoignages plus ou moins suspects. Geoffroy de Courcel était de ces apôtres. Il se trouvait près de lui en juin 1940 à Londres et, après 1958, occupait les hautes fonctions de secrétaire

général de l'Elysée. De Gaulle exigeait beaucoup de lui. Ecrasé de travail, ne prenant jamais de repos, il sollicita un jour de son tortionnaire bien-aimé un week-end de congé. Non sans bougonner, le Général le lui accorda. Les Courcel grimpent dans leur voiture... A hauteur de Mâcon, des gendarmes les arrêtent : Monsieur le Secrétaire général doit d'urgence appeler l'Elysée. Escorté par des motards jusqu'à la préfecture, Geoffroy de Courcel a au téléphone René Brouillet, directeur du cabinet :

« Désolé, cher ami, le Général vous réclame. Il faut regagner Paris d'urgence. »

Furieux mais discipliné, Courcel revient et entre chez le Général qui lui demande, goguenard :

« Alors, Courcel, ça s'est bien passé, ce week-end ? »

Quant au respect de Charles de Gaulle pour les convenances, il peut être enfermé dans le coffre aux légendes. L'étiquette compte certes à ses yeux, mais seulement lorsqu'elle le concerne. Ceux qui entouraient le Général, accompagné de René Coty, à l'Arc de Triomphe après son élection, se souviendront de l'ex-président, abandonné de tous et surtout de celui qui lui succédait, ne trouvant que grâce à la charité du service d'ordre une voiture pour le ramener dans sa ville du Havre.

De Gaulle était l'un de ces personnages qui pensent qu'avec de l'intelligence et de la volonté, l'homme peut faire plier l'événement. Sans doute était-ce la raison pour laquelle il écrasait de son dédain les réalités triviales mais vitales de la finance et de l'économie. Il n'avait de culte que pour l'étalon-or. Et Paul Ramadier, à qui était échu, à la Libération, le redoutable portefeuille du Ravitaillement alors qu'une sévère pénurie sévissait encore, se souviendra de la réponse du Général à l'une de ses interventions en Conseil des ministres :

« Le Ravitaillement, c'est comme l'Intendance, ça suit! »

On ne connaît que deux hommes – pour la petite histoire – qui aient osé répondre du tac au tac à une réflexion désobligeante de lui. Tous deux appartenaient à la petite famille des « gaullistes de gauche », le polytechnicien Louis Vallon et l'avocat Henry Torrès. Au premier, qui affectionnait la bouteille, le Général, qui le recevait à sa table, lui dit rudement :

« Dites-moi, Vallon, on me dit que vous buvez.

— Pas chez vous, mon général. »

Quant à Torrès, il était au lendemain de la guerre l'avocat d'un trafiquant célèbre, Joanovici, et de Gaulle s'en offusqua :

« Comment pouvez-vous, Torrès, accepter de défendre cette grande fripouille?

— A grande fripouille grand avocat, mon général. »

De Gaulle, disent les gaullistes, a sauvé deux fois la République. La première fois avec l'aide des Alliés, la seconde avec les militaires d'Alger. Mais la République, l'aime-t-il vraiment?

Mon ami Charles Gombault et son père Georges avaient créé à Londres en 1940 le journal *France*, dont le titre était souligné par la devise de la République : Liberté, Egalité, Fraternité. Le Général leur fit demander de supprimer ces trois mots. Ils refusèrent et de ce jour les ponts furent coupés entre eux et la France Libre.

Le 26 août 1944, le Général paraissait au balcon de l'Hôtel de Ville de Paris libéré. Georges Bidault, président du Conseil national de la Résistance, lui demanda de proclamer la République. De Gaulle refusa en disant :

« La République n'a jamais cessé d'être. »

Mais laquelle ? Il était entendu qu'il ne pouvait s'agir que de la sienne. Mais quelle épopée fut sa vie ! Il laisse loin derrière lui les grands hommes de l'histoire moderne en France : Thiers, Gambetta, Poincaré, Clemenceau... Son parcours fulgurant fut bien l'aventure politique la plus réussie, par l'utilisation des hommes et des événements, depuis, disons, sans nier les différences, Louis Napoléon Bonaparte. Pour conquérir le pouvoir, il n'a jamais jugé que certains moyens étaient à exclure. Il confiait même, en 1949 à Claude Guy :

« Le coup d'Etat, c'est ennuyeux. Il vaudrait mieux l'éviter. »

Il n'excluait pas d'y recourir en mai 1958 : le Parlement l'évita en se couchant.

Mais la fin effaça bien des équivoques. Un référendum suicide mit fin à son règne. Républicain, Charles de Gaulle le fut sans réserve en se retirant.

Gaullisme

Le général de Gaulle est, sauf erreur de ma part, la seule personnalité de dimension historique à avoir laissé en héritage deux adjectifs, gaullien et gaulliste. Il appréciait le premier, affirmait-on dans « l'entourage », parce qu'il était attaché à sa personne, non le second, parce qu'il était extérieur à lui. Une seule exception : l'emploi de gaulliste dans la phrase bien connue :

« Tout le monde a été, est ou sera gaulliste. »

Quoi qu'il en fût des humeurs du Général, les deux adjectifs se sont retrouvés dans un commun substantif : gaullisme. Il s'agit d'une doctrine élaborée à partir des aspirations et plus encore des phobies et des fureurs de Charles de Gaulle. Comme saint Augustin affirmait que Dieu se conçoit mieux par ce qu'il n'est pas que par ce qu'il est, le gaullisme se définit davantage par ses haines que par ses amours.

Ses amours se résument en un mot : la France. Le Général aimait avec passion la France, mais une France abstraite, historique, héroïne d'épopée, plus que le sol qu'on foule, les paysages qu'on admire, un patrimoine architectural, des chansons et des recettes de cuisine, une France géographique et humaine. Pas la France des Français.

De Gaulle ne pouvait pas sentir les Français, qui

pour lui étaient « des veaux ». Même en parlant de ses partisans, en 1947, dont on lui vante le dévouement, il laisse tomber devant son aide de camp Claude Guy :

« Ce sont de pauvres types. »

Le sac est profond où il jette pêle-mêle partisans et adversaires :

« Une fois la menace écartée, chacun recommence à faire bouillir dans son petit coin sa petite soupe sur son petit feu. »

Claude Guy, qui pourtant le vénère, n'hésite pas à écrire [1] qu'il a « une extraordinaire capacité à haïr, à mépriser, à rabaisser ».

Et pourtant, de Gaulle était si haut, par la taille et par l'histoire, qu'il aurait pu s'abstenir de distiller du venin et se contenter d'indifférence. Ce regard cruel, ces traits souvent injustes n'ont fait que ternir son image.

Le gaullisme, qu'est-ce ? Ou plutôt qu'était-ce ?

La politique étrangère du Général pouvait se résumer en peu de mots : hostilité foncière envers les Anglais et les Américains et opposition à l'Europe supranationale. Une diplomatie négative. Du mépris pour les nations de second ordre. Je l'ai entendu dire de la Tchécoslovaquie, dans un souffle de dédain : « Un pays de professeurs. » Les Etats scandinaves ? « Des moutons qui bêlent avec l'Angleterre. » Les Italiens ? « Des joueurs de mandoline. » Il accordait à l'URSS le respect qu'on doit à un fauve. Au fond, le seul pays qui trouvait grâce à ses yeux était l'Allemagne. Et si – confidence faite un jour au député Paul Giacobbi – l'homme d'Etat qu'il disait admirer le plus était George Washington, c'était parce que le père des Etats-Unis avait chassé les Anglais de cette terre.

---

1. *Op. cit.*

Les alliés du dernier conflit (comme ils l'avaient été du précédent) qui l'avaient accueilli, armé et mis en situation de faire croire aux Français qu'ils avaient gagné la guerre, il les détestait. Le complexe de Monsieur Perrichon porté au niveau des relations internationales.

Il fera jusqu'au bout obstacle à l'entrée du Royaume-Uni dans le Marché commun, bien que ce pays partageât ses vues sur la supranationalité.

C'est par haine des Anglais qu'il lança à Montréal ce « Vive le Québec libre ! » qui n'eut d'autre effet que de mécontenter le gouvernement canadien. La « belle province » n'a pas répondu à l'invitation.

Et c'est en raison de ses liens étroits avec les Etats-Unis, qui lui garantissent sa survie, qu'Israël a encouru la hargne du Général. A la politique d'amitié, qui fut celle de la IVe République, à l'endroit de l'Etat juif, succéda la méfiance, puis l'hostilité de la France, une hostilité qui alla jusqu'à mettre l'embargo sur les ventes d'armes à Israël alors que ce commerce restait licite avec les Etats arabes.

A Claude Guy, de Gaulle raconte sa visite à Anthony Eden, au moment de quitter Londres pour Alger en 1943. Eden lui demanda quel souvenir il garderait de son séjour en Angleterre :

« Le souvenir d'un peuple loyal, brave et généreux... »

Mais il ajouta immédiatement :

« ... et le souvenir de la politique britannique, qui est une chose horrible. »

En quoi était-elle horrible, cette politique ? De Gaulle l'explique à Claude Guy :

« Ce qu'il faut bien comprendre, n'est-ce pas, s'agissant des Anglais, c'est qu'ils ont toujours souhaité que la France n'eût pas les moyens d'une politique. La

IIIe République leur avait peu à peu donné cette chance rêvée, cette habitude... »

Comment faire avaler cette potion? La « Troisième » n'a-t-elle pas mis en œuvre, malgré les Anglais, une politique faisant de la France la deuxième puissance coloniale du monde? Et depuis l'Entente cordiale, l'Angleterre et la France ont mené, en dépit de quelques frictions, une politique commune. Beaucoup de soldats anglais sont tombés sur les champs de bataille, en France, et c'est peut-être l'un d'entre eux qui repose sous l'Arc de Triomphe. Entre les deux guerres, la politique intérieure britannique ne fut pas plus que la nôtre une partie de plaisir. La crise dynastique, due à l'abdication d'Edouard VIII, n'arrangea rien et le pacifisme – pour ne pas employer un mot plus dur – de l'Angleterre valait celui de la France. Edouard Daladier n'avait rien à envier à Neville Chamberlain. Et si ce dernier n'a pas dit, comme le premier, en revenant de capituler à Munich sous les acclamations de la foule, « ah! les cons », c'est qu'il était un gentleman.

Non. Ce que de Gaulle ne pardonnait pas aux Anglais (Winston Churchill) et derrière eux aux Américains (Franklin Roosevelt), c'était d'avoir longtemps refusé de le considérer comme le détenteur exclusif de la souveraineté française.

« Vous n'êtes pas la France! » lui avait lancé Churchill au plus aigu de la crise entre les deux hommes, quand le Premier ministre anglais soupirait que, de toutes les croix qu'il avait eu à porter dans sa vie, la plus lourde avait été la croix de Lorraine. Le général rebelle n'était alors, aux yeux des dirigeants anglais et américains, que le chef de la France combattante. Qui alors pouvait être certain que de Gaulle incarnait une nation occupée par l'Allemagne et gouvernée par les collaborateurs de Vichy, une nation qui, à l'exception de quelques rares résistants, avait éprouvé le « lâche soulagement » de l'armistice ? Cette « légitimité » revendiquée par de Gaulle, elle n'apparaîtrait aux yeux de tous qu'après le débarquement allié de 1944, avec l'accueil délirant réservé au « Libérateur » par la population française.

C'est également par la haine et le mépris que se sont affirmées les conceptions institutionnelles du gaullisme. Dès la Libération, la prétention affirmée par la représentation nationale d'exister face au pouvoir exécutif provoqua une réaction de rejet de la part du Général, qui claqua la porte en janvier 1946, ne doutant pas qu'à l'exemple d'enfants soudain éloignés de leur mère et la cherchant dans l'affolement, les élus accourraient pour le supplier de revenir. La prétention des hommes de la IVᵉ République à gouverner sans ce tuteur – ce qu'ils feront pendant douze ans et auraient continué à faire sans le coup d'Alger en mai 1958 – commandera toute l'action du Général pendant cette période et inspirera la constitution de 1958. A la prééminence de l'exécutif, confortée quatre ans plus tard par l'élection du président au suffrage universel, et à l'abaissement correspondant du législatif, viendra s'ajouter une pratique de mise en tutelle des médias audiovisuels, d'utilisation de polices parallèles composées de « militants » à gros bras et de mise au garde-à-vous de la haute administration.

Mais les veaux, comme dit le proverbe, se réjouissent en changeant d'herbage. La constitution de la Vᵉ République a tenu, mais non sans que l'usage y ait apporté quelques retouches.

Le gaullisme a depuis près d'un demi-siècle inspiré la politique de la France : célébration de la nation, opposition au monde anglo-saxon, méfiance à l'égard d'Israël, refus d'une Europe fédérale, hypertrophie du pouvoir exécutif. Mais... la Grande-Bretagne est entrée en Europe, les Américains sont redevenus nos amis, le monde arabe n'a plus priorité sur Israël, les « cohabitations » ont fait du monarque absolu, à l'occasion, un roi constitutionnel et l'Europe fédérale, malgré le référendum chiraco-gaullien [1] qui en a une fois de plus retardé l'avènement, apparaît déjà comme la seule vraie réponse à une mondialisation aveugle.

---

1. Le choix de la procédure référendaire et le peu de chaleur mis par Chirac à défendre le projet de Constitution européenne prouvent que, chez lui, le gaulliste gardait le pas sur le radical-socialiste.

Giscard d'Estaing, Valéry _____

François Ceyrac, qui fut président du CNPF (Conseil national du patronat français), me racontait qu'un jour d'août, au début des années soixante, étant seul à Paris, il s'en fut prendre un verre dans le beau parc du Cercle interallié, faubourg Saint-Honoré. Il aperçut, assis autour d'une table, les membres de la famille Giscard d'Estaing. Il ne manquait que Valéry, alors secrétaire d'Etat aux Finances, qui arriva bientôt.

« J'ai vu, stupéfait, qu'ils se levaient tous pour l'accueillir, y compris sa mère, me dit Ceyrac. J'ai mieux compris, ce jour-là, son personnage. »

Le jeune Valéry habitait déjà la peau d'un président de la République. Né et éduqué pour ces hautes fonctions. Polytechnicien, inspecteur des Finances, sa carrière politique avait commencé en 1952, au cabinet d'Edgar Faure, où il se trouvait en compagnie de deux autres jeunes cracks, Jacques Duhamel et Pierre Sudreau. J'avais alors demandé à Edgar :

« Lequel des trois est le meilleur ?

Il avait réfléchi un moment, puis :

« Chacun est différent, si tous sont brillants. Celui avec qui je m'entends le mieux, c'est Duhamel. Giscard est très intelligent, mais il lui manque quelque chose. »

Quoi ? La réponse, ce n'est pas d'Edgar Faure que je l'obtins, mais de Michel Debré, qui me rapporta beaucoup plus tard ce mot du général de Gaulle :

« Il lui manque le peuple. »

Aussi, ce peuple, Giscard le cherchait-il, mais pas vraiment de la bonne manière. Ainsi le vit-on dans le métro parisien jouant de l'accordéon sous le regard torve des musiciens de la manche, qui jugeaient déloyale la concurrence de ce numéro. Un matin lui vint l'idée saugrenue d'envoyer un de ses collaborateurs chercher avenue de Marigny les éboueurs qui vidaient les poubelles, pour les convier à partager le petit déjeuner, cérémonie que les intéressés avaient sans doute célébrée trois heures auparavant sur un zinc de Villetaneuse ou de Drancy.

Ces deux expériences ne l'ayant pas fait plonger vraiment dans la France profonde qu'il entendait regarder au fond des yeux, le président annonça qu'il désirait se faire inviter par des familles françaises à partager leur repas. Jamais sans doute il n'apprécia davantage, de retour à l'Elysée, la cuisine de Le Servo, le chef cuisinier du palais.

En réalité, c'était sur les particules qu'il fantasmait, comme son père Edmond qui, en juin 1922, avait obtenu du conseil d'Etat un décret l'autorisant à « relever » le nom tombé en déshérence de d'Estaing pour l'ajouter au patronyme par trop roturier de Giscard. A entendre mon ami Henry de Ségogne, membre de ce haut tribunal administratif, Edmond Giscard avait d'abord tenté de relever un autre titre, celui de La Tour Fondue, mais il restait, quelque part au Canada je crois, un monsieur portant ce nom. Et Ségogne commentait gaiement :

« Jamais un Giscard de La Tour Fondue n'aurait pu être élu président de la République. On aurait entendu les chansonniers ! »

159

Valéry voyait plus haut encore que son père. Il escaladait avec allégresse les branches de l'arbre généalogique pour arriver au roi Louis XV, dont le portrait fut exposé à l'Elysée sous le règne de Valéry Ier. Giscard avait même demandé à Alain Peyrefitte, quand celui-ci occupait le ministère de la Culture, d'organiser une exposition destinée à réhabiliter le monarque quelque peu malmené par l'Histoire.

Le comte de Paris m'avait confié, comme il l'avait confié à Jean Mauriac [1], que Giscard s'interrogeait sur la filière génétique qui le reliait à celui qu'on appelait, au début de son règne, le Bien-Aimé. Croyant probablement que le prétendant au trône était informé de cette affaire, il lui demanda :

« J'aimerais savoir comment je descends de Louis XV. »

Réponse du comte de Paris :

« Par les femmes, les descendances sont nombreuses... »

Valéry ne semblait pas douter, en tout cas, de l'existence d'une trace de bleu dans ses veines. Simone Veil m'a affirmé qu'à la table présidentielle, la chaise placée en face de lui restait protocolairement vide. Et Chirac, qui fut son Premier ministre, aimait raconter – pure malveillance sans doute – que Giscard l'avait « humilié » en le recevant au fort de Brégançon, résidence méditerranéenne des présidents de la République : assis dans un fauteuil, le chef de l'Etat lui avait désigné une chaise. L'époque n'était plus où, à la cour de Versailles, les nobles les plus titrés s'estimaient comblés s'ils avaient, en présence du roi, « le privilège du tabouret ».

Le pire pour Valéry Giscard d'Estaing était que ces

---

1. *Op. cit.*

affronts – si affronts il y avait – n'étaient pas volontai-
res. Cela allait de soi. Ils n'en alimentaient que plus
aigrement les papotages dans le Landernau politique...
et au-delà. On s'était offusqué, au début de sa campagne pour la présidence, que Giscard exigeât pour lui et
son épouse des fauteuils de velours rouge sur le po-
dium. Et Raymond Barre avait jugé cavalier que le
président fît recevoir par son fils une délégation
d'agriculteurs :

« Tous ces petits faits ne pouvaient qu'alimenter le
penchant monarchique que ses adversaires lui prê-
taient [1]. »

La touche finale, il la mit le jour où, battu par François Mitterrand en 1981, il dit adieu aux Français à la
télévision. Son speech terminé, il se leva et sortit du
bureau en tournant le dos. Comment s'étonner que,
quittant l'Elysée à pied (encore une idée bizarre), il ait
été accueilli par des huées.

Il avait aussi ses lubies : modifier le rythme de *La
Marseillaise*, faire des ministres avec les directeurs de
L'Express (Jean-Jacques Servan-Schreiber n'occupa
cette fonction qu'une semaine, Françoise Giroud tint
plus longtemps)...

Je m'étais demandé pourquoi le seul auteur qu'il
parût apprécier, au point d'en faire le prototype du
Français, était Guy de Maupassant. Je crois avoir
trouvé l'explication dans la *Correspondance* de Flau-
bert. En 1878, celui-ci obtint du ministre de l'Instruction publique, Agénor Bardoux, un poste pour son
ami Maupassant, qui se morfondait sur le rond de cuir
d'un petit fonctionnaire au ministère de la Marine. Cet
Agénor Bardoux est le bisaïeul de Valéry Giscard
d'Estaing. Maupassant est l'écrivain à qui un membre

---

1. Raymond Barre, *L'Expérience du pouvoir*, Fayard.

de la famille a rendu service : il a droit à la gratitude. Monsieur Perrichon à la quatrième génération.

Comme bien des hommes politiques, il refusait d'entendre ce qui lui était (et même ce qui risquait de lui être) désagréable. Ainsi François Missoffe, qui a été ministre du Général, est invité par Giscard à venir s'entretenir avec lui. Le temps passe sans que le visiteur sache pourquoi il est là. Comme le président parle de son amitié pour lui, Missoffe en profite :

« Puisque vous parlez d'amitié, laissez-moi vous confier ce que seul un ami peut dire... »

Stupéfait, il voit alors Giscard appeler son chien et le câliner. Il s'interrompt et attend pour reprendre la parole que son hôte lui prête attention de nouveau. Même jeu alors.

« Je n'ai fait ni une ni deux, raconte François. Je me suis levé et je suis sorti, le laissant dialoguer avec son labrador. »

Plus encore que les socialistes, les gaullistes et les pompidoliens – qui se détestaient – se retrouvaient pour se liguer contre lui. Il ne faisait pas partie de la famille qui gouvernait la France depuis 1958, il se plaçait en ce centre où l'on ne se met pas constamment au garde-à-vous.

Face à un autre que Giscard, à un président au comportement moins irritant, l'opinion publique aurait peut-être considéré avec quelque indulgence ce qu'on a appelé « l'affaire des diamants ». A lui, elle n'a pas pardonné le cadeau du grotesque et sanguinaire dictateur de Centrafrique, Jean-Bedel Bokassa, et ces pierres ont contribué à l'échec de Giscard à l'élection de 1981.

L'homme n'a cependant pas mérité la réputation que lui valut son caractère. Ce fut un président de qualité, dont les deux principaux mérites furent son attachement à la construction de l'Europe et le choix, comme Premier ministre, de Raymond Barre. On doit connaître le jugement objectif que cet homme intègre et ignorant la flatterie porta sur lui :

« Giscard, c'était Narcisse homme d'Etat. L'homme "civil" a joué des tours à l'homme politique. Lorsqu'il s'agissait de traiter les affaires de la France, c'était vraiment un personnage de premier plan, et je suis convaincu que l'Histoire reconnaîtra que son septennat a été le plus fructueux de la Ve République... Mais quand il s'agissait de lui-même, il était trop attentif à son image ou aux sentiments qu'on avait pour lui [1]. »

Le seul véritable ennemi de Valéry Giscard d'Estaing, ce fut lui-même.

---

1. Interview à *L'Express*, 1er février 2007.

Gueule

La gueule, c'est l'apparence. Mais l'apparence révèle souvent la personnalité. Elle mérite attention. Les caricaturistes, les chansonniers, les échotiers le savent bien. Ils braquent le projecteur vers le trait physique, le tic de langage, l'objet familier qui fait d'un homme un personnage et parfois une vedette. En politique plus que dans tout autre domaine.

Les intéressés ne s'y trompent pas. Ne serait-ce que par le ridicule, sortir de l'anonymat leur donne le bonheur. Il faut les voir frétiller, se rengorger, comme s'ils venaient de recevoir un oscar, quand ils se sont vus, fût-ce en simples figurants, parmi les Guignols de Canal +.

La gueule, c'est bien entendu d'abord le visage. Celui, par exemple, du général de Gaulle, qui avait tout d'une trouvaille de bande dessinée, et dont un de ses fidèles, Diomède Catroux, disait à Claude Guy[1] :

« Sans ce regard de génie, il aurait un visage inexcusable. »

Le Général avait, pour ce qui est de la gueule, d'autres atouts. La taille, encore grandie du képi. Cette dimension exceptionnelle lui avait valu, à la libération de Paris, un immortel dessin de Jean Effel. On voyait

---

1. *Op. cit.*

de Gaulle tenant étroitement embrassée, à hauteur égale, la tour Eiffel qui lui disait, émue aux larmes : « Mon grand ! »

A l'inverse, c'était de sa dimension exiguë que souffrait dans son amour-propre Paul Reynaud. Il n'arrivait pas à se grandir, bien qu'il se tînt raide comme un pieu et qu'il fît poser à ses chaussures des talons bottier. Paul-Boncour s'en tirait mieux. De petit modèle également, il se rattrapait avec une volumineuse chevelure. Quant à Jacques Duclos, court sur pattes lui aussi, sa rondeur et son nez de Pinocchio, exploités par le crayon des dessinateurs, auraient presque fait prendre l'un des plus féroces staliniens du parti pour le gentil « petit pâtissier » qu'il était en sa jeunesse.

François Mitterrand était incontestablement un bel homme, toutes les dames le lui susurraient. Malheureusement, la nature l'avait doté de canines draculesques. Il les fit limer.

La gueule de Paul Ramadier, c'était sa barbiche, qui lui procura un sobriquet. Dans les années cinquante, un film sur la vie d'un village, *Farrebique*, faisait recette. Ramadier devint « Farrebouc ».

Ce qui distinguait Vincent Auriol, outre son sonore accent toulousain, c'était son œil de verre. Rien qui dût faire rire. Il se trouva pourtant un journal, *Paroles françaises*, en l'occurrence bien mal nommé, pour oser écrire que l'œil du président « coulait comme un camembert en plein mois d'août ». L'article, cité en pleine séance à l'Assemblée nationale, provoqua une telle émotion que le directeur du journal, le député André Mutter, dut quitter l'hémicycle sous les huées.

On aurait pu croire que rien, dans le visage d'une grande distinction de Léon Blum, n'inspirerait un dessinateur. Pourtant Sennep, allongeant le nez en chanfrein, fit du leader socialiste un cheval. Et le même Sennep, inspiré par le peuple de la ferme, choisit de présenter Edouard Daladier et son épais garrot en « taureau du Vaucluse », avec une belle paire de cornes.

La gueule de Georges Pompidou privilégiait les épais sourcils sombres qui, surplombant un regard de charme, l'avaient fait surnommer « le beau ténébreux » à l'Ecole normale et, bien plus tard, dans la vie politique, « Raminagrobis » par François Mauriac. Et puisque je cite Mauriac, je ne puis oublier non plus cette « dictature à tête de bœuf » dont l'écrivain gratifia l'inexistant Joseph Laniel, qui présidait le gouvernement quand arriva l'humiliante défaite de l'armée française à Diên Biên Phu.

Et la gueule des dictateurs ! La moustache de peintre en bâtiment d'Hitler, les épaisses bacchantes de bonpapa de Staline ne pouvaient faire négliger les regards, de magnétiseur du nazi, de reptile du bolchevik. Quant à Mussolini, c'était du menton qu'il jouait, à la romaine, ce qui avait fait dire à un ministre français, dont j'ai oublié le nom, que le « duce » n'était qu'un « César de carnaval ».

Il faut parfois à la tête, pour devenir gueule, un soutien. Il y eut le monocle de Joseph Caillaux, le fume-cigarette d'André Tardieu, le nœud papillon blanc de Pierre Laval, le parapluie de Neville Chamberlain, le cigare de Winston Churchill, le petit chapeau d'Antoine Pinay, le bandeau de pirate que porta jadis Jean-Marie Le Pen.

Edouard Herriot était pour les caricaturistes inséparable de sa pipe, alors que son rival permanent du parti radical, Edouard Daladier, familier de la bouffarde lui aussi, en était privé. A l'occasion d'un congrès où par miracle ces deux adversaires se trouvaient d'accord, Herriot scella cette brève alliance d'un petit cadeau de fumeur. Mais la « querelle des deux Edouard » n'était pas vidée pour autant. Le lendemain, Daladier confiait aux journalistes :

« Il m'a offert un paquet de tabac. J'en ai fumé deux ou trois pipes. J'ai pissé toute la nuit. »

Pour les imitateurs de talent, aimés du public, comme le fut Thierry Le Luron et comme l'est Laurent Gerra, la gueule, c'est aussi la voix. Les entendant, on reconnaît les yeux fermés Giscard d'Estaing au chuintement, Edgar Faure au zozotement, Mitterrand aux sifflantes musicales, Jack Lang aux inflexions sucrées, Rocard aux cascades verbales...

Il arrive même, grâce à l'esprit corrosif d'un polémiste inspiré ou d'un parlementaire doué, qu'une gueule naisse d'un bon mot. Clemenceau avait sorti du néant Georges Mandel en disant de lui : « C'est moi qui pète et c'est lui qui pue. » Cet échange entre Georges Bidault et Robert Schuman, rivaux en démocratie chrétienne, ne manque pas non plus de sel. Le second, vu par le premier : « Un moteur à gaz pauvre. » Réponse de l'autre : « Un moteur à explosion, avec des ratés. »

Il se peut enfin que des inconnus sortent un bref instant de l'ombre pour très vite y rentrer, par la grâce d'un homme d'esprit. Le très intelligent et très gai Félix Gaillard excellait dans ces exercices. Deux députés en firent les frais et en tirèrent une éphémère célébrité : Maurice Lemaire, à la calvitie parfaite, et François Delcos, à l'accent rocailleux de sa Catalogne. Pour le premier : « Rien dessus, rien dessous. » Et pour le second : « Démosthène pendant les cailloux. »

Restent les éternels déçus, ceux qui n'inspirent personne. Michel Debré désespérait les dessinateurs du *Canard enchaîné*, qui ne trouvaient en « l'amer Michel » rien d'exploitable. Ils se virent contraints de lui faire une gueule en ne le représentant plus que coiffé d'un entonnoir. Quant à la troupe des ignorés, les Jospin et autres Juppé, ils doivent en prendre leur parti. Mais avoir une tête et pas de gueule ne porte pas chance en politique.

Haine

J'allais rendre visite à Louis Joxe, alors ministre chargé du fardeau des Affaires algériennes; c'était en 1961. Il recevait quelqu'un et, en attendant, je bavardais avec son directeur de cabinet. La porte s'entrouvre, paraît un huissier :

« Monsieur le directeur, M. l'ambassadeur Chauvel demande si vous pouvez le recevoir.

— Dans un instant. »

La porte se referme. Je me lève pour laisser la place. Mon hôte arrête mon geste :

« Restez, restez. Il est à la retraite. »

Eclats de rire. Mais un peu plus tard, le rouge me vint aux joues. Comment pouvait-on traiter ainsi un homme qui avait occupé les postes diplomatiques les plus élevés, secrétaire général du Quai d'Orsay, ambassadeur à Londres? Que pouvait-il y avoir entre ces deux hommes qui justifiât la cruauté de la plaisanterie? Je ne l'ai jamais su, ni d'ailleurs cherché à le savoir. Ainsi va la politique, on se fait les dents à coups de bons mots sur le collègue, de préférence s'il appartient au même parti, ou à la même majorité.

J'entends encore Edouard Herriot, massacrant André Le Troquer, qui avait perdu un bras pendant l'autre guerre :

« C'est le seul manchot que je connaisse qui touche des deux mains. »

Et Maurice Couve de Murville disant à Jean Mauriac, à propos de Pompidou :

« C'est quadrille à l'Elysée. »

Après tout quoi, les bons mots griffent, ils ne tuent point. Certes mais ne nous y trompons pas, la politique est un théâtre où l'on ne se contente pas de manier l'humour, on déshonore, on calomnie, on assassine. Comme disait Charles Pasqua, qui en savait long : à l'Assemblée, on joue du poignard, au Sénat, où l'on a plus de manières, on a recours au poison.

S'il est vrai, comme l'affirmait l'empereur Vitellius, que « le cadavre d'un ennemi sent toujours bon », en politique celui d'un ami embaume. L'adversaire n'est pas dangereux, la menace vient du voisin. Le rival ne se trouve jamais de l'autre côté de la barrière.

De toutes les vertus, la moins pratiquée est sans doute la fidélité. On cite en exemple – c'est dire si ces cas sont rares – l'attachement sans réserve d'Alain Juppé et de Jean-Louis Debré à Jacques Chirac, de Michel d'Ornano et de Michel Poniatowski à Valéry Giscard d'Estaing, des « barons » gaullistes au Général, de Charles Hernu et de Roland Dumas à François Mitterrand. Et je n'ai guère connu que quatre personnalités politiques qui, victimes de bien des cabales, ignorèrent l'ivresse de la vengeance : Jacques Chaban-Delmas, Edgar Faure, Michel Rocard et Raymond Barre.

La haine sourd, à peine dissimulée, souvent enrichie de mépris. Après avoir été longtemps proches, le général de Gaulle et Georges Pompidou finirent par se détester, de même que François Mitterrand et Michel Rocard, Valéry Giscard d'Estaing et Raymond Barre.

Entre Pompidou et Couve de Murville, c'était la lutte à mort, ainsi qu'entre Chirac et Sarkozy...

Et comment la haine hésiterait-elle, pour connaître l'assouvissement, à recourir à la calomnie? François Mitterrand en fut victime en 1954, Georges Pompidou en 1968. D'autres, nerveusement plus fragiles, se donnèrent la mort : Roger Salengro en 1936, Robert Boulin en 1979, Pierre Bérégovoy en 1993.

Il faut avoir le cœur et les nerfs solides pour ne pas abandonner un combat permanent où tous les coups sont permis. «Je n'aurais jamais imaginé, me confiait Raymond Barre, que la vie politique soit aussi répugnante.» Et il est tragique de constater que le seul moyen de résister consiste à utiliser les mêmes armes, avec plus de vigueur et de cynisme si possible que l'adversaire du moment.

Les belles qualités humaines – la reconnaissance, l'héroïsme, le sacrifice – sont ignorées. Candidat à la présidence de la République en 1919, au lendemain d'une guerre qu'il avait conduite, Georges Clemenceau, «le Père la Victoire», fut battu par un Paul Deschanel. Et en 1945, l'homme qui avait sauvé le monde de l'horreur nazie, Winston Churchill, dut s'incliner devant l'obscur Clement Attlee. Il est vrai que, selon Plutarque, l'ingratitude est le signe des peuples forts.

Instabilité _____

« Il n'y a rien à faire avec cette assemblée ! Un tiers de culs-terreux, un tiers de culs bénis, un tiers de culs tout court. »

Même dans les pires moments, René Mayer ne laisse pas passer l'occasion de lancer une boutade, de préférence cruelle. Il sort de l'hémicycle du Palais-Bourbon ce 21 mai 1953, la tête dans les épaules, lèvres boudeuses, la gouaille toujours à portée de la bouche. Devenu président du Conseil quelques mois plus tôt (« ainsi font, font, font », rigole le communiste Jacques Duclos, qui a travaillé à l'exécution), il vient d'être renversé, il l'a sec et il se venge avec un bon mot des mauvaises manières.

Trois tiers. Le César de Pagnol en comptait quatre en énumérant les composantes alcoolisées de son apéro et, à son fils Marius qui réfutait cette arithmétique, il répondait que ça dépendait de la grosseur des tiers. Les tiers de René Mayer ne sont bien que trois, mais ils ne sont pas de la même grosseur. De plus, ils n'ont rien de commun avec les paysans, les dévots et les QI bas de gamme. L'Assemblée nationale à cette époque se compose de trois groupes : à gauche les communistes, à droite les gaullistes et, au milieu, un bel éventail de partis qui ont choisi de faire ami-ami : socialistes, radicaux et assimilés, démocrates-chrétiens

172

du MRP et républicains modérés (mais pas modérément républicains, disent fièrement les messieurs de cette dernière espèce).

Ce dernier « tiers », plus étoffé que les deux autres, mais pas tellement, ne parvient à gouverner qu'à coups de crises ministérielles. Henri Queuille, le « père Queuille », vieille chandelle du parti radical, avait prévenu ces mal mariés :

« Vous êtes condamnés à vivre ensemble. »

Bien vu, bon-papa. Le ménage à quatre passait sans cesse d'un collage à une rupture et cette situation durera pendant les onze années de vie précaire de la IVᵉ République. Les deux « petits » tiers en sont la cause.

A l'affût de tout ce qui pouvait alors jeter la zizanie entre les membres de la fragile coalition gouvernementale, communistes et gaullistes, ennemis théoriques et alliés de fait, conjuguaient leurs forces pour frapper au centre. Les occasions ne manquaient pas : la laïcité (le MRP voulait donner des subventions aux écoles libres, les socialistes restaient attachés à la règle « à enseignement public fonds publics, à enseignement privé fonds privés ») ; la décolonisation (l'interminable guerre d'Indochine donnait mauvaise conscience aux socialistes tandis que les autres partis mettaient la fleur au fusil des petits soldats) ; enfin l'Europe (seconde religion du MRP et sujet de conflit dans les autres partis).

De ces manœuvres les communistes ne profitèrent jamais, tirant à l'occasion les marrons du feu pour les gaullistes, qui réussirent à mettre fin à la « traversée du désert » du Général en le faisant revenir dans l'oasis du pouvoir.

En quatre ans, de Gaulle régla le problème scolaire, imposa une Europe riche de membres mais privée de tête et mit fin à la guerre d'Algérie en conviant ceux qui l'avaient placé à l'Elysée au grand festival des cocus.

Avec la Ve République prenait fin l'instabilité. Une seule fois depuis 1958 (le 5 octobre 1962) un gouvernement fut exécuté par un vote parlementaire. Ce résultat, dont se félicitent encore les héritiers (de moins en moins nombreux, comme les anciens combattants) du Général, ne mérite peut-être pas les louanges sans réserves dont ils couvrent la constitution. Celle-ci, que ne nous envient guère que les pays du tiers-monde, nous a fait la faveur d'un cadeau pire que l'instabilité, la cohabitation, grâce à laquelle un président omnipotent doit s'incliner devant son Premier ministre. Autre crapaud dans le diamant constitutionnel : comme la majorité est composée, selon la formule élégante d'Albin Chalandon, de « godillots » (à l'époque, ils chaussaient le Général, et depuis, tous ses successeurs les ont enfilés, y compris le plus antigaulliste des gaulliens, François Mitterrand), c'est la rue qui parle, ou plutôt qui gueule.

L'avantage incomparable d'une crise ministérielle, c'est qu'un gouvernement qui tombe est remplacé par un autre, ce qui représente un armistice dans une guerre. Le conflit est résolu pendant le temps de formation du nouveau cabinet.

Les crises du passé permettaient de changer la tête du gouvernement, pas ou peu les grands ministères, Affaires étrangères, Intérieur, Finances, Justice. Les autres portefeuilles allaient à des députés et à des sénateurs qui, eux, le plus souvent, n'effectuaient qu'un parcours réduit. Les crises permettaient ainsi de faire plaisir à beaucoup de gens, ce qui est plus agréable que d'en mécontenter, comme c'est le cas dans un régime où les neuf dixièmes des parlementaires sont assurés de n'avoir jamais à entrer autrement qu'en visiteurs dans un bâtiment officiel, ni d'être salués par des huissiers à chaîne ni de s'entendre appeler toute leur vie Monsieur le Ministre.

Ces excellences de quelques mois n'avaient pas certes le temps ni les pouvoirs d'accomplir une « œuvre », mais ils se débarrassaient, en se frottant aux exigences du service de l'Etat, du vernis démagogique acquis pendant les campagnes électorales.

Justice _____

Magistrat intègre, Adolphe Touffait aurait pu répondre comme le président Séguier à un solliciteur : « La cour rend des arrêts et non pas des services. » Avant d'atteindre les sommets de sa carrière – procureur général à la Cour de cassation, puis juge à la Cour européenne –, il avait sous la IVe République occupé d'importantes fonctions dans plusieurs cabinets ministériels sans jamais céder aux pressions qui sont habituelles en politique.

Il reconnaissait pourtant que les connivences dans ce milieu, ainsi que les « relations sociales », ignoraient trop souvent la justice. C'est pour illustrer cette désolante réflexion qu'il me raconta l'anecdote suivante.

Jeune magistrat, avant la dernière guerre, il occupait le poste de substitut du procureur à Evreux. Catholique pratiquant, il connaissait l'évêque, qui lui téléphone un matin pour l'entretenir d'une affaire préoccupante. Touffait se rend à l'évêché où le prélat l'informe qu'un pilleur de troncs exerce dans la cathédrale sa coupable activité. Le substitut met la police sur l'affaire et... quelques jours plus tard, il peut annoncer à l'évêque que le malandrin est sous les verrous.

« Qui est-ce ?

— Le sacristain.

— Je dépose une plainte.

— Un instant, Monseigneur, ce n'est pas tout.

— ?

— Le voleur, sans qu'on l'en priât, a déclaré vouloir soulager sa conscience de bien d'autres fautes. Et il s'est en quelque sorte confessé. Il a avoué spontanément que chaque mois, à minuit, il revêt les ornements liturgiques, ceux de l'office des morts, et il célèbre une messe noire dans une chapelle de la cathédrale. »

L'évêque, terrassé, doit encore apprendre de son visiteur que la ténébreuse cérémonie requiert la participation d'une jeune femme qui s'étend nue sur l'autel et se livre à des pratiques dont seul Satan peut être l'inspirateur.

D'un geste, le substitut invite le prélat à ne pas l'interrompre : il reste de la lie à boire au fond du calice.

« Le personnage en avait encore à dire. Il a donné la liste des habitués qui assistent à ce répugnant spectacle. »

Suivent les noms, que l'évêque écoute, les yeux hors de la tête.

« Mais, dit-il d'une voix mourante, ces gens appartiennent presque tous à la bonne société catholique de cette ville... »

Adolphe Touffait me demanda, un sourire en coin :

« Que pensez-vous qu'il arriva ?

— Je l'ignore. Une messe noire est-elle un crime, un délit ?

— Ne cherchez pas. Le sacristain a perdu son poste.

— C'est tout ? Il y a tout de même le pillage des troncs.

— Monseigneur n'a pas porté plainte. Et pour prix de son silence, le salopard fut logé gratuitement dans

177

une maison payée par l'évêché qui, de surcroît, lui a versé une pension à vie. »

Mon ami déplorait mais constatait la réalité d'une double justice : « Le délit de sale gueule ne figure pas dans le code pénal, mais il est dans la tête des juges et des policiers. Et "la raison d'Etat" sert également à enterrer des dossiers nauséabonds. » Il ne faut pas, disait-il, confondre la justice et le droit. La première est une vertu, le second une technique. La justice est immuable, le droit changeant. Les lois ne commandent pas aux mœurs, c'est le contraire. On n'écartèle plus un meurtrier, on ne condamne plus aux galères le voleur d'un pain. Les peines s'adoucissent et l'Europe s'honore d'avoir aboli la peine de mort, encore appliquée aux Etats-Unis, en Chine communiste et dans les théocraties islamiques.

Enfin, m'expliquait aussi mon ami, avec la justice et le droit intervient un troisième partenaire, la magistrature. On ne peut exiger du juge une objectivité parfaite – laquelle n'existe pas – surtout quand il est seul, c'est le cas aussi en Amérique.

Et comme je m'indignais des conditions dans lesquelles, à la Libération, avait été conduit le procès Pétain (le procureur général Mornet, qui requérait la peine capitale, avait quelques années auparavant prêté serment de fidélité au Maréchal), Touffait me fit observer qu'on aurait eu beaucoup de mal à trouver un magistrat qui eût refusé cette « formalité ».

Comment leur en vouloir ? Un magistrat ou un policier qui se penche sur le récent passé doit se sentir pris de vertige. Il fallut – telles étaient les « circonstances » – de 1934 à 1938 matraquer les Français d'extrême droite ; en 1939 les communistes ; de 1940 à

1944 les résistants; de 1944 à 1947 les collaborateurs; de 1948 à 1954 de nouveau les communistes; de 1954 à 1962 le FLN; de 1962 à 1963 l'OAS; en 1968 les gauchistes... Ceux qui, au long de ces années, ont été envoyés en taule se sont ensuite retrouvés au pouvoir et les ont remplacés à l'ombre ceux qui auparavant gouvernaient.

Terroriste un jour, héros le lendemain. Traître en automne, sauveur au printemps.

Langue(s) _____

La langue française qui, deux siècles durant, fut celle des élites européennes, et qui conserva ensuite son prestige, malgré l'extension croissante de l'anglais (plutôt de l'anglo-américain) ne vivra plus très longtemps si les gens qui nous gouvernent continuent de l'ignorer, de la mépriser et/ou de la piétiner.

Ce n'est pas un hasard si, au sommet de l'Etat, un Chirac, un Villepin s'expriment, en privé, comme des charretiers, si Nicolas Sarkozy se moque de la syntaxe et privilégie l'argot, si les ministres parlent moins le français que le borloo ou le fadela amara comme d'autres parlaient le tapie ou le cresson. Il faut en conclure, comme Jean-Jacques Rousseau, que « la langue suit les vicissitudes des mœurs et se conserve ou s'altère comme elles ».

La nôtre, hélas, s'altère. Depuis des décennies, le français n'est plus sérieusement enseigné ; dans nos écoles, on ne le lit pas, on le parle à peine. Les maîtres n'en savent guère plus que leurs élèves. L'orthographe et la grammaire sont devenues des terres en friche et les SMS que les « jeunes » échangent achèvent de déshonorer ces deux disciplines, qui donnaient au français sa dignité. Quant au vocabulaire, il est devenu une peau de chagrin. La Télévision a remplacé l'Université, la Publicité l'Académie. Il suffit de perdre un moment à écouter les candidats aux jeux télévisés pour constater à quel niveau la langue française est tombée. Conjuguer un verbe, écrire correctement un mot, c'est affronter des épreuves impossibles.

La poésie a été chassée de nos classes, elle qui nous suivait tout au long de la vie, compagne de nos bonheurs et de nos chagrins, qu'on aimait réciter avec émotion. Perdus pour les générations d'après 68 les charmes de cette musique : Mignonne, allons voir si la rose... Le ciel est, par-dessus le toit, si bleu, si calme... Mon père, ce héros au sourire si doux... Dans Arles où sont les Alyscamps... Ce toit tranquille, où marchent des colombes...

Le français s'efface au profit de deux dialectes, celui des branchés (sur quel arbre ?) et celui des primates. Voici un spécimen du premier, tiré d'un article du *Nouvel Observateur* :

« Secondée par sa fille, l'inventeur du concept store homonyme est l'icône de la planète fashion, avide de produits cultes qui ne se trouvent nulle part ailleurs. »

Un dictionnaire, par pitié !

Du second dialecte, celui des primates, il est impossible de citer un seul membre de phrase, c'est une bouillie plus qu'un idiome, celui du « rap » dont s'enivrent des adolescents hystériques, entassés dans des salles pour entendre des éructations sur le sexe, le sang et l'ordure, dans une puanteur de bière, de sueur et de hasch. L'égout se vide sur scène.

Jadis, par crainte des dommages que la culture, si embryonnaire fût-elle, pouvait causer aux dogmes bétonnés de la religion, l'Eglise faisait du latin l'écran entre le peuple et les Ecritures. Aujourd'hui, c'est le peuple qui fait du français une langue morte. Une vie entière s'écoule avec un vocabulaire de cent mots. Nos politiques restent indifférents.

Non contents d'assister sans émotion au sabordage du français, ils ont trouvé un troisième moyen d'achever le travail : enseigner les patois dans les écoles. Dans l'espace mental d'où est évacué le français vont entrer le breton, le savoyard ou le provençal. Serait-ce que nos ministres et parlementaires considèrent le gentil divertissement de Dany Boon qui, comme l'écrivait Christophe Barbier dans *L'Express*, ne marquera pas l'histoire du cinéma, comme un « fait de société » ? Il paraît que nos compatriotes, en pâmoison chez les Ch'tis, veulent à tout prix retrouver la terre où leurs ancêtres ont pris racine et rêvent d'apprendre à jouer du biniou et à danser la bourrée.

Lorsqu'il signe en 1539 l'ordonnance de Villers-Cotterêts, texte interdisant l'usage du latin dans les actes officiels et prescrivant celui du « langage maternel françois [1] », le roi François I er ne fait que transporter le fait dans le droit. Au XVIe siècle, le breton n'était guère qu'un patois et la belle langue occitane, celle des troubadours, s'effilochait, se tronçonnait entre plusieurs dialectes, malgré les Toulousains qui s'efforçaient de lui rendre vigueur et unité.

On peut regretter – c'est mon cas – que le parler occitan, si coloré, si musical, n'ait pas, de préférence à celui d'oïl, donné naissance au français. Mais qu'y peut-on ? Le pouvoir se trouvait au nord, à l'époque lointaine où les Capétiens choisirent le francien, qui s'étendit en même temps que le domaine royal.

Pour la monarchie, l'essentiel fut « moins de faire

---

1. Les idiomes particuliers gardaient leur place. C'est un siècle plus tard que sera exigé l'emploi exclusif du français.

parler le français que de le faire comprendre [1] ». Pourtant, au XVIIIᵉ siècle encore, les patois subsistaient. Ce sont les hommes de la Révolution qui les mirent hors la loi. A la Convention, Barère tonnait :

« Le fédéralisme et la superstition parlent bas-breton ; l'émigration et la haine de la République parlent allemand ; la contre-révolution parle l'italien et le fanatisme parle le basque. »

Ces conceptions, si excessives qu'elles apparaissent aujourd'hui, et qui soutenaient une politique unificatrice et centralisatrice, resteront gravées dans l'esprit des républicains. La langue, répéteront-ils, « doit être une, comme la République ».

L'élimination des dialectes minoritaires, poursuivie durement par les instituteurs de la IIIᵉ République, a porté ses fruits. Mais l'histoire est un cimetière de langages. Dans la fosse commune où les idiomes suivent les civilisations, faut-il également jeter les langues des provinces ? C'est, je crois, leur destinée. Elles retrouveront les glorieuses momies que soignent les archéologues, les ethnologues et les chartistes.

Faut-il vraiment faire sortir des lycées le grec et le latin pour y introduire le breton et le corse ? Remplacer l'*Iliade* par le *Barzaz Breiz*, exiler Virgile pour laisser la place à Roumanille, est-ce un progrès ? Puisqu'il s'agit de défendre notre « patrimoine », il est davantage venu d'Athènes et de Rome que de Quimper et de Limoges.

Comment un Basque, un Alsacien, un « Ch'ti » pouvaient-ils – pourraient-ils – se comprendre sans une langue commune ? On peut certes déplorer la rigueur avec laquelle l'Etat procéda à l'éradication des langues

---

1. *Une politique de la langue*, Michel de Certeau, Dominique Julia, Jacques Revel, Gallimard.

minoritaires, mais la fragilité de la nation française rendait nécessaire cette politique. Je ne pense pas non plus que le français se soit appauvri en éliminant les dialectes. Notre langue nationale a puisé à bien des sources, la méditerranéenne au premier chef mais aussi la celtique, la germanique, l'arabe, l'anglaise... et l'américaine.

Ce n'est pas lorsque le français est miné de l'intérieur par l'ignorance et de l'extérieur par des sous-idiomes que nos politiciens doivent se permettre de l'affaiblir par l'enseignement de dialectes marginaux. Faudra-t-il se tourner vers le Québec pour trouver des gens avec qui parler en français ?

Légitimité _____

« Il y a deux vérités qu'il ne faut jamais séparer en ce monde, écrivait Rivarol : Que la souveraineté réside dans le peuple... Que le peuple ne doit jamais l'exercer. »

Depuis que la démocratie s'est installée dans une partie du monde moderne et que ses nations fondatrices – l'Angleterre, les Etats-Unis, la France – ont fait école, les fabricants et les utilisateurs de constitutions ont avec plus ou moins d'hypocrisie cherché les voies et moyens de faire cohabiter ces deux principes contradictoires dans la réalité du pouvoir.

Pour ne parler que de la France, c'est en 1789 que la souveraineté, jusque-là incarnée par le monarque qui la recevait de Dieu depuis le sacre de Clovis, fut transférée au peuple. Mais le peuple ne fut pas pour autant autorisé à l'exercer autrement que par des représentants : pas de démocratie directe, concevable seulement sur des espaces restreints (Athènes jadis, cantons suisses à l'époque moderne). On essaya bien le plébiscite, mais c'était justement une technique suspecte aux républicains.

Le Parlement, jouissant selon les époques de prérogatives plus ou moins étendues, laissait au peuple, pour exercer sa souveraineté, le bref instant où le bulletin de vote tombe dans l'urne. Mais croire qu'on s'en est tenu à cette limitation du domaine d'action du souverain, c'est faire peu de crédit à l'imagination des détenteurs du pouvoir réel. On inventa le suffrage censitaire, qui réservait la citoyenneté aux possédants. On institua le bicamérisme, avec un sénat chargé de freiner les foucades de l'autre assemblée, réputée impulsive parce qu'issue du suffrage universel direct. On priva les femmes et, à certaines époques, les militaires et les domestiques, du droit de vote...

Avec des fortunes diverses, la souveraineté du peuple n'a certes jamais été contestée, en droit, depuis la Révolution. Mais en fait ? Les régimes qui devaient lui permettre de l'exercer étaient-ils « légitimes » ? Dans les pays heureux qui connaissent la stabilité institutionnelle, Royaume-Uni, Etats-Unis, pays scandinaves, etc., la légitimité n'a jamais fait l'objet de la moindre contestation. La France n'a pas eu cette chance. Guillotiner un roi ne suffit pas à rendre viable un régime. Pendant un siècle, nos compatriotes ont couru à perdre haleine après la légitimité sans jamais l'atteindre, puisqu'elle fut incarnée par trois républiques, trois rois et deux empereurs. C'est seulement en 1875 – non sans tiraillements – que par consensus a fini par s'imposer la république... jusqu'à la défaite de 1940 où se sont affrontées deux légitimités, l'une sous contrôle allemand (l'Etat français de Pétain à Vichy) et l'autre avec l'hospitalité anglaise (la France Libre de De Gaulle à Londres).

Que devint, à la Libération, la légitimité ?

En bonne logique, comme le demandaient (mais ils étaient seuls alors) les radicaux-socialistes, les institutions de la IIIᵉ République devaient redevenir la loi commune. Ce ne fut pas le cas et naquit le malentendu entre de Gaulle et les républicains. Le Général songeait alors à une constitution d'esprit monarchiste. Il ne croyait pas que la république fût réellement légitime. En 1947, il disait à Georges Pompidou [1] :

« Depuis 1789, il n'y a plus de légitimité admise. La III⁰ République a essayé de la recréer et a failli réussir en 1918... »

Dieu, ou plutôt Paul Reynaud, sait pourtant à quel point il l'a fréquentée, cette Troisième « illégitime » avant 40. Mais bon...

C'était la monarchie que de Gaulle regrettait. Au même confident, parlant en 1953 du discours qu'il avait prononcé à Bayeux sept ans auparavant et dans lequel il offrait à la France le régime qu'il ferait adopter par les Français en 1958 et 1962 :

« Ce qu'il faut faire, c'est Bayeux, c'est-à-dire, tenez-vous bien, la monarchie. »

Ce rêve d'une restauration dans une France qu'il sentait, à son vif regret, attachée à la république, comment le réaliser ?

En 1975, l'Espagne retrouvait un roi, renouant ainsi les fils d'une dynastie coupés depuis près d'un demi-siècle. Juan Carlos était hissé sur le trône par le général Francisco Franco, qui substituait ainsi à sa légitimité discutable celle de la monarchie. Depuis plusieurs années ce cadeau figurait dans le testament politique du vieux dictateur. Si le général de Gaulle fut informé de ce projet – et comment aurait-il ignoré ce secret de polichinelle ? – par son ambassadeur à Madrid, au milieu des années soixante, son imagination a dû caracoler autour de l'idée de légitimité, son grand souci.

A l'égard de Franco, on peut dire que de Gaulle éprouvait des sentiments mitigés. Il n'oubliait ni l'aide

---

1. Georges Pompidou, *op. cit.*

militaire apportée au Caudillo phalangiste par le Führer nazi et le fasciste Duce pendant la sanglante guerre civile, mais le *Frente popular* n'était pas sa tasse de thé. Il se rappelait en revanche avec reconnaissance que Franco avait opposé un refus à Hitler quand celui-ci lui avait demandé en 1940 d'ouvrir à ses troupes, à travers la péninsule, un chemin vers Gibraltar. Même ambiguïté également dans la pratique du droit d'asile : si l'Espagne, pendant toute la durée de la guerre, laissa le plus souvent le passage aux Français rejoignant la France Libre, elle offrit plus tard un asile aux nazis poursuivis pour crimes de guerre, puis aux terroristes de l'OAS quand de Gaulle reconnut l'indépendance de l'Algérie.

En fait, l'Espagne ne tint jamais une place importante dans les préoccupations du Général. Il n'avait jamais attaché d'intérêt aux états d'âme d'André Malraux, qui avait combattu dans les rangs républicains, comme il avait sans réagir essuyé le refus de son ministre Louis Joxe, qui conservait de sa jeunesse des traces d'antifascisme, de se rendre en mission auprès du maître de l'Espagne, alors que se négociait la paix en Algérie. En privé, il avait commenté avec faveur l'édification par Franco, dans un souci d'apaisement, d'un sanctuaire à la mémoire des morts – franquistes et républicains – de la guerre civile. En une autre occasion, il avait sèchement remis à sa place le ministre espagnol des Affaires étrangères, venu lui demander de se montrer ferme envers les républicains qui avaient trouvé asile en France et qui s'agitaient. Le temps passant, il avait fini par penser que le Caudillo avait, tout bien pesé, rendu service à son pays. Aussi, quand il abandonna le pouvoir, en 1969 – année où Juan Carlos fut officiellement désigné comme héritier de la couronne –, il décida de rendre pour la première fois visite à Franco. Il se trouva devant un vieil homme usé, marqué déjà par les signes du déclin. On rapporte qu'il lui dit :

« Vous êtes le général Franco, c'est quelque chose. Moi, j'étais le général de Gaulle. »

Il admirait le procédé par lequel le vieux dictateur, un demi-siècle de tragédie laissé au jugement de l'Histoire, permettait à un roi constitutionnel de concilier, à la manière anglaise, la légitimité monarchique et la légitimité populaire.

Charles de Gaulle avait souhaité un tel régime pour la France. Mais, à supposer que les Français y fussent disposés, le Général avait-il, dans ses bagages, un Juan Carlos ? En février 1949 – il était alors bien loin du pouvoir – il avait reçu un émissaire du comte de Paris, par le truchement d'Edmond Michelet, lui avait confié ses penchants monarchistes et lui avait laissé entendre qu'une restauration n'était pas absente de ses pensées. Plus tard, il avait consulté des spécialistes en droit constitutionnel, mais il abandonna ces rêveries, soit que le prétendant au trône lui parût peu apte à ceindre la couronne, soit que le peuple français se montrât peu disposé à accueillir un roi. Les deux sans doute.

A défaut de monarque, le Général obtiendra des Français, par référendum, qu'ils élisent un président au suffrage universel. C'était une tentative, vouée à l'échec, de substituer à la légitimité de la République celle d'un homme. Je me rappelle qu'alors un conseiller du comte de Paris m'avait confié que l'éventualité d'une candidature du prince, ou de son fils aîné, à l'élection présidentielle, n'était pas à exclure, et qu'en tout cas de Gaulle ne l'excluait pas.

On pouvait rêver.

Liberté, Égalité, Fraternité _____

C'est la devise de notre République. Plus humaniste et laïque que toutes celles qui se réfèrent à Dieu : *In God we trust*, Dieu et mon Droit, *Gott mit uns*... L'embêtant, c'est que, s'agissant de notre pays, il faudrait l'entendre comme antidevise, comme on parle d'antiphrase...

La Liberté, les Français n'en veulent pas, car qui dit liberté dit risque. Nos compatriotes n'aspirent qu'à la sécurité. Pourvu que l'Etat les prenne dans ses bras, peu leur importe qu'il les étouffe.

L'Egalité ? C'est, paraît-il, la valeur à laquelle nous donnons la préférence. Les sondages l'affirment. Quelle illusion ! La France est le pays des privilèges. Au sommet, c'est Mitterrand ou Chirac qui puisent sans contrôle dans le sac des « dépenses de souveraineté ». En bas, c'est l'employé d'Air France qui voyage à l'œil ou les agents d'EDF qui passent des vacances de rêve grâce au comité d'entreprise. Et ceux qui sont les moins bien lotis, en France, sont jaloux des plus favorisés qu'eux.

Quant à la Fraternité, parlons-en ! Le flot des dénonciations anonymes, aux Allemands de 1940 à 1944, aux Résistants après... Le prochain est l'ennemi.

Machiavélisme _____

Le « politiquement correct » nous vient des Etats-Unis. C'est le fruit vénéneux du sectarisme religieux et de la psychanalyse à haute dose, grâce auquel le peuple américain espère évacuer les violences de sa brève histoire : ségrégation raciale, passion des armes à feu, banalisation du divorce, peine de mort, culte des sports de force. La vieille Europe, qui s'est débarrassée il n'y a guère de ses démons, autrement plus destructeurs que ceux d'outre-Atlantique, résiste mal à la contagion : les hommes du XXe siècle lui ont fait abandonner les défenses – amour de la Raison, pratique distante d'un catholicisme indulgent, familiarité de la culture classique, sens de l'humour – qui la protégeaient des abus de la morale et la baignaient d'un aimable scepticisme.

Nous n'en sommes pas encore à craindre l'accusation de harcèlement sexuel pour un clin d'œil à une secrétaire en minijupe, mais déjà l'on taxe de raciste le flic qui interpelle un casseur noir ou maghrébin. Dans peu de temps la télévision ne sera plus autorisée à rediffuser *La Cage aux folles*. C'est la correctionnelle pour le berger qui tire sur l'ours importé de Russie, repu des brebis du troupeau. Est dénoncée comme meurtrière la femme qui porte une veste en peau de lapin et l'heure va sonner pour le Gascon qui gave ses oies de tendre ses poignets aux menottes. Une polémique s'engage sur le point de savoir s'il faut obliger les clochards (pardon, les SDF) à se mettre à l'abri du gel. C'est au nom des Droits de l'homme qu'on traque la flamme olympique en route vers Pékin tout en se félicitant de négocier avec la Chine de juteux contrats.

Et que dire des numéros qui se jouent sur la scène politique au nom du « devoir de mémoire »! L'Eglise romaine implore le pardon (de qui?) pour les Croisades, l'Inquisition, la Saint-Barthélemy; la République pour ce qui fut l'Empire colonial et pour le régime de Vichy. On attend des Anglais quelques larmes pour le bûcher de Jeanne d'Arc, des Italiens pour la mise à mort de Vercingétorix et de nous pénitence pour les guerres exterminatrices de Louis XIV en Palatinat et de Napoléon un peu partout en Europe.

Et pourtant nous devrions être immunisés contre le politiquement correct par le souvenir effrayant de sa pratique, chez nous, il y a un peu plus de deux siècles. A l'époque, on l'appelait « vertu ». Les Jacobins se gargarisaient de ce mot : pour eux, politique et vertu ne faisaient qu'un. Cette lumineuse conception du gouvernement des hommes – condamner quiconque n'adhère pas à ce principe – eut pour illustration la guillotine.

« C'est la guerre à l'hypocrisie, écrivait Hannah Arendt [1], qui transforma la dictature de Robespierre en Terreur... Il est malheureusement dans le sens des choses que tout effort en vue de rendre la bonté manifeste à des fins publiques se termine par l'apparition du crime et de la criminalité sur la scène politique. »

Ici Machiavel entre en scène. Il nous apprend, ou confirme, que depuis le XVIe siècle, ou plutôt bien

---

1. *Essai sur la Révolution*, Gallimard.

avant, en gros depuis que l'homme est l'homme, l'exercice du pouvoir obéit à des règles identiques. Et le Florentin nous met de la sorte en garde contre le « politiquement correct », ou la vertu, en montrant que morale et politique ne se confondent pas.

Machiavel certes ne pense pas grand bien de la nature humaine. A-t-il tort ? Force est de constater que depuis l'aube de l'humanité, les progrès vertigineux des sciences et des techniques ne s'enregistrent pas de la même manière en morale. L'homme continue d'être, selon l'adage latin, un loup pour l'homme. Et le spectacle donné sur la scène politique le confirme. A plus ou moins grande échelle, le politicien fait quotidiennement du Machiavel comme Monsieur Jourdain faisait de la prose. Pour la simple raison que son action ne vise le plus souvent à rien d'autre qu'à la conquête du pouvoir. Le pouvoir, qui ne le convoite ? C'est lui qui inspire les pensées et les actes du chef d'entreprise comme du contremaître, du gros colon comme du « petit Blanc », du macho comme du chef de gang. Et dans la vie publique, qui fait haleter de désir le candidat maire, conseiller général, député, ministre... Et point de limite d'âge. A soixante-dix-huit ans, Couve de Murville confiait à Jean Mauriac qu'il songeait à entrer au Sénat :

« C'est pour rester encore un peu dans le coup, c'est pour ne pas abandonner complètement le jeu politique. »

Le *jeu*. Voilà ce qu'est la mission de bien des politiciens.

Raymond Barre, qui n'était pas de ceux-là, aimait à dire que « le combat politique est de nature guerrière ». Et Bruno Le Maire [1] rapporte ce mot de Do-

1. *Des hommes d'Etat*, Grasset.

193

minique de Villepin, de qui il fut le plus proche collaborateur :

« En France, il ne faut jamais avoir un genou à terre.
Quand vous avez un genou à terre, on lâche les chiens,
on vous saigne. »

Il y aurait de quoi rédiger une belle anthologie des
« mots historiques » qui depuis celui d'Attius – « Qu'ils
haïssent, pourvu qu'ils craignent » – en passant par
celui d'Henri de Navarre – « Paris vaut bien une
messe » – nous amènent jusqu'au « Je vous ai compris »
lancé par le général de Gaulle aux pieds-noirs qu'il
s'apprêtait à sacrifier.

François Mitterrand n'avait pas besoin d'avoir lu
Machiavel pour étouffer les communistes en les ser-
rant entre ses bras, ni Jacques Chirac pour assassiner
ses amis. Et il n'était pas dans la salle du congrès
socialiste de Reims en novembre 2008.

Majorité

Alors que Georges Pompidou, Premier ministre du général de Gaulle, formait en 1966 son gouvernement, Edgar Faure apprit que, peut-être, il se verrait offrir un ministère. Mais il ignorait, si la rumeur se confirmait, quel portefeuille lui serait proposé. Pas regardant sur la marchandise, il décida de prendre les devants et confia à un collaborateur de Pompidou :

« Je serai un ministre des Finances de droite et un ministre des Affaires sociales de gauche. »

Finalement, c'est l'Agriculture qui lui échut, où il mena une politique de centre.

Edgar naviguait toujours ainsi, à la godille, entre les récifs. Déjà, dans les années cinquante, époque où son épouse Lucie, femme brillante, dirigeait la revue *La Nef,* et penchait à gauche, il me disait :

« Lucie est ma conscience (et il ajoutait, entre haut et bas) et moi je suis sa raison. »

Mais les Français ne sont pourtant pas schizophrènes, comme tend à les y pousser le système majoritaire qui, de simple technique, est devenu un dogme chez nous. Tout se passe comme s'il fallait les persuader que la démocratie exige une guerre incessante entre la droite et la gauche, l'économique et le social, le conservatisme et le progrès, l'ordre et le mouvement, la raison d'Etat et la justice.

Est-il moral, convenable, efficace même, d'écarter de la vie publique, pendant une période parfois très longue (ainsi la gauche de 1958 à 1981) une partie, pratiquement la moitié, de la nation ? Sous prétexte que quarante-cinq électeurs sont moins nombreux que cinquante-cinq, ce qui est une évidence arithmétique, ils ne sont rien, ce qui est une aberration politique.

L'ostracisme frappant l'opposition crée la rancœur et un désir de revanche qui, s'il n'est pas, d'une manière ou d'une autre, satisfait, provoque une frustration menaçante ; c'est par d'autres voies que celles de la légalité que les revendications, les propositions ou simplement les idées, systématiquement ignorées, s'expriment. Cet exil politique explique en partie l'explosion de mai 68. « Dix ans, ça suffit ! » était le cri de la jeunesse. Et dès que le parti socialiste parut, avec François Mitterrand, capable d'assurer l'alternance, il conquit le pouvoir et cette présidence dura quatorze ans. Et il se mit à gouverner, avec sa majorité, comme ses prédécesseurs avec la leur, dans le mépris de la nouvelle opposition.

La majorité, dont Gandhi disait avoir peur, est tentée, quelle qu'elle soit, de profiter sans beaucoup de scrupules de son avantage. Alors que son intérêt lui commanderait d'associer la minorité, dans toute la mesure du possible, aux responsabilités du pouvoir, elle la pousse au conflit. Pourquoi voir un ennemi en celui qui n'est qu'un adversaire et peut, parfois, devenir partenaire ? C'est une sorte de racisme que de donner tort à celui qui est en face sous le seul prétexte qu'il ne se trouve pas à côté.

Moralement indéfendable, un tel sectarisme est politiquement absurde. La vie, parce qu'elle n'est jamais immobile, oblige parfois le plus obstiné à changer d'avis. Les gens de bonne foi le font. Changer d'avis pour une bonne raison est une preuve non de versatilité, mais de probité intellectuelle et d'intelligence. Aussi, quand j'entends un politicien en accuser un autre de « se renier », j'ai tendance à me méfier de l'accusateur. D'autant que, dans la vie courante, les gens de la politique ne se conduisent pas entre eux comme des catcheurs. Un long voisinage dans le vase clos des assemblées parlementaires crée des liens, souvent même une complicité. Mais dès qu'il s'agit d'accomplir un acte public, plus question de se tendre la main, de se tutoyer, de se rendre un petit service. Il faut faire croire à l'électeur qu'on se hait, de préférence quand la télévision filme les débats.

C'est depuis l'avènement de la Ve République que le système majoritaire s'applique avec cette brutalité. La Troisième en tempérait les effets avec l'existence d'un parti radical (voir l'article : Radicaux) qui se trouvait toujours au pouvoir et freinait les excès de gauche comme de droite. La Quatrième réussissait, dans un contexte politique empoisonné, à associer grâce à la représentation proportionnelle des partis de diverses tendances. Contrairement à bien des idées reçues, les citoyens n'apprécient guère qu'on leur force la main. Ils ont trouvé le moyen de tempérer la nocivité de la dictature majoritaire par la « cohabitation » qui a obligé en plusieurs circonstances le président à gouverner avec une majorité... opposée à celle qui l'a élu. Cette réaction du peuple souverain à la nocivité d'un système qu'on veut d'en haut lui imposer est une belle leçon de civisme. Cette cohabitation d'ailleurs, les Américains la pratiquent depuis longtemps : il n'est pas rare que le président et la majorité du Congrès ne portent pas la même couleur et soient néanmoins obligés de travailler ensemble.

Les partisans les plus déterminés du système majoritaire reconnaissent implicitement ses imperfections puisque dans certaines circonstances ils recourent à la « majorité qualifiée », qui ne se contente pas de la règle sacro-sainte de la moitié des suffrages plus un et exige un plus large consensus.

Il arrive enfin que nos dirigeants, malmenés par une opinion publique excitée, négligent de recourir à la consultation populaire et fassent appel à la « majorité silencieuse ». Celle-ci, à qui ne manque que la parole, a ceci d'avantageux que les gens du pouvoir peuvent lui prêter la leur. Les muets sont des alliés commodes, quand les autres se mettent à crier un peu trop fort.

Marianne _____

Je l'aimais bien, Marianne, image de la République en mes jeunes années. Elle était accorte, arborait une poitrine plus faite pour l'allaitement que pour la volupté et elle se coiffait crânement d'un bonnet phrygien qu'au grand jamais elle n'eût envoyé par-dessus les moulins. Il y avait en elle du Praxitèle radical-socialiste.

Marianne, on la voyait, en plâtre, dans les préaux d'école et, en marbre, dans les salles de mariage des mairies cossues. C'était elle aussi qui se présentait sous les traits de la semeuse (elle semait dans le mauvais sens, contre le vent, mais peu importait), gravure immuable des timbres-poste et peut-être aussi – ma mémoire est incertaine – de certains billets de banque. Enfin, suprême honneur, Delacroix l'avait fait monter sur les barricades.

Par quelle perversion de l'esprit nos politiciens ont-ils décidé que Brigitte Bardot, Catherine Deneuve et autres vedettes du cinéma prêteraient désormais leurs traits à la République ? Marianne était le symbole de la stabilité institutionnelle. Elle était une allégorie, les années passaient sur elle sans lui donner une ride. Celles qui lui ont indûment succédé ne peuvent, à la longue, réparer des ans l'irréparable outrage. Aussi passent-elles, les unes après les autres, des palais aux greniers du Mobilier national...

Tandis que, dans les hautes sphères de l'Etat, quelque émule de Madame de Fontenay recherche une nouvelle Miss République.

Mendès France, Pierre

Tenez-vous bien : il etait radical-socialiste. Il faut cependant dire que Mendès France n'était pas aimé des autres radicaux. Certains même le haïssaient. Ainsi René Mayer qui, en 1955, provoqua la chute du gouvernement présidé par Mendès France après sept mois d'existence.

Pourquoi, à l'âge de dix-huit ans, avoir choisi ce parti ? Il était franc-maçon et les francs-maçons y étaient chez eux. Mais surtout il n'était ni conservateur ni socialiste. En réalité, toute sa vie, il fut un marginal de la politique. A gauche, comme le fut à droite Antoine Pinay. Tous deux furent, sous la IVe République, parce qu'ils étaient indépendants, les plus populaires des politiciens. Mendès France rallia surtout la jeunesse, bien que (ou parce que) sa spécialité fût de dire ce qu'on n'avait pas envie d'entendre. Il ignora toujours la langue de bois. On l'appela souvent Cassandre, plutôt porté à annoncer les tempêtes que les embellies.

S'il fallait, d'un adjectif, qualifier l'homme d'Etat que fut Mendès France, c'est celui de républicain qui s'imposerait. Mais « républicain » comme on l'entendait jadis, comme le furent Léon Gambetta, Jules Ferry, Waldeck-Rousseau. Pour lui, République et Patrie, c'était tout un.

Il passa sa vie à avoir raison trop tôt (tort quelquefois, mais passons), à se battre pour des vérités pas bonnes à dire et à recevoir des coups sans s'abaisser à les rendre.

En 1940, il fut l'un des rares parlementaires (vingt-sept en tout) qui s'embarquèrent pour aller en Afrique du Nord continuer à se battre contre l'Allemagne. Résultat : arrêté à Casablanca par les « autorités » de Vichy, il fut condamné pour « désertion » – un comble – à six ans de prison. Récidiviste de l'honneur, il s'évada et passa en Angleterre où il combattit pendant toute la guerre dans les forces aériennes de la France Libre. De Gaulle en fit un ministre de l'Economie nationale à la Libération. Mendès France présenta un plan de redressement (blocage des comptes, échange des billets) jugé par le Général trop rigoureux. Résultat : il démissionna.

Lucide et intraitable, il mena campagne contre la guerre d'Indochine, dans laquelle la France resta engluée pendant huit longues années. Il fallut le désastre de Diên Biên Phu pour que le Parlement consentît à l'écouter et à lui confier la tâche d'en finir. Après quoi on se débarrassa de lui.

Pendant son bref passage aux affaires, profitant du traumatisme indochinois qui l'y avait amené, il donna l'indépendance à la Tunisie et il fit adopter une loi qui lui assura dans nos campagnes un supplément d'impopularité en mettant fin au privilège des bouilleurs de cru. A l'Assemblée, quand il prenait la parole à la tribune, il se faisait apporter un verre de lait, ce qui faisait rigoler les loustics.

Une guerre succède à l'autre, et Mendès France à lui-même. Après l'Indochine, l'Algérie. En pleine ascension, L'Express de Jean-Jacques Servan-Schreiber et Françoise Giroud apporte son soutien à PMF (Mendès France fut le premier homme politique à recevoir des médias cet honneur, en même temps d'ailleurs que Jean-Jacques Servan-Schreiber qui devient JJSS). *L'Express* représente « la gauche intelligente » contre une droite obtuse, belliqueuse et qui ne recule pas devant l'insulte. Député et avocat frotté d'antisémitisme, Jean-Louis Tixier-Vignancour cite « Mendès » dans un débat au Palais-Bourbon.

« Mendès *France*! » crie quelqu'un. Et Tixier-Vignancour de lancer :

« Je prononce le nom, pas l'adresse! »

En 1956, après qu'Edgar Faure, président du Conseil, eut décidé de dissoudre l'Assemblée nationale, un « Front républicain » rassemble socialistes et mendésistes de tous bords et *L'Express* pare les candidats d'un bonnet phrygien. Aux élections, cette formation plutôt hétéroclite l'emporte et tout le monde s'attend à voir Mendès France prendre la direction du gouvernement; c'est Guy Mollet qui est appelé et l'on connaît la suite. Rien n'est pire qu'un socialiste qui devient nationaliste. Il suffit de tomates lancées par ceux qui croient à « l'Algérie française », devant le monument aux morts d'Alger, pour que Guy Mollet, élu pour mettre fin à la guerre d'Algérie, s'enveloppe de tricolore et sonne la charge. Il envoie de l'autre côté de la Méditerranée un demi-million de jeunes gens se faire descendre. Mendès France, qui avait accepté le poste de ministre d'Etat, démissionne. On y est habitué.

En 1958, deux leaders parlementaires seulement s'opposent avec force au « coup d'Etat » du général de Gaulle, Pierre Mendès France et François Mitterrand. Mais ce dernier se servira comme personne des institutions de la Ve République, alors que Mendès France sera abandonné de tous. On le verra tenter de prendre la direction du parti radical, errer dans les petites formations de gauche.

On crut longtemps proches Mendès France et Mitterrand. En réalité leur tempérament – rigueur et intransigeance ici, ductilité et compromis là – les opposait. Ainsi, en mai 68, Mitterrand crut son heure arrivée alors que Mendès France observait les événements avec prudence. Dans les couloirs du Palais-Bourbon, je rencontre Cassandre :

« On dit que Mitterrand prépare un gouvernement, lui dis-je. Vous a-t-il consulté ?

— Non. Il me proposera peut-être un secrétariat d'Etat... »

Ce fut une des rares circonstances où il hasarda une plaisanterie. Il n'avait aucun sens de l'humour. Pour lui, la politique ne se concevait que tragique. Elle le lui a bien rendu.

Mitterrand, François _____

Parce qu'il était amoureux de la Renaissance floren-
tine et qu'il vénérait Laurent le Magnifique, le prince
au lys rouge, au point d'avoir caressé le projet de lui
consacrer un livre (qu'il n'écrivit jamais), les chroni-
queurs ont fait de François Mitterrand un fils spirituel
de Nicolas Machiavel. C'est oublier ou ignorer que
Machiavel fut moins... machiavélique qu'on ne l'a dit
(voir l'article : Machiavélisme), moins en tout cas que
Mitterrand, qui me ferait plutôt penser à l'un de ces
hommes d'Eglise dont l'Italie de cette époque était
riche, du style de ce Rodrigue Borgia qui se coiffa de
la tiare sous le nom d'Alexandre VI, de 1492 à 1503.
Personnages ambigus que François et Alexandre.
Le pontife, fils zélé de l'Eglise, se distingua par sa
prodigalité de mécène, mais aussi par sa sensualité et
son népotisme. On ne comptait pas les femmes qu'il
glissait entre ses draps ; les nombreux enfants qu'il leur
fit (César et Lucrèce sont les plus célèbres) n'eurent
jamais à se plaindre de sa protection. Il menait un train
de vie fastueux et nageait dans les intrigues italiennes
comme un poisson dans le Tibre. Quant au drageoir
d'arsenic, il n'était jamais rangé loin des burettes.
On croit apercevoir, en surimpression, le portrait de
Mitterrand. Lettré comme le pape, mécène comme lui

– mais avec l'argent des contribuables et pas pour de modestes ouvrages : le *Grand* Louvre, la *Grande* Bibliothèque, la *Grande* Arche – et comme lui porté sur le beau sexe. Il étendit sa main, aussi protectrice que celle du pontife, bien qu'elle ne fût pas ornée de l'anneau de saint Pierre, sur sa fille Mazarine, au point d'ordonner qu'on mît sur écoute téléphonique ceux qui se montraient trop curieux. Pour satisfaire son bon plaisir, les fonds secrets ne manquaient pas, bien qu'il n'eût jamais un sou sur lui et laissât sa suite régler les notes. Ne se fiant, comme le Borgia, qu'à un très petit nombre de fidèles, il ne faisait crédit à personne hors de ce cercle étroit.

Il y a des poisons qui ne sont pas contenus dans le chaton d'une bague. Prince à l'ancienne, il avait rétabli la cassette privée, le cabinet noir, la lettre de cachet, le crime de lèse-majesté. Et même Alexandre VI n'aurait pas osé demander que sa maîtresse du moment fût conviée à ses obsèques. L'« Etat monarchique », qu'il avait condamné quand Valéry Giscard d'Estaing était président, il le fit sien sans hésiter. Au pouvoir suprême, il fut le plus gaullien des antigaullistes et endossa, en les faisant reprendre à sa taille, les habits du Général.

Dès leur première rencontre à Alger, en décembre 1943, de Gaulle et Mitterrand se sont haïs. Au premier regard, chacun voyait dans l'autre, comme dans un miroir, sa part d'ombre. De ce moment Mitterrand ne perdit jamais le souvenir. Parlant plus tard du Général, il ricanera du « visage de *condottiere* frotté chez les bons pères » mais pour ce qui était de ces derniers il n'avait rien à envier à son interlocuteur. Plus que de Gaulle, Mitterrand tramait dans son sillage une odeur d'encens et de soufre, une odeur de défroqué.

Au soir d'une vie publique entourée de secret, dans

laquelle il avait avancé avec méfiance et astuce, comme dans un coupe-gorge, il fut pris du désir de se livrer. Il ouvrit trois ans avant sa mort sa porte et son âme à Pierre Péan [1] pour une confession en prélude à ce sacrement d'extrême onction qu'en terre laïque on appelle la renommée : ainsi quittait-il la politique pour entrer dans l'Histoire...

Je l'invitai un jour à déjeuner tête à tête (il était alors premier secrétaire du parti socialiste) au restaurant *Lasserre*, à la table qu'André Malraux, habitué des lieux, n'occupait pas ce jour-là. Il évoqua les années d'avant-guerre, quand il muguetait à l'extrême droite et Malraux à l'extrême gauche, et le parcours opposé que tous deux accomplirent ensuite. Ce fut bref :

« Je n'aimerais pas trop parler de politique, lui dis-je une fois assis.

— Vous avez raison, répondit-il, entretenons-nous donc de la mort et de Dieu. »

Il était vraiment obsédé par la transcendance, par le mystère de la destinée de l'espèce et je compris alors pourquoi cette curiosité lancinante pouvait le porter non seulement vers la philosophie et la théologie, mais encore jusqu'aux astrologues et chiromanciens. Agnostique, il affirmait néanmoins appartenir à cette civilisation chrétienne qui a tant contribué à façonner l'Europe.

Quelques années plus tard, président de la République, il inaugurait le Salon du Livre. Je m'y trouvais, présentant un roman que je venais de publier [2] et dont le héros était Célestin V, un ermite devenu pape et qui fut le seul pontife de l'Histoire à déposer la tiare après quelques mois de règne. Mitterrand prit l'ouvrage entre les mains et en lut le titre :

---

1. *Une jeunesse française : François Mitterrand, 1934-1947*, Fayard.
2. *Le Pouvoir et la Sainteté*, Grasset.

« Le Pouvoir et la Sainteté...

— Vous avez l'un, lui dis-je. Et l'autre ? »

Il soupira :

« Hélas... »

J'avais fait sa connaissance en 1947 ; il occupait son premier poste ministériel, celui des Anciens Combattants, dans le cabinet de Paul Ramadier. Nous déjeunions à Neuilly, chez *Jarrasse*, un restaurant de poisson ; il était accompagné d'un chien qui bavait sur mon pantalon sans que son maître fît un geste pour l'éloigner. Si novice que je fusse alors en politique, je compris d'emblée que seule celle-ci intéressait l'homme assis en face de moi et qu'une ambition démesurée l'habitait. Le parti dont il était l'un des fondateurs s'appelait l'Union démocratique et socialiste de la Résistance (UDSR), un groupuscule dans lequel il avait fait entrer, les cueillant à leur descente d'avion, un certain nombre de nouveaux élus africains ignorant les détours du sérail. Ce renfort lui permettait de combattre au sein de cette minuscule formation l'influence de René Pleven, qui était son rival et qui le restera jusqu'à la mort de la IVᵉ République. Cette guerre picrocholine faisait écrire dans *La Croix* à mon ami Pierre Limagne : « L'UDSR est un parti où les Noirs regardent les Blancs se manger entre eux. »

Pour rien au monde François Mitterrand – qui n'eut jamais l'apparence même d'un idéologue – n'aurait abandonné ce cénacle, dont les journalistes plaisantaient en disant qu'il réunissait son congrès dans une cabine téléphonique. Placé au centre de l'hémicycle, sous une République où les communistes et les gaullistes occupaient une grande partie du terrain, l'UDSR fournissait l'appoint nécessaire à la formation de toute majorité, de centre-gauche comme de centre-droite, et assurait à Mitterrand (ainsi d'ailleurs qu'à Pleven) une place dans tous les gouvernements.

Dès sa jeunesse, quand il prenait son bain dans les eaux de l'Action française il avait dû méditer ce conseil de Charles Maurras : « En politique tout est permis, sauf de se laisser surprendre. »

Si habile qu'il fût, François Mitterrand une fois dans sa vie se laissa cependant surprendre... par lui-même, se prenant les pieds dans le filet qu'il avait tendu : l'arroseur arrosé, ou le pompier incendiaire, comme on voudra. Avec la complicité d'un personnage louche (Mitterrand fut toujours fasciné par les individus de l'ombre, aventuriers, agents doubles, indicateurs), il avait imaginé de monter un attentat auquel il échapperait de justesse. L'opération se déroula dans les jardins de l'Observatoire. Mitterrand tint la vedette... quelques heures seulement. Le complice s'était envoyé une lettre, avec toutes les garanties d'authenticité, révélant que l'affaire avait été montée par l'intéressé lui-même... Des poursuites furent engagées, auxquelles mit fin Michel Debré, alors Premier ministre et grand naïf, en disant :

« C'est un homme fini. »

On constata bientôt qu'il n'en était rien, ce qui conforta la conviction qui était déjà la mienne : en politique, seule la mort tue.

L'affaire de l'Observatoire mise à part, François Mitterrand s'arrangea toujours pour se mettre à l'abri quand le vent se levait. Charles Hernu en fit l'amère expérience avec l'équipée du *Rainbow Warrior* et Laurent Fabius avec le désastre du sang contaminé. Jamais non plus il ne supporta la moindre critique. De tous les personnages du théâtre politique que j'ai approchés, il fut le plus vindicatif, plus même que Georges Pompidou qui, pour ce qui est de la susceptibilité, se posait un peu là. François Mauriac eut le malheur un jour d'écrire de Mitterrand qu'il était « l'escabeau d'Edgar Faure ». La riposte ne tarda pas, flèche qui frappe là où ça fait le plus mal. Mauriac se vit catalogué « écrivain régionaliste ». Il lui fallut très longtemps pour se remettre.

François Mitterrand ne pardonna pas à Pierre Mendès France, de qui il était le ministre en 1954, de ne pas l'avoir informé des soupçons qui pesaient sur lui à propos de la divulgation de secrets militaires pendant la guerre d'Indochine ; il n'était pour rien dans ce qu'on appela « l'affaire des fuites ». Aussi, lorsqu'il fut élu président de la République, le soir de son intronisation, il reçut parmi ses invités Mendès France, dont l'émotion était telle, lui confia Stéphane Denis, qu'il versait des larmes. Et Mitterrand répondit :

« Oui, mais de rage. »

Il ne manquait pas une occasion d'égratigner l'homme dont l'intégrité morale et politique était une pierre dans sa chaussure. Voici par exemple ce que m'a raconté, encore interloqué, Georges Dayan, qui était l'ami d'enfance et le confident de François Mitterrand (ils se tutoyaient, une rareté, Mitterrand détestant ce qu'il considérait comme une vulgarité de la vie politique).

Les deux amis dînent un soir chez *Lipp*.

« Qu'as-tu fait, ce week-end ? demande François à Georges.

— Marie-Claire m'a invité à Montfrin [1].

---

1. Le château de Montfrin, dans le Gard, avait été acheté à la famille de Monteynard par Robert Servan-Schreiber, fondateur avec son frère Emile du journal *Les Echos*. Après la mort de Robert, sa fille Marie-Claire hérita la demeure. Elle épousa Pierre Mendès France après qu'il eut divorcé de Lily Cicurel.

« — Mendès y était ?

— Oui.

— Bref, tu as passé le week-end avec lui et sa maîtresse ? »

Stupéfait, Georges Dayan reste sans voix. Et Mitterrand :

« Si ç'avait été moi ? »

De plus en plus éberlué par le tour que prend la conversation, Dayan conserve le silence, que Mitterrand interprète comme une peu agréable réponse :

« Voilà ce que c'est que la réputation », soupire-t-il, mi-figue, mi-raisin.

Le coup de maître, ce fut pour le grand fauve qu'était Mitterrand la conquête du parti socialiste. A la façon d'un Bernard Tapie, qu'il admirait, repreneur à bas prix d'entreprises en déconfiture pour en faire des machines à bénéfices, Mitterrand jeta son dévolu sur une SFIO (Section française de l'Internationale ouvrière) moribonde et déconsidérée. Il s'en empara, à sa manière, par contournement. Une opération digne plus encore de Clausewitz que de Machiavel.

La France gaullienne avait suscité, dans la gauche du XVIᵉ arrondissement, la création de « clubs » où l'on refaisait la planète. Ils ressemblaient tous à ce « club des Jacobins » dont Charles Hernu était le leader.

Au passage, je ne puis résister au désir de conter une anecdote qui donnera au lecteur une idée de l'importance de ce qu'on hésite à appeler sociétés de pensée. Ce brave Charles m'avait demandé de venir faire une conférence chez les Jacobins de Strasbourg. C'était un soir d'hiver ; sur le quai de la gare, où il était venu m'accueillir, Hernu me confia craindre que l'assistance ne fût plus clairsemée qu'il ne l'espérait.

211

« Il fait froid, me dit-il, et il y a un bon film à la télé. »
En effet : dans la salle ne se retrouvèrent que lui et
moi.

La stratégie de Mitterrand consistait à approcher les
socialistes avec deux corps de bataille : une fédération
de ces clubs squelettiques et un parti radical vermoulu
que Jean-Jacques Servan-Schreiber rêvait de repeindre
à neuf. Si fourbue que fût la rossinante socialiste, elle
avait encore meilleure allure que les autres éclopés mis
sur les rangs. L'OPA cependant réussit et le nouveau
parti sortit régénéré des mains de Mitterrand, nouveau
Jaurès. Une seule différence, mais de taille, entre eux :
Jaurès était socialiste.

Il restait à Mitterrand une œuvre à accomplir : la
destruction de ce qui restait de la formation politique
qu'il détestait depuis toujours, le parti communiste. Ce
fut la grande opération dite du « programme commun » suivie de l'entrée de ministres communistes au
gouvernement, pour la première fois depuis trentequatre ans. Mitterrand ouvrit largement les bras, puis
il les referma, étouffant de façon définitive le corps
efflanqué du dernier parti stalinien d'Occident.

François Mitterrand tira toujours sa grande force de
son impassibilité, qui ne l'abandonna qu'en une circonstance, lors de l'affaire de l'Observatoire. Le choc
fut tel qu'il perdit contenance. « Il est venu pleurer
dans mon bureau de *L'Express* », me dira plus tard
Françoise Giroud.

A tout autre événement, heureux ou funeste, il opposait un visage de marbre. En 1984, Michel Jobert
confiait à Jean Mauriac [1] :

« Mitterrand apparaît de plus en plus hermétique,

---

1. *Op. cit.*

froid, distant, impénétrable, inatteignable, insondable... Les nouvelles les plus mauvaises ne paraissent l'émouvoir en rien. Il est imperméable à tout, au chaud, au froid, au bonheur, au malheur. Le visage glabre reste froid. »

Il lui arrivait pourtant de rire, parfois aux éclats, mais seulement dans l'intimité, des grosses blagues pied-noires de son beau-frère Roger Hanin ou des boutades de Michel Charasse. En public, il n'offrait que des sourires contraints.

Dernier trait de caractère : sa volontaire inexactitude. François Mitterrand, de toute sa vie, n'arriva jamais à l'heure. Il trouva pourtant quelqu'un pour le battre sur ce terrain : le roi Hassan II du Maroc, qui ne se gêna pas pour faire attendre le président de la République française.

Mort

Au nombre des brillantes réalisations françaises il faut inscrire les obsèques. Chez nous, on sait traiter les morts. Notre pays est même, à ma connaissance, le seul qui possède un monument où l'on entrepose les dépouilles de quelques « grands hommes » qui méritent – c'est gravé sur le fronton – la reconnaissance de la patrie. Le Panthéon a même été chanté par Victor Hugo. Enfant, j'apprenais que

« Ceux qui pieusement sont morts pour la patrie
Ont droit qu'à leur cercueil la foule vienne et prie... »

Œuvre qui a, d'une autre manière, inspiré Jacques Prévert :

« Ceux qui pieusement,
Ceux qui copieusement...
Ceux qui donnent des canons aux enfants,
Ceux qui donnent des enfants aux canons... »

En passant, je conseille au lecteur de s'intéresser aux morts qui gisent au Panthéon. Quels critères dictent les choix ? Et qui donc allait honorer François Mitterrand, qui entra une rose à la main dans le mausolée, le jour de son élection à la présidence ? Jean Jaurès, a-t-on dit. Sans doute allait-il solliciter l'inspiration socialiste.

La république excelle dans la célébration des funé-

214

railles nationales. Mon père m'a ainsi traîné, avec sa poigne d'ancien combattant, pour voir passer les cortèges funèbres du maréchal Foch et du maréchal Joffre. J'ai échappé, n'étant pas encore de ce monde, aux funérailles de Victor Hugo (encore lui, toujours lui). Mon père en parlait souvent, de cette cérémonie. Il admirait que le poète eût exigé d'être transporté dans « le corbillard des pauvres ». Ce qui était bien le comble de la vanité.

Nos présidents n'ont pas l'ambition funéraire. Ni Charles de Gaulle, ni Georges Pompidou, ni François Mitterrand n'ont voulu d'obsèques en grand tralala. Par testament, le Général avait même réservé la petite église de Colombey à sa famille, aux Compagnons de la Libération et aux habitants du village. Et personne ne fut admis, sauf Michel Debré, à le voir sur son lit de mort. On a dit que Georges Pompidou avait été fort dépité, en arrivant à la Boisserie, de trouver le cercueil clos.

Si les chefs de l'Etat défunts, chez nous, sont mis discrètement en terre, ils ont en revanche droit aux couronnes de laurier distribuées avec une émouvante unanimité par les gens de la politique et des médias, selon la règle non écrite mais respectée qui exige qu'on ne médise pas des défunts. S'il est déconseillé de tirer sur une ambulance, il l'est davantage encore de mitrailler un corbillard. Je ne l'ai jamais comprise, cette règle : les morts sont les seuls à qui l'on peut dire leurs quatre vérités, et même quelques mensonges, sans avoir à craindre de représailles. Pierre Lazareff, qui dirigeait *France-Soir* de main de maître, le savait. A un jeune échotier du service des spectacles, il donna ce conseil :

« Avant d'égratigner un auteur, réfléchissez à deux fois. Mais si vous avez envie de vous faire les dents sur Marivaux, ne vous gênez pas. »

« La vieillesse est un naufrage », disait de Gaulle. S'en rendit-il compte en mai 68, quand il perdit pied ? Sans doute. Dès janvier, Edgar Faure disait :

« Il cache mal sa lassitude. Il laisse gouverner Pompidou. »

Et le Général choisit, l'année suivante, le suicide politique avec l'arme du référendum. Il se retira avec une grande dignité, dans le silence, n'acceptant que peu de visiteurs. André Malraux fut de ceux qu'il reçut et le récit de cette rencontre, qu'il fit à Alain Peyrefitte, mérite d'être rapporté [1].

« Ma dernière visite à Colombey a été la première rencontre d'un écrivain et d'un héros. Bien sûr il y a eu Aristote et Alexandre, Goethe et Napoléon, Vinci et le pape Jules II. Mais cette fois, il s'est agi de la rencontre d'un grand héros de l'Histoire avec un grand artiste. Et c'est la seule fois, la seule fois qu'un grand artiste la racontera. Il n'y a pas d'autre exemple dans l'Histoire. »

Il aurait pu dire, comme j'ai entendu un jour François Mauriac le susurrer de lui-même avec le regard pétillant de « son œil diable » et de « son œil prêtre » :

« Pour la modestie, je ne crains personne. »

Contrairement au Général, Georges Pompidou et François Mitterrand, qu'un mal incurable terrassait, s'accrochèrent au pouvoir, en dépit du préjudice qu'une telle obstination causait à la nation. Dans les derniers mois de sa vie, Pompidou était devenu énorme, son visage d'un rose maladif avait doublé de volume, il souffrait atrocement. Comment gouverner dans de telles circonstances ? Quant à Mitterrand, qui avait sévèrement jugé Pompidou pour le silence dont il avait

---

1. *Ibid.*

entouré sa maladie, il se comporta de la même manière, malgré l'engagement pris d'informer la nation sur son état physique.

Tout titulaire de l'une des deux plus hautes dignités dans l'ordre de la Légion d'honneur – grand officier et grand-croix – a droit à une cérémonie funéraire dans la cour de l'hôtel des Invalides, avec un détachement de l'armée. Ces morts appartiennent pour la plupart à la grande famille conservatrice. Les gens de gauche ne sont pas en reste. Les obsèques de Jean Jaurès, plus près de nous celles de Maurice Thorez, avec drapeaux rouges et défilés, avaient de quoi impressionner. Léon Blum fut, lui aussi, accompagné par une foule pour son dernier voyage. Il pleuvait, une forêt de parapluies se déplaçait en silence. Un silence qui avait incité mon ami Paul Guimard, qui préparait une séquence pour les Actualités cinématographiques, à le meubler avec une phrase de Léon Blum, tirée d'un de ses discours. L'assistante de Guimard en trouva une, prononcée un soir de crise ministérielle. Au montage, tandis que passait le corbillard, on entendit la voix du mort :
« J'ai eu une journée très fatigante. »
Par bonheur, Guimard avait encore le temps de trouver autre chose.
Avant d'être porté en terre, Léon Blum était resté quelques heures dans sa propriété de Jouy-en-Josas, exposé aux hommages de ses amis. Un reporter de l'Agence France-Presse fut admis et il tira de sa visite un article dans lequel on pouvait lire :
« L'ancien président du Conseil est étendu sur un divan du salon, habillé d'un *chaud* vêtement d'intérieur... »
Moins célèbre que Léon Blum, un ancien dirigeant du parti socialiste nommé Osmin avait choisi l'inci-

nération. Ses amis, nombreux, s'étaient rassemblés au crématorium du Père-Lachaise. Les flammes ont besoin de temps pour accomplir leur œuvre et les discours se succédaient. L'un des orateurs, camarade de jeunesse du mort, s'adressa à lui, rappelant le temps où tous deux militaient :

« Tu étais un dur à cuire... »

Pas de doute, comme disait Balzac, la gloire est le soleil des morts.

Opinion

S'éloigner des Etats-Unis; prendre ses distances avec l'Angleterre; mettre fin, au Moyen-Orient, à l'alliance privilégiée avec Israël. Telles furent les orientations que le général de Gaulle donna à sa politique étrangère après 1958. Une des mesures les plus spectaculaires qui s'ensuivirent fut la décision d'embargo frappant les matériels militaires destinés aux Israéliens.

Ce changement de cap, les Arabes le saluèrent avec enthousiasme. Le Libanais Nakache, reçu à l'Elysée, exprima sa vive satisfaction. Cette mesure était, dit-il, d'autant plus courageuse qu'elle heurtait les sentiments d'une grande partie de l'opinion des Français.

« L'opinion, répondit de Gaulle en haussant les épaules, ça existe, mais ça ne compte pas. »

Une de ces phrases destinées à l'Histoire mais que l'Histoire dément. Son auteur a pu s'en rendre compte en mai 68.

L'opinion, dans notre pays, compte à un point tel qu'elle hante le microcosme politique et fait passer des nuits blanches à nos hommes d'Etat. C'est un animal gigantesque, incontrôlé et incontrôlable, sujet à de brutales poussées de fièvre. Une opinion épileptique.

Dans une démocratie, c'est par l'élection que le peuple exprime sa volonté et ceux qui ont obtenu sa confiance gouvernent. Ce n'est pas le cas chez nous. Une majorité élue sur un programme est tôt ou tard mise en demeure de renoncer à réaliser ce pour quoi elle a été élue. Et ceux qui contestent ainsi le vote des citoyens ne représentent qu'une minorité, par exemple les syndicats, dont le nombre d'adhérents est près du plancher. Ainsi s'est implantée dans l'esprit des Français la conviction qu'un président élu ne dispose que de cent jours – les fameux cent jours dont se gargarisent les médias – pour réaliser des réformes, alors que son mandat est de cinq ans.

« Je n'ai jamais confondu, disait Raymond Barre [1], l'opinion instantanée, telle qu'elle est reflétée par les sondages, et l'opinion réfléchie des Français, qui s'exprime dans les consultations électorales. »

Cher Raymond, quelle illusion ! S'il avait eu raison, il aurait été élu président de la République à la place de Jacques Chirac. Hélas, l'opinion « instantanée » l'a emporté sur l'opinion « réfléchie ».

Manipulée par les médias, exclusivement en quête d'« instantané », l'opinion se moque des perspectives à long terme, qui se perdent dans le brouillard. Le moindre fait divers exige l'engagement de l'Etat, il faut toujours un coupable et toujours une présence. Que ce soit une mort « suspecte » dans un hôpital, une forte canicule, un incendie de forêt, une tribune qui s'effondre sur un stade, une voiture pulvérisée par un train à un passage à niveau et voilà l'Etat cherchant des excuses, promettant une enquête, dépêchant un ministre, voire le président, sur les lieux du sinistre. Chacun soigne son portrait. Au thermomètre des sondages, la popularité grimpe ou glisse et voilà portés au pinacle, fabriqués presque exclusivement par la télévision et les

---

1. *Op. cit.*

blogs, des personnages – José Bové, Olivier Besancenot – qui dans une démocratie normale n'auraient même pas droit à une citation.

Possesseur du don d'ubiquité, Nicolas Sarkozy s'inflige un rythme épuisant. Il est au Salon de l'Agriculture ? Erreur, il vient d'arriver à Berlin. On l'a vu descendre d'avion au Brésil et déjà il assiste à l'enterrement d'un policier. Et pas un match de foot ou de tennis d'importance nationale sans lui ! Les sondages ? Il sait ce qu'en vaut l'aune :

« Je sais, dit-il, que ça ne veut rien dire, mais je préfère quand ils sont bons. »

Paris

En son enfance, Louis XIV avait dû fuir Paris où grondaient les émeutes de la Fronde. Il s'en souvint et parvenu à l'âge de vingt-trois ans, assumant pleinement ses fonctions de monarque, l'une de ses premières décisions fut de transformer en château le pavillon de chasse de son père, à Versailles, et d'établir sa résidence en cette ville. Le Pouvoir quittait Paris.

Un peu plus d'un siècle plus tard, en octobre 1789, le peuple de Paris, en ébullition depuis juillet, se porta sur Versailles et exigea de Louis XVI qu'il regagnât le palais des Tuileries. Renonçant à appuyer son autorité sur la force, le roi céda. Le Pouvoir s'inclinait devant Paris. C'était le premier acte d'une tragédie qui se terminerait le 21 janvier 1793 sur l'échafaud.

Contrairement à son aïeul, Louis XVI n'avait pas compris que, quand le loup hurle, il n'est pas recommandé de se fourrer dans sa gueule. Ses précepteurs avaient sans doute négligé de lui enseigner qu'il faut se méfier de Paris, ville en proie périodiquement à des poussées de fièvre. Depuis que Philippe Auguste agrémenta les rues de pavés, la population apprit à s'en servir. L'histoire de Paris est faite d'une succession d'émeutes, d'insurrections, de révolutions, de coups d'Etat destinés à remplacer le pouvoir en place par un autre.

Représentant du « pouvoir bourgeois » face à la couronne, le prévôt des marchands Etienne Marcel fit chanceler le trône sous les maigres fesses du futur Charles V, qui ne s'en tira qu'en quittant Paris (déjà), puis en faisant assassiner son adversaire, qui recevra l'hommage d'une statue, d'une rue et d'une station de métro.

Depuis lors, et même auparavant, Paris s'est emparé de la France, qu'il n'a cessé d'entraîner au gré de ses enthousiasmes et de ses haines. La Fronde, c'était Paris. La Grande Révolution, de la prise de la Bastille à la boucherie de la Terreur, c'était Paris. Paris a dansé au temps des Incroyables et des Merveilleuses, il s'est réjoui du coup d'Etat de Bonaparte, il a acclamé l'empereur Napoléon, il a applaudi Louis XVIII, il a fêté l'intermède des Cent-Jours, il a chassé Charles X, il a acclamé Louis-Philippe, dont il s'est ensuite débarrassé pour fabriquer la IIe République, à laquelle il a très vite préféré Napoléon III. Il a évacué cet empereur pour une nouvelle République – la Troisième. La Commune, œuvre des Parisiens, a été étouffée dans le sang depuis Versailles par Monsieur Thiers, au soulagement de Paris. Sur les Champs-Elysées, de Gaulle fut acclamé en août 44, quelques semaines après que Pétain eut reçu un accueil triomphal sur le parvis de Notre-Dame. Et Mai 68 fut un événement parisien comme l'avaient été les émeutes de Février 34.

Certes la distance est plus grande que la topographie ne l'indique entre le faubourg Saint-Antoine et le faubourg Saint-Germain. Mais c'est Paris. Certes ce ne sont pas toujours les mêmes acteurs, ni le même public, et il arrive que pour la même pièce on batte des mains dans les loges alors qu'on siffle au poulailler, mais c'est le même théâtre.

Aucune capitale au monde n'a connu de telles vicissitudes, de si féroces colères, de si vifs emballements, de si rapides revirements. Pourquoi?

Je ne crois pas qu'ils aient raison, ceux qui expliquent cette situation par la centralisation. Certes le Pouvoir est à Paris, mais c'est là une réalité que partagent les autres nations : l'Etat et son appareil se trouvent dans la capitale. C'est une erreur de confondre Paris, l'Etat et l'Administration. Les excès des militants régionalistes contribuent à amalgamer des notions qui ne devraient pas l'être dans un pays où l'on se vante de raisonner sainement.

La bureaucratie sévit en France. Les gouvernements eux-mêmes ne le nient pas, puisque chacun d'eux à son tour cuisine la tarte à la crème selon une immuable recette : rapprocher l'Administration de l'usager. Cette maladie, elle ne frappe pas que la France, tous les Etats modernes, y compris les Etats-Unis, en souffrent. La bureaucratie est liée beaucoup plus à une situation de développement des sociétés industrielles qu'à un système politique.

Il n'est pas douteux que l'histoire de France n'est que trop celle de Paris. Il est exact que, par une politique qui s'est exprimée par exemple dans un réseau routier et un réseau ferré dont la capitale est l'unique centre, les pouvoirs publics ont anémié la province. Mais il est trop facile de les rendre seuls responsables des errements que partagent les « élites » des affaires, des lettres, des arts, de la mode, du show-biz, des médias.

A l'occasion de l'Exposition universelle de 1867 fut édité un *Paris-Guide*. Pour en écrire l'introduction, on

224

alla chercher le colosse des lettres de l'époque, l'exilé des *Châtiments*, Victor Hugo. Avec lui, naturellement, ce fut du délire :

« On sait, écrivait le poète, ce qu'est le point vélique d'un navire : c'est le lieu de convergence, endroit d'intersection mystérieux pour le constructeur lui-même, où se fait la somme des forces éparses dans toutes les voiles déployées. Paris est le point vélique de la civilisation. [...] Cette ville a un inconvénient. A qui la possède, elle donne le monde. »

Il y a de quoi pousser à l'exaspération ceux qui ne sont pas parisiens et qui, c'est humain, envient et détestent cette engeance. Si les Parisiens, dont on prend bien abusivement les qualités et les défauts pour ceux des Français, avaient le bon goût de se montrer discrets et fraternels, il n'y aurait que demi-mal. Mais ils pensent et parfois disent ce que clamait encore le même Hugo :

« Paris s'en va seul, la France suit de force, irritée ; plus tard elle s'apaise et applaudit ; c'est une des formes de notre vie nationale. [...] Paris décrète un événement. La France, brusquement mise en demeure, obéit. »

Oui, elle obéit, mais à contrecœur, et de moins en moins du reste. Les crises de Paris, la province ne les considère pas avec indulgence. Elle s'en irrite souvent. Et quand elle en a l'occasion, elle ne se prive pas de lui faire payer ses excès. Les sages pères fondateurs de la IIIe République, comme leurs prédécesseurs de la Deuxième, jugèrent périlleux de dresser, face au pouvoir de Paris-Etat, un pouvoir de Paris-Ville, représenté par un maire.

Ainsi, pendant fort longtemps, la capitale vécut sous un régime spécial, associant un conseil municipal élu, mais sans grandes prérogatives, à deux préfets nommés par le gouvernement et jouissant de l'autorité. Ce statut, peu démocratique, trouvait néanmoins sa justification dans l'histoire tumultueuse de la capitale.

Les Parisiens, en tout cas, ne se plaignaient pas de cette situation. C'est cet édifice, né de la seule – mais longue – expérience, que Valéry Giscard d'Estaing a jeté bas.

On peut se demander si, trouvant face à lui un maire élu, Libert Bou, chargé par Michel Debré de transférer les Halles de Paris à Rungis et qui eut maille à partir avec un conseil municipal émasculé, aurait réussi à remplir sa mission. On est en droit également de s'interroger sur ce qui aurait pu se produire en Mai 68 si la capitale avait été gouvernée par un maire, quelle que fût la nuance politique de celui-ci. Trentequatre ans plus tôt, les émeutiers du 6 Février avaient pour allié un préfet de police factieux, Jean Chiappe, que le gouvernement limogea *in extremis*. On révoque un fonctionnaire. Mais un maire ?

Impossible. Il peut même en toute impunité financer son parti en créant des emplois fictifs.

Partis _____

Il y a, dans le livre de souvenirs de Claude Guy [1], aide de camp du général de Gaulle de 1946 à 1949, une page savoureuse dont voici un extrait. La scène se passe à la Boisserie, résidence campagnarde du Général, le 13 avril 1947. Il est question à cette époque du projet de création du RPF (Rassemblement du peuple français). Le Général a quitté la pièce, laissant discuter son frère Pierre et Mme de Gaulle. Guy est témoin muet. L'épouse du Général explose :

« Qu'il parle, passe encore ! Mais qu'il descende dans cette boue, pour former ce Rassemblement, moi, voyez-vous, ça me dégoûte car, de cette boue, il sera inévitablement éclaboussé. »

Pierre de Gaulle essaie de la raisonner :

« Oh ! Il est bien certain qu'il ne conservera pas sa stature de 1940. Mais cela, il le sait. Et d'avance, il en fait le sacrifice, car, pour "nous en sortir", il est prêt à renoncer, s'il le faut, à demeurer le personnage légendaire. Il n'y a pas de plus bel exemple de courage. »

Elle, avec obstination :

« Non, Pierre, vous ne me sortirez pas de la tête qu'il a tort de faire ce Rassemblement ! Avec quels hommes, d'ailleurs ? Si c'était pour y mettre des gens nouveaux,

---

1. *Op. cit.*

227

je ne dirais pas ! Or c'est impossible. C'est impossible, puisque des gens nouveaux, il n'y en a pas. Vous allez voir ce que je vous dis, il va se faire entortiller *(sic)* par un tas de "grenouilleurs" *(sic)* qui n'ont qu'une idée en tête : se servir de son nom. On les voit déjà qui accourent. »

Quelle lucidité ! Elle y voit plus clair que son mari, « tante Yvonne » ! En quelques mots bien sentis, elle a décrit le parcours qui attend le Général et elle a mis le doigt sur ce « régime des partis » dans lequel de Gaulle, nonobstant la condamnation qu'il prononce contre lui, se prépare à entrer. Car sa haine des partis s'aiguise en constatant qu'en démocratie, on ne peut pas s'en passer. Même les dictateurs – hommage que le vice rend à la vertu – ont besoin d'un parti (unique bien entendu). On peut bien rêver de « rassembler », à moins d'être un autocrate on n'y arrive jamais : en régime de liberté politique, il y a trop d'idéologies diverses, trop d'intérêts mal compatibles, trop d'exclusives passionnelles, trop d'ambitions exigeantes qu'est inévitable la cohabitation ou l'affrontement de Montagnards et de Girondins, de Whigs et de Tories, de républicains et de démocrates. Où qu'on aille et à toutes les époques, la démocratie est l'affaire des partis.

Le général de Gaulle, en 1947, entre donc dans la danse. Comme son épouse le prévoit, il en sortira quelques années plus tard, écœuré par ses partisans plus encore que par ses adversaires. Puis, revenant au pouvoir grâce à un putsch en Algérie, il sera bien obligé de retourner dans le chaudron où se mijote la politique. Et son parti, s'il change de nom comme on change de linge – UNR, UD V^e, UDR, puis RPR, UMP –, sera le soutien en même temps que l'instrument d'un homme : de Gaulle, Pompidou, Chirac, Sarkozy. Peu importe qu'à la longue le parti n'ait plus de gaulliste que le souvenir, il veut être majoritaire ou, à la rigueur, comme ce fut le cas en 1974, « la majorité de la majorité ». A gauche, même scénario : François Mitterrand a réussi de son côté ce que de Gaulle avait fabriqué du sien, un parti.

Il reste que, pour s'imposer, pour subsister, les partis ont besoin de discipline. Quiconque veut faire carrière en politique ne tarde pas à apprendre que cette règle est la première, comme dans l'armée. Il fut un temps – la IIIe République – où une forte personnalité pouvait abandonner son parti et, comptant sur le soutien des électeurs de sa circonscription, envoyer promener l'excommunication. N'en parlons plus. Sous la Ve République, on ne peut jouer un rôle, obtenir un portefeuille, briguer une présidence de commission, qu'en faisant allégeance à son parti. Certes, pour les premiers pas sur le chemin malaisé de la politique, l'appui d'un notable local ou d'un ancien élu rend service. Etre du coin est également précieux. Comme me disait Edgar Faure à qui je demandais s'il avait choisi de se présenter dans le Jura parce qu'il y avait des ancêtres :

« Non, mais je m'en suis découvert. »

C'est toutefois insuffisant. En politique, on n'avance pas en franc-tireur, il faut passer sous le joug d'un parti. L'indépendance est suicidaire, sauf pour celui qui limite ses ambitions à la mairie d'un village ; dès qu'il veut grimper, fût-ce au conseil général, l'homme « sans étiquette » doit se faire étiqueter. Que l'élu ne s'imagine pas avoir alors conquis sa liberté ; il est dans la nasse. Au Parlement, il ne peut même pas prendre la parole sans la permission du président de son groupe. Il y a ainsi bon nombre de muets du sérail, dont le rôle consiste à voter selon les ordres et à conserver au parti une circonscription.

Ainsi, au début de la IVe République (à cette époque – ce détail compte – les restrictions alimentaires de la guerre n'avaient pas toutes été levées), l'un de ces bâillonnés, un député breton nommé Guyomard, fut le héros d'une farce de journalistes. Pendant une séance de nuit au Palais-Bourbon, la correspondante du quotidien *Ouest-France*, Madeleine Picard, s'offrait un sommeil réparateur. Quelques confrères imaginèrent d'écrire un discours, prêté à ce Guyomard, et Madeleine, à son réveil, reçut comme un service amical cette forgerie. Les mauvais plaisants ayant oublié de l'informer à temps, Madeleine expédia le « discours » à sa rédaction. *Ouest-France* ne pouvait se permettre de négliger un Breton et les paroles de Guyomard passèrent en bonne place à la postérité. Mise au parfum, la malheureuse journaliste sombra dans l'angoisse, jusqu'au lendemain, quand l'huissier l'informa que l'orateur malgré lui la demandait. Elle partit, tête basse, pour l'abattoir mais un quart d'heure plus tard, elle apparaissait rayonnante.

« Alors ?

— Alors ? Il m'a apporté une livre de beurre et un poulet. »

Tous les muets, au Parlement, n'ont pas la chance de trouver une voix d'emprunt.

Patrie

« On n'emporte pas la patrie à la semelle de ses souliers », disait Danton.

Un mot. Rien de plus. La patrie, qu'est-ce ?

On peut dire d'elle ce que saint Augustin disait de Dieu. On parle plus facilement de ce qu'elle n'est pas que de ce qu'elle est. Impossible de la confondre avec le territoire. Depuis le temps où la France s'appelait la Gaule, les frontières n'ont cessé de se déplacer. La patrie n'a pas davantage de rapport avec le régime politique. La France en a trop connu. Où se trouvait-elle, la patrie, en 1940 ? Les Français pouvaient la croire réduite à une zone dite « libre », avec Vichy pour capitale. Le maréchal Pétain n'avait-il pas obtenu légalement ses pouvoirs d'un parlement saisi de panique, et été autorisé à gouverner son territoire par les Allemands, qui occupaient les deux autres tiers de la France ? En réalité, la patrie s'en était allée (mais on ne le savait pas encore) avec le général de Gaulle et avait élu domicile sur quelques mètres carrés, Carlton Gardens, à Londres.

La vérité est que dans notre pays le patriotisme a souvent changé de nature, selon les époques et les circonstances.

Mon père avait connu, avant la « Grande Guerre », celle de 14-18, une patrie où l'on ne pensait qu'à la « revanche » sur la victoire remportée par l'Allemagne en 1870, et à la reconquête des « provinces perdues ». On chantait « Vous n'aurez pas l'Alsace et la Lorraine », on récitait les poèmes pompiers de Paul Déroulède, on avait l'œil fixé sur la ligne bleue des Vosges. La presse était pleine de caricatures de l'empereur Guillaume II et les enfants lisaient *L'Ami Fritz* d'Erkmann et Chatrian.

Dans ma prime jeunesse, les années vingt de l'autre siècle, on célébrait la patrie avec une victoire remportée sur des montagnes de morts. Les anciens combattants avaient « des droits sur nous », les drapeaux claquaient au vent au moindre prétexte, à l'Arc de Triomphe on plaçait sous une dalle la dépouille d'un soldat inconnu, les monuments aux morts poussaient sur les places publiques. Les horreurs de cette guerre interdisaient toutefois qu'on se réjouît franchement d'une victoire qui avait coûté si cher. Nombreux étaient alors les Français qui mesuraient la tragique absurdité d'une telle boucherie. Le patriotisme était en deuil. La guerre « fraîche et joyeuse » de 14 était devenue en 18 : « Plus jamais ça ! »

Dans les années trente volait en éclats la belle unanimité de l'immédiat après-guerre, celle qui avait élu la « chambre bleu horizon ». La politique s'était emparée de la patrie, dans le fracas des idéologies. Les organisations d'anciens combattants ne se contentaient plus de défiler sur les Champs-Elysées. Les ligues appelaient la République « la gueuse » et rêvaient d'un « régime d'ordre » sur le modèle de ceux d'Hitler et de Mussolini. A l'autre extrémité de l'arc-en-ciel politique, la gauche, surtout communiste, tenait commerce d'antimilitarisme. Un Pierre Cot, qui allait devenir ministre dans le gouvernement de Front populaire, déclarait vouloir planter le drapeau dans le fumier. *L'Humanité* faisait de l'armée « l'école du crime » et un couplet de *L'Internationale* annonçait que « nos balles sont pour nos propres généraux ». Socialistes et communistes brandissaient le drapeau rouge et il n'y avait pas, comme en 1848, un Lamartine pour rappeler que cet emblème « n'a jamais fait que le tour du Champ-de-Mars, traîné dans le sang du peuple » alors que « le drapeau tricolore a fait le tour du monde avec le nom, la gloire et la liberté de la patrie ».

Un tel discours, dans les années trente, aurait fait sourire un Français sur deux au moins. L'extrême droite avait annexé les trois couleurs. Entre les partisans des bolcheviks et ceux des fascistes, il n'y avait plus guère de place pour les patriotes véritables. Le péril hitlérien, grandissant d'année en année, laissait la France moralement plus encore que militairement désarmée. Chez nous, on serinait avec Maurice Chevalier « Dans la vie faut pas s'en faire ». De l'autre côté du Rhin on scandait le *Horst Wessel Lied*.

La guerre finit par éclater en 39 dans un climat d'abandon. On n'entendait même plus prononcer le mot de patrie, face à un ennemi menaçant. Avant de prendre les armes, la France avait capitulé. La « drôle de guerre », pendant les quatre premiers mois du conflit, fut moins consacrée aux opérations qu'au « théâtre aux armées ».

A la voix du vieux Pétain qui, en juin 40, chevrotait « je fais à la France le don de ma personne pour atténuer son malheur », répondait, de l'autre côté de la Manche, celle de Winston Churchill : « Je n'ai rien à offrir que du sang, du labeur, des larmes et de la sueur. »

Le patriotisme à la française et à l'anglaise.

Pourquoi ici un oui, là un non ? Pourquoi les Anglais ont-ils toujours chéri leur patrie, vénéré l'*Union Jack* alors que le patriotisme français fut annexé à la politique, conflictuel, enjeu de luttes partisanes, on pourrait dire, s'il y avait eu moins de morts en son nom, caricatural ?

Sans doute faut-il, pour comprendre, remonter plus haut dans le temps. François Furet, qui est un de ces historiens qui ont le mieux pénétré notre inconscient collectif, explique que si la France et l'Angleterre ont toutes deux décapité un roi, seule la France a tué la monarchie. L'Angleterre est allée du pouvoir royal à la démocratie sans rupture, alors que la France est restée longtemps – et peut-être l'est-elle encore – coupée en deux par la Révolution. Les Français, écrit Furet[1], forment « ce peuple étrange qui ne peut aimer ensemble toute l'histoire nationale ».

On ne peut être patriote qu'en acceptant, qu'en assumant dans sa totalité le passé de son pays. A la question : « Qu'est-ce que la patrie ? » il n'y a qu'une réponse : son histoire. Ce qui ne signifie pas qu'on doive jeter un voile sur les erreurs et les crimes commis par nos ascendants. Mais les générations du présent n'ont pas à « s'excuser », encore moins à « demander pardon » pour les actes du passé. Nous sommes les enfants des Français de jadis, même ceux d'entre nous qui sont citoyens de fraîche date et qui doivent accepter l'héritage. Nous formons tous un seul peuple et pas deux, celui de l'Ancien Régime et celui de la Révolution. Nous avons tous suivi Jeanne d'Arc à Reims, tous applaudi à sa montée au bûcher ; nous avons tous vu monter Louis XVI, puis Robespierre, à

---

1. *Op. cit.*

234

l'échafaud, sans protester. Nous avons tous été communards, tous versaillais. Tous pour Pétain en 40, tous pour de Gaulle en 44...

En a-t-on fini ? Ce serait enfin l'heure de la réconciliation intérieure. La droite ligueuse est marginalisée, le communisme mort et enterré, on a fini de bouffer du curé, on peut enfin espérer qu'une République « une et indivisible » fera respecter son drapeau, se donnera des équipes de football qui ne refusent pas de chanter *La Marseillaise* et sera peuplée de Français qui ne confondront pas le patriotisme avec ses deux déviations, l'autisme politique et le communautarisme folklorique.

L'autisme, c'est le nationalisme, le « souverainisme », si l'on peut utiliser un mot aussi barbare que ce qu'il veut représenter, le repli sur l'hexagone : protectionnisme douanier qui retarda l'entrée de la France dans l'économie moderne ; nombrilisme qui alimenta la xénophobie ; vanité grotesque qui proclame « l'exception française » et croit que le monde admire une nation qui fait la roue et d'où fuient les cerveaux.

« Le nationaliste, qui est un passionné, n'aime pas vraiment la nation qu'il croit aimer, écrit Hubert Grenier [1]. Il ne l'aime pas pour elle-même, mais contre les autres, il n'aime son pays que parce qu'il les déteste tous. Le patriotisme, au contraire, qui est de sentiment, ne nous engage pas, pour aimer notre patrie, à l'opposer aux autres, au contraire il veut que sa patrie leur soit utile. »

Le communautarisme, c'est du nationalisme de petit modèle. Les ethnies, affirmait avec raison Michel Debré, c'est le racisme. Les infra-nationalistes, qui reprennent du poil de la bête avec les sottises à la mode sur l'introduction des idiomes minoritaires dans

---

1. *La Liberté heureuse*, Grasset.

235

l'enseignement – voir l'article : Langue(s) –, invoquent le droit des peuples à disposer d'eux-mêmes. Rien n'est plus difficile à définir qu'un peuple. Qu'est-ce, par exemple, que le peuple corse, si ardent à défendre son particularisme ? Son ethnie est on ne peut plus composite : étrusque, punique, romaine, vandale, lombarde, arabe, génoise, pisane, aragonaise et (si les autonomistes m'y autorisent) française. J'en oublie d'ailleurs certainement.

En fin de compte, la vraie patrie, c'est la planète Terre.

Pompidou, Georges _____

Des yeux clairs, avec des paillettes d'or, des yeux caressants ou impitoyables, le sombre buisson de ses sourcils, de très belles mains, une bouche bien dessinée lui donnent un charme indéniable, mélange de virilité et de sensualité. Du chat, il a l'apparente placidité, mais les griffes sont toujours prêtes à jaillir de leur étui de fourrure.

J'ai souvent rencontré, avant qu'il eût gravi les sommets de l'Etat, cet homme gourmand. Ce ne sont ni lui ni sa femme Claude qui auraient, comme le fera Mme de Gaulle, pour un dîner offert à l'Elysée au président ivoirien Houphouët-Boigny, fait supprimer le foie gras du menu en disant : « On dépense trop. »

Je crois apercevoir, sous ce personnage complexe de paysan, d'humaniste, d'esthète et de financier, une âme vindicative et brutale. La mâchoire est celle d'un carnivore.

Brillant agrégé, il commence sa carrière comme professeur à Marseille, mais il n'a qu'un désir : « monter » à Paris. Il y a du Rastignac chez ce « fort en thème », comme on disait au temps où le latin et le grec n'étaient pas tout à fait des langues mortes. « A nous deux Paris » dit aussi cet Auvergnat, fils d'instituteur. Dans la capitale, où il est bientôt nommé, il fréquente davantage les peintres, les chanteurs, les architectes, les journalistes, les romanciers que les politiciens. Très maître de lui, il sait jouer de toutes les cordes de sa harpe. Il se frotte au Tout-Paris et il restera tout au long de sa vie, même hôte de l'Elysée (où il ne couche pas, préférant regagner son domicile du quai de Béthune, sur l'île Saint-Louis), cet amoureux de Paris introduit dans le monde mais qui garde un rien de provincial. Un jour d'abandon, il me confie qu'il aurait aimé être couturier.

Cet homme, à qui je rends visite alors qu'il occupe un haut poste à la banque Rothschild, parle avec intelligence et conviction de société industrielle, d'expansion, de productivité, de libéralisme, qui veut « réhabiliter l'argent »; cet héritier de Guizot est aussi celui à qui inspire de la pitié le sort des dactylos qu'il aperçoit de sa fenêtre, tapant sans relâche des polices d'assurances. « Le voici, le bagne », soupire-t-il. Et c'est lui qui dira plus tard, à propos d'un scandale qui éclabousse certains de ses amis politiques : « Il faut choisir entre le pouvoir et l'argent. »

L'ambition du jeune professeur est encore vague, volatile, mais il a en commun avec le général de Gaulle sa capacité à s'emparer de l'occasion dès qu'elle s'offre. Il la saisit quand son condisciple à Normale, René Brouillet, lui propose un poste auprès de celui qui est alors chef du Gouvernement provisoire de la République française, et qui lui a demandé de trouver « un agrégé sachant écrire ». De cette année 44 date avec ce « patron » une collaboration étroite et confiante qui ne s'assombrira qu'en 1968, quand Pompidou arrachera le gouvernail de la France aux mains débiles du vieux général.

Comment cet inconnu, se demanderont longtemps, avec amertume, les « barons » du gaullisme, les Debré,

Soustelle, Frey et autres Guichard, a-t-il pu jouir au long des années d'une faveur si insigne ? Son gaullisme était de fraîche date, il n'avait conquis ce titre ni dans les rangs de la Résistance, ni sous l'uniforme de la France Libre. En fait, c'est sans doute pour cela qu'il fut choisi. Ses fidèles, de Gaulle aimait les avoir près de lui, on peut dire à sa botte, mais il leur était d'une certaine manière redevable de leur attachement. Certes il les avait choisis, mais après qu'eux l'eurent choisi. Avec Pompidou, point d'états d'âme : au « qui t'a fait comte ? » il n'aurait pu répondre comme les « barons » auraient eu le droit de le faire : « Qui t'a fait roi ? »

Cette situation laissait aussi plus de liberté à Georges Pompidou car elle n'avait pas le caractère de subordination sentimentale qui engendre des jalousies plus tumultueuses encore que dans un couple où le moindre refroidissement de la passion est vécu comme une tragédie. Il avait compris que le Général, s'il exigeait une obéissance toute militaire, ne détestait pas qu'on y manquât à l'occasion. De Gaulle lui-même, en 40...

Il arriva que pendant leur longue liaison, le suzerain dût parfois s'incliner devant son féal. Ainsi, après le putsch des généraux à Alger, en 1962, Pompidou obtint la grâce de Jouhaud, que de Gaulle avait décidé d'envoyer devant le peloton d'exécution.

Les deux hommes, quant à la qualité de leurs relations, savaient à quoi s'en tenir. Si Pompidou servait le Général, il se servait aussi de lui. Il assumait la gestion de la fondation Anne-de-Gaulle, créée par le Général et son épouse en mémoire de leur fille, handicapée mentale, morte jeune et que son père aimait tendrement. Pompidou n'obéissait pas à de sordides desseins, car il était capable de gestes désintéressés, mais il trouvait par là une porte, fermée aux autres, qui donnait accès au for intérieur du Général et de Mme de Gaulle.

A partir de 1944, Georges Pompidou ne quitta jamais le courant du gaullisme, mais en nageant plus sous l'eau qu'en surface. Il ne joua pas le moindre rôle dans la préparation et l'exécution du complot qui ramena au pouvoir en 1958 de Gaulle, qui – malgré cela ou à cause de cela – l'appela immédiatement pour prendre la direction de son cabinet.

A l'hôtel Matignon comme plus tard à l'Elysée, Pompidou développa une grande politique industrielle, indispensable à la France. Mais cette exigence lui fit parfois négliger certaines conséquences cruelles du progrès. C'est ainsi que je l'entendis un jour affirmer qu'il fallait « adapter la ville à l'automobile ». Indigné, je m'emparai de cette déclaration et de quelques autres pour les faire figurer dans un pamphlet que je publiai en 1973 [1]. J'étais jusque-là en bons termes avec le président, mais il ne pardonna pas cette pointe. L'homme était vindicatif. Il pria son attaché de presse Denis Baudouin de me téléphoner :

« Le Président m'a chargé de te dire : ça suffit! »

De cet instant je devins interdit de séjour au palais présidentiel... jusqu'au jour où un nouvel appel téléphonique de l'Elysée m'annonça mon retour en grâce. On se serait cru à la cour de Louis XIV, quand le monarque qui a expédié quelque nobliau dans ses terres lointaines juge bon de le rappeler à Versailles :

« Le Président a appris, me dit-on, que tu dois aller en Chine comme envoyé spécial de RTL quand il s'y rendra en voyage officiel.

— Oui.

---

1. *Op. cit.*

240

— Il y aura une réception à l'ambassade de France à Pékin. Vous vous y rencontrerez, il te tendra la main et c'en sera terminé de cette fâcherie. »

Autre incident, révélateur du caractère ombrageux de Pompidou. Pendant une campagne pour des élections législatives, jugeant certains de mes propos à RTL trop peu conformes à ses désirs, il téléphona à mon ami Jean Farran, directeur d'antenne de la station, et lui demanda de m'éloigner du micro. Farran lui répondit avec déférence que RTL était une station du grand-duché de Luxembourg et comme telle n'avait pas à se plier aux exigences du président français.

Tel qu'il était, et en dépit de ses humeurs, cet homme d'Etat me plaisait. J'avais le sentiment que la France était bien gouvernée, certes par un personnage incommode, mais solide comme un menhir. J'étais seulement étonné de la pauvreté de vocabulaire de Georges Pompidou [1]. Ce normalien, nourri de littérature, s'exprimait sans recourir à une richesse de langue que le saint-cyrien de Gaulle maîtrisait avec un exceptionnel brio. Je m'entretenais de ce phénomène avec un familier du Général, qui me répondit :

« De Gaulle apprend tout par cœur. Pompidou, non. »

Entre de Gaulle et Pompidou, ce fut une longue histoire, comme on en connaît peu dans la politique française, une sorte de liaison faite d'estime chez l'un, d'admiration chez l'autre, entre eux de complicité à un niveau élevé, qui n'excluait pas les frictions, mais que tous deux affrontaient sans mesquinerie, en hommes d'Etat... jusqu'au jour où l'âge du Général et l'impa-

---

1. Il avait publié une anthologie de la poésie française, d'un conformisme affligeant.

tience de Pompidou dégradèrent les relations de ce couple que les intrigues des « entourages » achevèrent de détruire.

C'est en mai 68 que se produisirent les premiers craquements. Le Général n'était plus maître de ce qu'il avait appelé « la chienlit » sans comprendre de quoi il s'agissait. Dépassé, il se laissa aller jusqu'à chercher consolation auprès du général Massu en garnison à Baden-Baden. C'est Georges Pompidou, lucide et maître de lui, qui domina la situation et dénoua la crise. De Gaulle ne lui pardonna pas d'avoir gouverné à sa place, occupé une place laissée vacante.

Peu après éclatait « l'affaire Markovic ». Des rumeurs se mirent à courir et des montages photographiques à circuler, accusant le couple Pompidou de relations troubles et de divertissements libertins. Maurice Couve de Murville avait remplacé comme Premier ministre Pompidou, déjà ulcéré par ce coup du lapin : il prêta une oreille complaisante aux calomnies. Quant à de Gaulle, il garda le silence ; Pompidou n'oubliera jamais cette « trahison ». Et à Jean Prouvost il dira de Couve de Murville :

« Je l'étranglerais de mes propres mains. »

Le Général ne tarda pas à mesurer les conséquences de son attitude : de Rome, Pompidou annonça que, si l'occasion lui en était offerte, il serait candidat à la présidence de la République. Cette candidature, rassurante pour les Français craignant que la démission du Général n'ouvrît une crise, poussait de Gaulle vers la sortie. Les gaullistes de stricte observance ne le lui pardonneront jamais. A Jean Mauriac, Couve de Murville dit voir en lui un homme « vulgaire », un « petit-bourgeois ridicule ». Et de Gaulle lui-même, oubliant leurs relations passées et se laissant aller au ressentiment, laissera tomber : « C'est un parvenu. »

242

En réalité, ce que reprochaient à Pompidou les gaullistes, c'était d'avoir cédé à la séduction du Paris de l'argent, du spectacle, de la fête, d'un Paris frelaté, mais qui l'amusait et même fascinait le provincial qu'il était resté. En fin de compte, le jugement le plus vrai sur Georges Pompidou, c'est celui de Guy de Rothschild, qui le connaissait bien :

« Jamais je n'ai vu un intellectuel qui ait autant les pieds sur terre... L'œil droit est celui du bon vivant, qui aime l'argent, le plaisir ; l'œil gauche, froid, dur, n'oublie jamais l'humiliation, même s'il l'avale [1]. »

La mort de Georges Pompidou fut celle d'un chef d'Etat courageux et digne. Jusqu'au bout, souffrant cruellement, il assuma ses fonctions sans une plainte. On aurait pu au moins espérer que cette fin méritait le respect. Pourtant, près de dix ans après cette mort, Maurice Couve de Murville osait cracher devant Jean Mauriac : « C'est le plus affreux salaud que j'aie connu [2]. »

Quelques semaines après qu'il eut été nommé Premier ministre, je l'avais interrogé sur la conception qu'il avait de cette fonction. Se posait-il des cas de conscience, quand il devait choisir entre la justice et la raison d'Etat ?

« Dans la vie courante, le dilemme est plutôt entre l'humanité, le cœur, et l'intérêt général. Voilà le véritable drame du pouvoir. Ma tendance naturelle serait de les résoudre du côté du cœur. En pareil cas, les questions de réglementation me laissent assez froid. Et quand il faut opter pour la raison d'Etat, je le fais sans plaisir. »

---

1. Christine Clerc, *Tigres et tigresses, histoire intime des couples présidentiels sous la V⁵ République*, Plon.
2. *Op. cit.*

Cette préférence pour « le côté du cœur », elle me restait en mémoire, le jour où, Pompidou devenu président de la République, je vis entrer dans mon bureau, à RTL, mon ami Robert Badinter. Il avait défendu Bontems, condamné à mort avec Buffet pour le meurtre d'un gardien de prison et d'une infirmière.

« J'ai une seule question à te poser, me dit-il. Georges Pompidou, crois-tu qu'il soit, au fond de lui-même, hostile à la peine de mort ?

— Je le crois. Tout ce que je sais de lui m'incite à le penser.

— Merci, je respire mieux. »

Badinter sortait de l'Elysée, où il avait plaidé auprès du président pour la grâce de Bontems. Nous bavardons à bâtons rompus. Et je lui rapporte un propos de Pompidou, qui s'était quelques mois plus tôt devant moi laissé aller à critiquer son Premier ministre Jacques Chaban-Delmas, qui voulait limiter la vitesse des voitures sur les routes.

« Si les gens veulent se tuer, qu'on les laisse faire », s'était-il écrié, furieux.

Badinter devint pâle.

« Il a dit cela ?

— Oui.

— Mon client est perdu. »

Bontems fut guillotiné. Le dernier à Paris.

C'était cela aussi, Pompidou.

Portefeuille _____

Symbole de la fonction ministérielle, survivance virtuelle d'un temps où les projets et les décisions de l'Etat gisaient entre les plis d'un cuir frappé aux armes du régime en place, le portefeuille est pour quiconque fait carrière politique l'objet des plus urticants désirs. Même si l'on entre dans un gouvernement pour immédiatement en sortir – la chose s'est produite, et pas qu'une fois – être appelé Monsieur le (ou Madame la) Ministre toute sa vie, que ne ferait-on pas pour satisfaire cette ambition !

Dans les années cinquante, par un après-midi de crise ministérielle, je traînais dans l'antichambre du palais (j'ai oublié lequel) où René Pleven consultait dans l'espoir de former un gouvernement. Parmi les visiteurs se trouvait un certain Edouard Bonnefous. A ma vive surprise, je l'entendis annoncer en sortant qu'il avait été sollicité d'accepter un portefeuille, et qu'il avait refusé cette flatteuse proposition. N'en croyant pas mes oreilles, prêt à délivrer à ce phénomène un diplôme d'abnégation, je m'informai auprès de Mlle Sicard, conseillère privilégiée de Pleven. Elle explosa de rire :

« Le Président ne lui a rien proposé. C'est lui qui a

demandé à être reçu. Il espérait un ministère, mais comme le Président ne pouvait le satisfaire, il a demandé la permission de dire qu'il avait décliné l'offre. »

Il aurait accepté n'importe quoi. Car, à moins d'être une personnalité de stature respectable, il faut en général commencer par se voir attribuer un portefeuille extra-plat, souvent sous les ordres d'un vrai ministre qui ne laisse aucune attribution à son secrétaire d'Etat. J'en ai connu qui ont dû se battre pour obtenir un bureau. A côté (ou plutôt au-dessous) des ministères de poids, qui ne sont pas – enfin pas toujours – confiés à n'importe qui (Finances, Intérieur, Affaires étrangères, Justice), des bastions qui disposent d'une forte administration et d'un budget grassouillet, et de ceux qui jouissent de moins de prestige mais ont droit à la considération (Agriculture, Affaires sociales, Equipement, etc.), il y a ceux qui n'ont qu'un titre, de style Droits de l'homme ou Développement durable... Et s'il existe – comme sous la Troisième – des ministres « sans portefeuille » ou des « ministres d'Etat », ils ne comptent pas pour du beurre, au contraire, ils siègent au gouvernement en raison non de leur valeur technique, mais de leur poids politique.

Le général de Gaulle, aussi soucieux du protocole qu'indifférent aux opinions émises autour de lui, procédait de temps en temps à un « tour de table ». Il écoutait chacun et oubliait sur-le-champ... sauf en certaines circonstances comme celle-ci :

En avril 1961, alors que de Gaulle se prépare à négocier avec le FLN l'indépendance de l'Algérie, éclate à Alger le *pronunciamiento* de quatre généraux. Un nouveau « 13 mai » ne menace-t-il pas le régime ? Le président de la République consulte ses ministres. Celui qui a le portefeuille des Finances, Wilfrid Baumgartner, au lieu de le pousser à la résistance, parle de temporiser. Le jour même, il déjeune chez mon ami Gombault. Je suis présent et j'interroge le ministre :

« Qu'avez-vous conseillé ?

— La prudence.

— Vous ne garderez pas longtemps votre portefeuille, lui dis-je. Il ne demandait pas de conseils, il voulait tester votre force d'âme. »

Quelques mois plus tard – car le Général, s'il n'oubliait rien, ménageait les susceptibilités – Baumgartner laissait la place.

Je le connaissais bien. C'était un homme fin, élégant, cultivé, plein de charme, mais il lui arrivait de s'intéresser davantage à lui-même qu'à ses interlocuteurs, et de tomber sur plus malin que lui. Un soir, au cours d'une réception mondaine où l'on s'ennuyait ferme, Wilfrid Baumgartner, alors gouverneur de la Banque de France, s'approcha de François Mauriac, avec qui je bavardais :

« Alors, Maître, lui demande-t-il, désinvolte, que nous préparez-vous ? »

Le genre de questions qu'un auteur de la stature de Mauriac n'aime guère se voir poser. Aussi regarda-t-il cet interlocuteur de son œil pétillant et lança :

« Monsieur le gouverneur, que me conseillez-vous ? »

Revenons au portefeuille. Ceux qui ont tant espéré en décrocher un ne l'abandonnent pas facilement. Ne parlons pas des démissionnaires, en désaccord avec le président ou le chef du gouvernement, et pour qui la promiscuité devient impossible à supporter, mais de ceux qui jugent leur tâche terminée. De ce genre je ne connais qu'un exemple. Il s'agit de François Missoffe, que de Gaulle avait chargé d'accueillir en métropole les pieds-noirs d'Algérie après les accords d'Evian. Missoffe, sa tâche accomplie, saborda son ministère.

A l'opposé, on peut s'étonner de la longévité d'un ministère des Anciens Combattants. Au fur et à mesure que ceux-ci disparaissent (il n'en reste plus déjà de la Grande Guerre), les pouvoirs publics en trouvent d'autres : après ceux du dernier conflit mondial vinrent ceux de la campagne d'Algérie, en dépit de l'affirmation maintes fois répétée par les gouvernements que cette guerre n'en était pas une. Que la France n'oublie pas ceux de ses fils qui ont risqué leur vie pour elle, rien de plus légitime. Mais qu'il faille un ministre pour les représenter n'a pas grand sens. Les années passant, il y a gros à parier, la mort accomplissant sa tâche, que le dernier des anciens combattants soit le ministre lui-même.

Présidentes _____

C'est peut-être en compagnie des épouses de nos présidents que l'on aperçoit le mieux, avec la lorgnette de la politique, l'évolution des mœurs dans notre vieux pays.

La IIIe République, après les crinolines et les éventails de l'impératrice Eugénie, a traité bourgeoisement ses présidentes. Dans l'ombre de leur mari à gibus et pantalon en accordéon, elles s'effaçaient. C'est tout juste si l'on connaissait leur existence. A cette époque de sourcilleuse laïcité, on soupçonnait les femmes de subir l'influence des prêtres et c'est pour cette raison (ou ce prétexte) que le régime radical-machiste leur refusa toujours le droit de vote. Bref, aucun journaliste ne s'intéressa jamais à la personne de Mme Armand Fallières ou de Mme Albert Lebrun (celui-ci était ingénieur des Mines, elle était fille d'un ingénieur des Mines, l'ordre conjugal et politique régnait).

Les choses commencèrent à changer sous la Quatrième. La presse faisait cas de Mme Vincent Auriol, même si elle accordait davantage encore d'attention à sa bru Jacqueline, intrépide pilote d'essai qu'un terrible accident défigura. Mme René Coty, que Pierre Lazareff appelait « la maman de tous les Français », attendrissait nos compatriotes et sa mort laissa inconsolable son époux.

L'Elysée changea de climat avec la Cinquième. Un signe : l'opinion publique connut le prénom de nos présidentes. Les charentaises et la soupe aux poireaux des Coty laissèrent la place à une austérité toute militaire. Et c'était dans le palais du faubourg Saint-Honoré que son locataire faisait l'Histoire. « Tante Yvonne » jouait, à l'abri des aides de camp, un rôle très particulier. Femme d'intérieur et bourgeoise de province, elle surveillait de près les dépenses et faisait, vêtue du manteau fatigué qu'elle refusait d'abandonner, son petit marché (chez Fauchon tout de même) la veille des week-ends à Colombey. Le Général la faisait taire quand elle se mêlait de politique, la condamnant au tricot. Il lui disait, bien à tort, qu'elle n'y entendait rien. Elle jouait en réalité le rôle de ministre des bonnes vie et mœurs. De Gaulle prêtait l'oreille au jugement qu'elle portait sur les cabrioles extra-conjugales des politiciens. Etaient privés de portefeuille le coupable comme la victime, celle-ci pour le motif qu'elle n'avait pas su garder sa femme hors de la tentation. A Colombey on vivait en famille : frères, enfants, petits-enfants entouraient le couple présidentiel. Bon-papa servait le potage. Autour du domaine veillait la maréchaussée. Gendarmes et journalistes « en planque » partageaient le pâté de foie et la thermos de café.

Charles de Gaulle respectait son épouse et il lui était attaché. Georges Pompidou était amoureux de la sienne. Il avait vingt-quatre ans quand il avait épousé Claude, qu'il appelait tendrement Bichette. Ses sentiments ne changèrent jamais, bien qu'il attirât le beau sexe et qu'il fût sensible à son charme. Ce fils d'instituteur et cette fille de médecin de province subissaient l'enchantement de Paris et plus encore du Tout-Paris (on ne parlait pas encore de *people*), tout ce que haïssaient les gaullistes pur jus, parfois, pour certains d'entre eux, jusqu'à la calomnie, dont le couple présidentiel eut cruellement à souffrir.

Avec les Pompidou, l'Elysée changea de décor : le design et la peinture contemporaine s'y installèrent. Et leurs occupants y vécurent le moins possible. Au palais présidentiel ils préféraient leur appartement du quai de Béthune, dans l'île Saint-Louis, ou leur maison d'Orvilliers. Claude n'aimait pas l'Elysée. Yvonne de Gaulle pas davantage, mais elle se pliait aux exigences du Général. La politique n'était pas non plus la tasse de thé de Mme Pompidou, qui lui préférait les arts et les artistes. Elle se sentait plus à l'aise avec Alain Delon et Guy Béart qu'avec les ministres et les parlementaires. Son mari n'était pas loin de partager ce penchant.

Au snobisme jugé trop tapageur des Pompidou, Valéry Giscard d'Estaing préféra les meubles de style. De préférence Louis XV. On ne revenait pas à l'Ancien Régime seulement avec les commodes et les fauteuils, mais aussi avec les favorites. Avec « Valy » commence le temps des présidents volages et des épouses qui souffrent. Autre changement : l'opinion publique est informée des frasques du chef de l'Etat, c'en est fait du silence entourant les alcôves.

La présidente ne livre pas ses sentiments. Une Anne-Aymone de Brantes ne se donne pas en spectacle. Elle reste de marbre. Timide, dévote, mère de famille attentive, elle va cependant jouer son rôle comme elle l'entend, en donnant l'image de ce qu'elle est. A Orléans, pour les fêtes en l'honneur de Jeanne d'Arc, elle fait l'éloge des « valeurs chrétiennes ». Elle s'intéresse aux travaux du Conseil international des femmes. Et si, en privé, elle ne cache pas son hostilité à la loi Veil légalisant l'avortement, elle subit la loi du mari, qui soutient son (ou ne dit pas encore sa) ministre de la Santé.

Cette femme qui sut tenir son rang en restant elle-même fut, de toutes les présidentes, celle que la presse d'opposition ménagea le moins. Sans doute le doit-elle à la campagne que les socialistes et les gaullistes menèrent contre son époux.

Celle qui lui succède à l'Elysée (où elle résidera le moins possible, préférant au palais le logis rive gauche de la rue de Bièvre) n'est pas faite du même bois, mais n'est pas non plus liée à la même espèce d'homme. François Mitterrand ne se contente pas de courir le jupon. Il se lie à une femme par une sorte de fidélité dans l'adultère, lui fait un enfant (Mazarine Pingeot) qu'il reconnaît. Style Louis XIV plus que Louis XV. Danielle Mitterrand, ulcérée, se venge par la politique. De famille socialiste et laïque, elle se conduit plus qu'elle ne l'a jamais fait en militante. Comment son mari lui en tiendrait-il rigueur? Il est un chef de parti, plus que ne le furent ses deux prédécesseurs. Et aux salons de Giscard se substitue le cabinet noir où Sa Majesté fait travailler les écoutes téléphoniques et les rapports de police. Il protège sa vie parallèle mais il ne divorce pas et Anne Pingeot jouera « Back Street » jusqu'au bout. Danielle, qui tente de rendre sans vraie conviction la monnaie de ses infidélités à François, préfère de beaucoup embarrasser le président et son ministre des Affaires étrangères en soutenant les Kurdes contre la Turquie, le dalaï-lama contre la Chine, en se rendant chez Castro quand son mari est chez Bush...

Pas plus que Danielle ne ressemble à Anne-Aymone, Bernadette ne ressemble à Danielle. Et Jacques Chirac n'a de commun avec son prédécesseur que son goût effréné des femmes et une ambition sauvage. Alors que jusque-là les présidents, à l'exception du général de Gaulle, avaient préféré leur chez-eux à l'Elysée, Chirac habite le palais mais Bernadette ne l'apprécie pas plus que toutes celles qui y entrèrent.

Les infidélités répétées de Jacques – au point de partir de nuit avec la complicité de son chauffeur courir le guilledou – blessent cruellement son épouse, et elle ne le cache pas. Elle laisse éclater son amertume devant des témoins, y compris des journalistes. De plus, elle est trompée, d'une autre manière, dans sa propre famille. Jacques Chirac n'écoute, ne fait confiance, ne suit les avis que de sa fille Claude. Bernadette se battra contre elle comme elle s'est battue avec obstination contre Marie-France Garaud, qui conseilla longtemps Chirac après avoir conseillé Pompidou. « Ce sera elle ou moi » a lancé Bernadette à Jacques. Et Jacques s'est incliné.

La présidente prendra peu à peu une place de choix dans une opinion publique qui, en même temps, se détache de Jacques Chirac. Grande dame, sa dignité en impose, aussi bien dans sa circonscription de Corrèze, limitant son rôle à celui d'une élue locale, que dans les initiatives qu'elle prend pour aider les déshérités. Sa collecte des pièces jaunes devient un événement national. Une présidente qui sait jouer avec les médias quand son mari les perd.

Avec Nicolas Sarkozy, c'est le grand barouf. On n'avait jamais vu une épouse de président divorcée d'un amuseur de la télévision. Encore moins un président en exercice se séparer de celle-ci pour convoler avec une chanteuse ancien mannequin. Et tant pis pour les vieux schnocks que ces manières scandalisent et qui le font savoir dans les sondages : le président leur fait la nique en époussetant la mule du pape et en mettant en émoi les mangeurs de curés, déjà bien édentés. Carla est adorée par la presse *people*, elle fait un tabac dans le monde entier, elle est aussi bonne à la guitare que devant la reine d'Angleterre. Les paparazzi sont nuit et jour sur le pied de guerre mais le président les tient à l'œil.

Il est bien de son temps, Nicolas, et même un peu en avance : il a rendu à la droite le bonheur de se dire telle, il affiche sans se préoccuper d'une Académie dont il est le « protecteur » un certain mépris pour la culture classique, il fréquente les gens bien argentés et qui n'ont pas honte de le montrer, dans l'intimité et même ailleurs il utilise un langage dépouillé de dentelle, à la différence de *tous* ses prédécesseurs, et il ne caresse pas les syndicats.

L'Elysée a conservé le beau mobilier de l'après-Pompidou mais il est entré dans le XXIᵉ siècle.

Presse [1]

La liberté de la presse est bien le thermomètre le plus fiable de la démocratie. Et aussi le principal de ses moteurs. Depuis que Théophraste Renaudot créa *La Gazette*, en 1631, la politique et la presse ont vécu en bons termes ou à couteaux tirés, le plus souvent d'ailleurs les deux à la fois. Le journal, puis la radio et la télévision, ont toujours reflété, mais aussi dans une certaine mesure provoqué, les fluctuations de l'Histoire : conflits, enthousiasmes, scandales, exploits, crises...

Sous la IIIe République, la presse participa aux luttes entre républicains et monarchistes, puis entre républicains et fascistes, souvent dans un climat de violence, de mensonge, de fourberie et de calomnie. L'article « J'accuse » d'Emile Zola en faveur d'Alfred Dreyfus, dans *L'Aurore* de Clemenceau, figure au tableau d'honneur de la presse, comme, dans le domaine humanitaire, les reportages d'Albert Londres dans *Le Petit Parisien*, qui aboutirent à la fermeture du bagne de Cayenne. Mais ce fut la honte du journalisme que les appels au meurtre de *L'Action française* ou de

---

1. Je préfère ce terme, qui sans doute concernait jadis la seule presse écrite, à celui de *mass media*, inventé par l'Américain Marshall McLuhan. *Media* est le pluriel latin de *medium*, qui signifie centre, milieu et, par extension, intermédiaire. En parapsychologie, le médium fait parler les morts. Ce qui est parfois le cas des journalistes.

255

Gringoire ainsi que les cris de haine des feuilles anti-sémites, à commencer par *La Libre Parole* d'Edouard Drumont. Entre les deux guerres, chaque parti politique avait son journal, lançait ses anathèmes et distribuait ses bénédictions. Les petits canards de chantage sévissaient; le propriétaire de l'un d'eux avouait cyniquement que les articles qui lui rapportaient le plus d'argent étaient ceux qui ne paraissaient pas. Les journaux ne se ménageaient guère. « Les imbéciles ne lisent pas *L'Œuvre* », annonçait un placard de ce journal. Et *L'Action française* répondait : « Ils se contentent de l'écrire. »

Auprès des journaux envahis par la politique naissaient ceux qui privilégiaient l'information et échappaient au bourbier, notamment *Paris-Soir* avec son patron Jean Prouvost, riche industriel du Nord qui se révéla un homme de presse de dimension internationale. Dans les rédactions, on colportait ses « mots », comme cette réponse à son chauffeur qui se plaignait des difficultés à joindre les deux bouts :

« Allons, mon ami, il y en a de plus malheureux que nous. »

En 1940, la défaite et l'Occupation placèrent les journaux entre les mains des nazis ou, ce qui ne valait guère mieux, au régime de l'eau de Vichy. La radio connut alors ses heures de grandeur et d'abjection. De Londres, les Français « parlaient aux Français ». Maurice Schumann et Pierre Bourdan répondaient malgré le brouillage aux insanités des journalistes aux ordres de l'occupant, les Philippe Henriot, les Jean Hérold-Paquis, les Ferdonnet. De Gaulle appelait à la Résistance tandis que Pétain faisait à la France « le don de sa personne ». C'était la guerre des ondes.

La Libération fit taire la presse d'Occupation et ce

fut à la presse de la Résistance de donner de la voix; elle demandait des têtes. C'était la revanche. Bien peu nombreux étaient les journalistes qui appelaient à l'indulgence; c'est en vain que François Mauriac implora le général de Gaulle d'épargner la mort à Robert Brasillach.

L'abondance de ces journaux, aux titres nouveaux – et souvent belliqueux *(Franc-Tireur, Combat, Défense de la France)* – ne favorisait guère leur vente, d'autant moins que la pénurie de papier ne leur laissait qu'une feuille. Comme l'écrit Christophe Donner [1] des journaux qui proliféraient sous la Révolution, « ce n'est pas tout d'écrire, il faut vendre ».

Un exemple : les avatars de *Combat*, qui se distinguait par la valeur de ses collaborateurs, en particulier de son directeur, Albert Camus, écrivant :

« Notre honneur dépend de l'énergie avec laquelle nous refuserons les compromissions. »

A cette règle Camus restera fidèle. Mais la presse comme la politique acceptera, voire suscitera, les compromissions. Les journaux de la Résistance en peu d'années disparaîtront presque tous, ou pour subsister changeront de titre. *Défense de la France* sera *France-Soir*; *Franc-Tireur, Paris-Jour*. Et reviennent, seuls survivants de jadis, *Le Figaro* et *La Croix*, qui avaient vécu deux ans sous Vichy, mais reçoivent l'absolution pour avoir imité la flotte de Toulon en se sabordant quand les Allemands ont occupé la zone dite libre en 1942.

Revenons à *Combat*. Devant la chute de ses ventes, il devient la propriété d'Henry Smadja, tunisien d'origine, personnage pittoresque qui illustre bien la presse de l'époque. Il laisse à ses journalistes, qui ne man-

---

1. *Un roi sans lendemain*, Grasset.

quent pas de talent, leur liberté de plume... mais il les paie, selon l'expression de l'un d'eux, « avec des élastiques ». Pour essayer de l'attendrir, le secrétaire de rédaction Maurice Coquelin se présente à lui en tenue misérable pour solliciter une augmentation de salaire. Smadja donne tous les signes de la compassion :

« Venez demain à dix heures, nous arrangerons cela. »

Le lendemain, devant Coquelin, Smadja frappe dans ses mains et paraît un petit homme :

« Mon cher Maurice, voici mon tailleur. Il va vous habiller de neuf. Vous le paierez quand vous pourrez. »

Menacé d'une grève de la rédaction pour cause de radinerie, le même Smadja réunit tout son monde :

« Je pars dans deux heures pour Tunis. Le temps manque pour négocier. Mais je vous donne rendez-vous à mon retour. Je vous réserve une surprise. »

La surprise ? Il leur rapporte, ayant sans doute obtenu du bey (il y en avait encore un à l'époque) le prix de gros, un lot de croix du Nicham Iftikar. Et il précise :

« Officier pour les chefs de service, chevalier pour les rédacteurs. »

Sa femme lui téléphone : elle a besoin de cinq mille francs et c'est lui qui tient les cordons de la bourse. Il appelle son chauffeur, glisse cinq billets dans une enveloppe et soudain se ravise, en reprend un :

« Elle fera avec quatre. »

Il part en voyage. A l'aéroport, son chauffeur lui présente une note de frais : il a avancé de l'argent pour l'essence. Smadja, généreux, signe et s'en va. Le chauffeur se présente à la caisse. Refus du caissier :

« M. Smadja m'a interdit de payer les notes, même avec sa signature. »

Des histoires de ce genre se ramassent à la pelle, comme les feuilles mortes de la chanson qu'on entend alors.

En voici deux, parmi les meilleures, restées longtemps célèbres dans les salles de rédaction parisiennes.

Georges Altman, rédacteur en chef de *Franc-Tireur*, embauche en qualité de chef des informations un garçon nommé Mercier, qui l'avait séduit en jouant du piano avec ses pieds. Huit jours après son arrivée, personne ne l'avait encore rencontré. Altman s'informe et apprend que Mercier vient chaque jour, ponctuellement, aux heures ouvrables. Il quitte le journal à 18 heures sans avoir vu un seul d'entre nous. Il ignore qu'un quotidien du matin se fait le soir et la nuit.

A *France-Soir*, en 1951, Pierre Lazareff apprend par une dépêche d'agence qu'André Gide est au plus mal. Il envoie immédiatement un reporter « faire la planque » devant l'immeuble où habite l'écrivain, avec mission de garder le contact. Mais c'est encore par une dépêche que la mort de Gide est annoncée. Furieux, Lazareff guette le retour du journaliste, Maurice Josco, à qui il passe un savon. Mais Josco, spécialiste des faits divers, se défend :

« J'ai parlé aux flics. Aucun intérêt. C'est une mort naturelle. »

Tel était le climat. Un climat que jamais la presse parisienne n'a connu et ne connaîtra, en d'autres circonstances, au cours des cent quarante années de républiques. Presque toutes les places étaient à prendre dans les rédactions. La plupart des journalistes qui avaient collaboré, c'est le mot, aux feuilles de l'Occupation étaient en prison ou, dans le meilleur des cas, au chômage. Nous étions d'une incompétence crasse. Seuls pouvaient se targuer de savoir quelque chose du métier les « anciens » de la presse qui avaient cessé d'exercer leur activité en 1940. Il régnait dans les rédactions une atmosphère grisante, faite d'excitation, d'émulation, de rigolade, de labeur. Fraternité. Bonheur. On peut parler de romantisme. Personne n'avait un sou en poche, personne ne songeait à aller se coucher.

Et Pierre Lazareff, directeur de *France-Soir*, pouvait répondre à Max Hymans, président d'Air France, qui lui reprochait d'avoir dans son journal donné trop de place à un accident survenu à un avion de sa compagnie :

« Faites-moi de petites catastrophes, je vous ferai de petits titres. »

La France du cœur à cœur dura quelques semaines, celle de la méfiance polie quelques mois. Mais bientôt la politique cessa d'être propice à l'existence de ce qu'on pourrait appeler la presse de bouts de ficelle, petit monde de journalistes bohèmes et de patrons qui tirent le diable par la queue. Les drames de la décolonisation et la guerre froide eurent vite raison de l'euphorie. Les journaux des partis politiques eux-mêmes (*L'Humanité* communiste, *Le Populaire* socialiste, *L'Aube* démocrate-chrétienne) ont de plus en plus de mal à vivre. *France-Soir* que dirige Pierre Lazareff, *Le Monde* d'Hubert Beuve-Méry, *Le Figaro* de Pierre Brisson occupent peu à peu la place. Et voici que, rompant avec le conformisme qui règne, sonne l'heure de *L'Express*, expérience unique de deux journalistes, Jean-Jacques Servan-Schreiber et Françoise Giroud. Le prestige de cet hebdomadaire, lu, dit celui qui devient JJSS (un nom réduit aux initiales, c'est la célébrité), par « la gauche intelligente » – la gauche du XVIᵉ, ironisent ses adversaires –, tient pour l'essentiel à la campagne qu'il mène, avec Pierre Mendès France

(PMF), contre la guerre d'Indochine, puis la guerre d'Algérie. Et pour la première fois depuis 1944, atteinte est portée à la liberté de la presse : *L'Express* est saisi à plusieurs reprises sur ordre du gouvernement socialiste de Guy Mollet. Ce journal réussit le tour de force d'arracher au *Figaro* François Mauriac, dont le « bloc-notes » est lu par la France entière. Mauriac frétille d'aise à *L'Express*. On lui fait même rédiger une rubrique de télévision dans laquelle un jour il rend compte d'un match de catch et prend parti pour « le Bourreau de Béthune » contre « l'Ange blanc ». Et comme l'actualité se montre terne, alors qu'approche Pâques, JJSS téléphone à Mauriac, qui se repose chez lui à Malagar :

« Que pensez-vous d'une *cover story* sur Jésus ?
— Bonne idée.
— Voulez-vous vous en charger ?
— Volontiers.
— Je vous fais envoyer la documentation. »
Et Mauriac, acide :
« Merci, je connais la question. »

Au contraire de ses prédécesseurs et de ses successeurs, le général de Gaulle n'entretint jamais de relations amicales, ni même de relations tout court, avec les gens de presse, qu'il méprisait. Les journalistes, il les disait « tous achetés », au mépris de la vérité. Il accablait de sarcasmes *Le Figaro* ; du *Monde*, journal austère et donneur de leçons, il assurait en ricanant que, s'il lui arrivait de s'ennuyer, il lui suffisait d'ouvrir ce journal pour se divertir :
« Je ris ! Je ris ! »
Sous prétexte que les journaux, de Paris comme de province, lui étaient tous hostiles, il entendait se servir de la télévision à son gré. Les ministres de l'Infor-

mation, comme Louis Terrenoire ou Alain Peyrefitte, résignés, recevaient sans parapluie les averses de récriminations de l'Elysée. De Gaulle avait compris de longue date l'importance de la télévision, comme vingt ans plus tôt il avait su se servir de la radio. A son avis, on ne pouvait jouer un rôle politique majeur qu'à condition d'avoir la complicité de l'image. Il avait pour cette raison, à son regret, renoncé à pousser vers la présidence, de préférence à Georges Pompidou, Maurice Couve de Murville :

« Il ne passe pas à la télévision. »

Comédien hors pair, le Général préparait ses conférences de presse avec un soin extrême. Les membres de son cabinet téléphonaient la veille aux journalistes invités pour savoir s'ils poseraient des questions et, dans l'affirmative, lesquelles. Il arrivait aussi qu'ils en suggèrent. Mais, j'en ai fait l'expérience, le journaliste pouvait ne rien répondre et garder sa carte d'invitation. De Gaulle n'oubliait jamais, dans ses réponses, de mettre une touche d'humour afin, disait-il, de servir « un peu de ragoût ».

Après lui, Pompidou se servit des mêmes armes :

« La télévision, proclamait-il, c'est la France ! »

Et quand Jacques Chaban-Delmas, son Premier ministre, voulut donner du mou à la laisse passée au cou des journalistes de l'ORTF, il subit les reproches cinglants du président et cette initiative libérale, jugée malencontreuse, ne compta pas pour rien dans son renvoi.

Ce fut paradoxalement le socialiste François Mitterrand qui ouvrit aux intérêts privés l'espace audiovisuel français et servit ainsi la liberté d'expression. Mais si le pouvoir politique menace moins celle-ci, il existe d'autres contraintes. La libéralisation mitterrandienne ne date guère que d'une vingtaine d'années mais il semble qu'elle remonte au déluge. Il y a plus de différence dans la diffusion de l'information – avec les développements de l'audiovisuel, du multimédia, d'Internet, des satellites, etc. – entre la période qui s'étend de la dernière guerre à nos jours (un peu plus de soixante ans) qu'entre Théophraste Renaudot et Pierre Lazareff (près de quatre siècles).

« Le pouvoir s'exerce désormais sous l'empire des médias, à tout moment et sur tous sujets, écrit Jacques Rigaud [1]. Tout se passe comme si, dans bien des cas, le spectacle prévalait sur le débat, et l'image sur l'idée. L'agora le cède au théâtre, et parfois même au théâtre de marionnettes, voire au cirque. »

Et cette image de lui-même (le plus souvent d'un autre que lui-même) que veut présenter au public l'acteur, l'histrion ou le clown, selon le talent, elle se fabrique désormais selon les règles commerciales et publicitaires des études de marché, des sondages et du marketing, afin de mettre en condition un public fait davantage de consommateurs que de citoyens.

Ségolène Royal l'avait bien compris, Nicolas Sarkozy également. C'est ce qui distinguait la première des éléphants socialistes et le second des barons du gaullisme.

O Liberté de la presse, où en es-tu ? Le maillot de bain du président en vacances se « vend » mieux que la couronne déposée sous l'Arc de Triomphe. Et les journalistes politiques à cravate s'effacent derrière les paparazzi...

---

1. *Le Prince au miroir des médias*, Arlea.

Protocole _____

Il existe un « service » dépendant du ministère des Affaires étrangères, dit du protocole, dirigé par un « chef ». Dans les circonstances solennelles de la vie nationale – intronisation du président de la République, fêtes nationales, visites de chefs d'Etat, etc. –, un cérémonial s'impose. Pour le reste, chaque hôte de l'Elysée apporte avec lui ses goûts et ses habitudes.

Dans le passé, au temps des républiques parlementaires, les présidents observaient une grande simplicité de vie, conforme à leurs prérogatives limitées. On peut même dire que, parfois, le petit monde de l'Elysée ressemblait davantage à la cour du roi d'Yvetot qu'à celle de Louis XIV. Gaston Bonheur, qui présida longtemps aux destinées du magazine *Paris-Match*, me disait de la Troisième d'avant 1914 :

« En Europe alors, il n'y avait que des empereurs et des rois. Des têtes couronnées partout. Un seul pays, le nôtre, était dirigé par un type bedonnant, avec un chapeau haut de forme et des pantalons qui tire-bouchonnaient. »

L'étiquette alors ne préoccupait pas grand monde chez nous. Il en alla de même jusqu'à la fin de la IVᵉ République. Parlons un peu, par exemple, de Vincent Auriol, qui reprochait familièrement au chef

264

du protocole Dumaine de « porter un corset ». Désireux de passer un week-end au château de Rambouillet, où il aimait « pêcher l'anguille », il me raconte :

« J'étais en bras de chemise, Michèle (son épouse) en robe de chambre, Paulo (son fils Paul) et Linette (sa bru Jacqueline) en maillot de bain. Arrivent sans prévenir pour visiter le château les membres de la Fédération postale internationale. Je ne pouvais pas les renvoyer, ces gensses. Ma famille et moi nous avons dû passer de pièce en pièce pour leur échapper. Nous avons fini aux cuisines. »

Le même Vincent Auriol décore de la Légion d'honneur la cantatrice Lily Pons. La cérémonie a lieu dans un salon trop exigu pour contenir tous les journalistes. Le président épingle la croix sur le corsage du nouveau chevalier (on ne féminisait pas à l'époque) et lui plaque un gros bécot sur la joue. Les flashes crépitent... Mais tous les photographes n'ont pu avoir accès au salon. Sur leur demande, Auriol fait une nouvelle « prise ». Mais voilà qu'on sollicite une troisième séance. Le président explose :

« Vous me prenez pour un guignol ! »

Puis, plus calmement, un peu plaintif :

« Je suis le président de la République, tout de même ! »

L'accent de Toulouse en moins, le Normand René Coty observait la même bonhomie. Son épouse, fille d'un armateur du Havre, une dame corpulente, souriante, m'avait ouvert la porte de l'appartement occupé par le couple, quai aux Fleurs à Paris, le lendemain de l'élection de son époux (une élection pénible, à Versailles, après treize tours de scrutin). Je venais prendre une interview. Elle secoue ses mains :

« Je viens de faire ma vaisselle. »

En peu de temps, cette femme était devenue plus populaire que son mari, personnage effacé. A cette époque d'agitation politique, bien souvent l'Elysée était le lieu privilégié des conciliabules. Aux journalistes qui gelaient dans la cour du palais, Mme Coty venait apporter des boissons chaudes et le réconfort de son sourire. Le protocole était bien oublié !

Elu pour ainsi dire au rabais, René Coty avait conscience de sa fragilité. Son épouse, semblait-il, le sentait, et elle créait à l'Elysée un climat de foyer provincial où l'on trempait la soupe et l'on posait une bûche sur les braises de la cheminée. Elle quitta ce monde deux ans après l'élection de son mari.

Apprenant à l'aube cette mort par un coup de téléphone du rédacteur en chef de nuit de *France-Soir*, Pierre Lazareff bouleversa la « une » du journal pour annoncer la nouvelle sur huit colonnes :

« C'est la mère de tous les Français », dit-il.

D'autres n'eurent pas cette délicatesse. Quelques mois plus tard, René Coty recevait à Paris le président Tubman, du Liberia. Au cours du dîner, pour meubler la conversation, l'invité se vanta de connaître le protocole en usage en France :

« Je sais, dit-il, que vous avez deux fêtes nationales, le 14 Juillet et le 11 Novembre. »

Evitant de lui citer la troisième (le 8 Mai, que Valéry Giscard d'Estaing devait plus tard « déclasser ») notre président acquiesce. Et l'autre :

« Mme Coty est bien morte un 11 novembre ? » (C'était en réalité le 10, mais pourquoi ergoter, surtout pour rappeler un événement douloureux ?)

« Oui. »

Alors l'autre, éclatant d'un grand rire :

« Quelle coïncidence, la mienne est morte un 14 juillet ! »

Au protocole à la bonne franquette de la Quatrième succède celui de la République gaullienne. Le complet-veston prend des airs d'uniforme. Des aides de camp entrent à l'Elysée, ils veillent sur l'emploi du temps du Général, qui ne plaisante pas avec l'exactitude. Tout visiteur doit se présenter dix minutes avant l'heure de l'audience. De Gaulle, s'il est intraitable sur la ponctualité, la respecte lui-même. A la seconde près.

Il déteste également perdre son temps. Invité en Iran par le shah pour de somptueuses fêtes, il visite les ruines de Persépolis où, dans une chaleur accablante, le conservateur expose longuement l'histoire de la cité. Si longuement que le Général commence à donner des signes d'impatience; autour de lui, on s'éponge, on étouffe des bâillements.

« En 330 avant l'ère chrétienne, ânonne l'historien, Alexandre prit la ville et l'incendia. »

Le Général alors déploie son grand corps :

« Allons voir ce qu'il en reste », lance-t-il, et il s'en va, suivi des invités, laissant bouche bée le conservateur.

De la vieille école, le Général, lors des réceptions officielles, des dîners d'apparat, se tenait debout, droit comme une épée dans son uniforme de gala, et chacun avait droit à une parole aimable qui ravissait l'intéressé; ses successeurs l'imitèrent plus ou moins dans la bienvenue sur mesure, jusqu'à Jacques Chirac, qui se contentait du prêt-à-porter. La vue du Général n'était pas excellente; aussi son aide de camp, le colonel de Bonneval, se tenait-il derrière lui et nommait l'invité qui approchait. Un jour que défilaient des gens du spectacle, le colonel aperçut Jacques Tati et, pour situer le personnage, cita l'un de ses films :

« Jacques Tati, mon Général, souffla-t-il, vous savez... *Mon oncle.* »

De Gaulle tendit une main amicale et lui dit :

« Ah, monsieur Tati, je suis heureux d'accueillir l'oncle du colonel de Bonneval. »

Il arriva que les quiproquos fussent moins anodins, mais aussi cocasses. Au soir d'une réception destinée à honorer les chefs d'Etat africains, l'huissier faisant office d'aboyeur, chargé d'annoncer à haute voix le nom et les titres des invités, claironna :

« Monsieur Houphouët-Boigny, président de la République de Côte d'Ivoire, et Madame. »

Le général de Gaulle eut un haut-le-corps : cette « Madame » n'était autre que l'abbé Fulbert Youlou, président de la République du Congo, vêtu d'une soutane blanche.

Conseillé par Jacques Foccart, de Gaulle suivait de près les péripéties compliquées de la politique africaine. Le Gabon faisait partie des pays les plus fidèles à la France et le Général avait entretenu de bons rapports avec le président Léon M'Ba, même si le bruit courait que ce grand ami avait mangé sa grand-mère. Peu importait au Général la composition des menus au palais présidentiel de Libreville. Il reçut avec la même courtoisie le successeur de Léon M'Ba, Omar Bongo, pour une visite d'Etat. Le dîner officiel terminé, comme François Missoffe, ministre de service ce soir-là au banquet, vantait la beauté de Mme Bongo, protocolairement assise à la droite du Général, celui-ci murmura :

« Elle est jolie à croquer. »

Il ne supportait le laisser-aller ni dans le comportement, ni dans le langage. De l'argot de caserne, on ne l'entendit dire qu'une fois ou deux « cornecul », péché véniel. On ne le vit jamais en tenue quelque peu « décontractée », même à la Boisserie. Quand il envoya Louis Joxe en mission en Algérie, lors du « putsch des généraux » en 1961, il le reçut pour le saluer avant son départ :

« Il était quatre heures du matin, me dit Joxe. Il était en uniforme et rasé de frais. »

A Alger, où après l'occupation de l'Afrique du Nord par les Alliés il réunissait le GPRA (Gouvernement provisoire de la République française), il vit un jour de canicule André Philip arriver en short :

« Vous avez oublié votre cerceau », lança-t-il, goguenard.

Il n'appréciait même pas cette pièce de vêtement quand elle faisait partie de la tenue militaire d'été. Le général Catroux fit les frais de cette allergie. De Gaulle fixa d'abord les décorations qui s'étalaient sur la poitrine de l'arrivant, puis son regard s'abaissa et il dit à Maurice Schumann, qui se tenait près de lui :

« Ne croyez-vous pas qu'il y en a un peu trop en haut et pas assez en bas ? »

Ses successeurs n'apportèrent pas de changements notables au protocole en usage et qui, dans une large mesure, vient de loin. Tout au plus peut-on noter que, pour les réceptions officielles, Valéry Giscard d'Estaing substitua le smoking à l'habit. Les hirondelles ont succédé aux pingouins. Même si Georges Pompidou a pour un temps fait entrer le design à l'Elysée, remplacé d'ailleurs sous Giscard par le Louis XV, le Conseil des ministres se réunit toujours le mercredi dans le même salon, sous la même tapisserie des Gobelins, il y a toujours un tapis rouge et des gardes républicains pour les visiteurs de marque.

Racisme

Si l'on ne se contente pas de la définition classique du racisme – idéologie qui affirme la supériorité d'un groupe racial sur les autres – et qu'on qualifie ce grave dérèglement de l'esprit comme le fait de juger quelqu'un ou un groupe quelconque *sur ce qu'il est* et non *sur ce qu'il fait*, on peut dire que chacun de nous, à peu d'unités près, fait du racisme comme Monsieur Jourdain faisait de la prose.

Chaque homme ou femme est un être original, sans autre exemplaire. Aussi est-il contraire à la raison, et bien entendu à la morale, de porter un jugement sur une communauté, qu'il s'agisse de la couleur de la peau, des convictions religieuses, de l'origine géographique, de la situation sociale, du sexe ou de l'âge. Pourtant, dans notre vie quotidienne, cette vérité est ignorée. *Les* motards conduisent comme des fous. *Les* patrons sont les ennemis des salariés. *Les* femmes ne sont jamais à l'heure. *Les* Polonais se soûlent. *Les* fonctionnaires en font le moins possible. *Les* Arabes sont des terroristes. *Les* Américains se croient supérieurs à nous. *Les* jeunes ne pensent qu'à se battre.

Le racisme, c'est le pluriel.

Dans la vie courante, de telles remarques ne gênent pas grand monde. Sauf les intéressés, et encore. Ce racisme-là fait partie des habitudes, il alimente les lieux communs, les échanges de comptoir. Mais il en est un autre, assez répandu hélas, qui se veut noble et qui pour cela se dissimule derrière l'amour légitime de la patrie : le nationalisme.

J'ai vu célébrer dans mon enfance, même par ceux qui étaient sortis vivants de ce cataclysme, l'atroce guerre de 14-18. Mais vingt ans plus tard, les surenchères nationalistes lançaient le monde dans une nouvelle guerre, plus meurtrière encore.

Certes les Déroulède, les Barrès ne sont plus à la mode. Il y a plus d'un demi-siècle que la ligne bleue des Vosges ne sépare plus la France de l'Allemagne. Mais l'Europe, cette Europe réconciliée qu'ont voulue les grands visionnaires, de Victor Hugo à Jean Monnet, nos compatriotes sont loin de tous l'accepter : à droite comme à gauche, elle fait trembler les frileux, qui s'accrochent à un passé mort par peur d'un avenir à construire. Et que dire de la mondialisation, la grande chance offerte aux peuples de la planète d'unir leurs forces et de profiter de leurs biens ! Elle répand la panique chez nos petits bonshommes qui croient se protéger en se repliant sur la Nation, voire l'infranation – province, tribu, lopin. L'alpha et l'oméga de la vie, c'est le pré carré.

Que de crimes ont été, sont encore commis au nom de la Nation !

« Heureux ceux qui sont morts pour la terre charnelle,

Mais pourvu que ce fût dans une juste guerre. »

Pauvre Péguy ! Etait-elle « juste », cette guerre qui lui a ôté sa vie de poète patriote ? Cette guerre de 14-18 dont, élève du collège Stanislas dans les années trente, Alexandre Sanguinetti demandait à son professeur (et fut pour cela renvoyé) pourquoi la France avait sacrifié un million et demi de ses enfants pour reconquérir trois départements qui comptaient un nombre à peu près égal d'habitants.

J'aurais compris que Valéry Giscard d'Estaing, désireux de supprimer une de nos fêtes nationales (nous en sommes riches), choisît celle du 11 Novembre plutôt que celle du 8 Mai : la chute de Hitler représentait quelque chose pour la Liberté, pas celle de Guillaume II.

Hitler nous a donné l'exemple, poussé jusqu'aux limites de l'abominable, du racisme d'Etat. Il y eut, il y a, bien d'autres manifestations, à divers degrés de gravité, de cette perversion. Racisme d'Etat que la ségrégation qui fut longtemps la règle en Afrique du Sud. Racisme d'Etat que le refus, opposé pendant deux siècles aux Noirs américains, de jouir des droits civils. Racisme d'Etat que le double collège électoral imposé par la France en Algérie. Racisme d'Etat que le statut d'infériorité imposé aux femmes dans certains pays musulmans.

On ne peut dire que le progrès moral respecte la chronologie. Nul siècle ne fut plus sanglant que le XXᵉ. Les citoyens ou sujets des nations modernes, devant les monceaux de cadavres et de ruines que les rivalités « nationales » ont accumulés, peuvent rêver de l'Empire romain, qui assura la paix et la citoyenneté à ceux que ses légions avaient conquis, ou de la Chrétienté médiévale qui ignorait les passeports et pratiquait le droit d'asile et la trêve de Dieu.

Mais la Nation, le funeste Etat-Nation, a fait son apparition, taillant des frontières et s'arrachant des territoires. La maladie nationaliste, nous l'avons même inoculée aux ex-pays colonisés. L'ONU déborde de nations. Singapour, Malte, les îles Caïman ont émergé, brandissant leur souveraineté, banques blanchisseuses ou magasins de pavillons complaisants.

Car l'Etat-Nation revendique la légitimité, qui ne trouve sa source que dans l'opposition aux autres. La souveraineté des Etats a fait du monde une jungle : aucune loi supranationale ne régit les rapports des Etats entre eux et la « raison d'Etat » n'est souvent que le paravent de l'iniquité. Racisme planétaire dont le « droit d'ingérence » ne réussit que rarement à tempérer les excès.

Le nationalisme enfin engendre cette autre forme de racisme qu'est la xénophobie : l'étranger est l'ennemi ou, dans le meilleur des cas, l'importun. Nous Français n'avons dans ce domaine de leçons à recevoir de personne. Ce rejet de l'autre, il apparaît encore dans le jargon argotique : chacun avait droit à un sobriquet fleurant bon l'esprit du zinc : les Ritals, les Ruskofs, les Polaks, les Boches, les Rosbifs, les Amerloques, les Espingouins. Quant aux Belges, ils alimentaient les pochades de Coluche (ils ont pris discrètement leur revanche en accueillant les Français malades de l'ISF).

L'étranger, ce n'est pas seulement celui qu'une frontière sépare de nous. Vincenot, le savoureux écrivain bourguignon, me racontait qu'entre le vignoble des Côtes et les prairies de l'Auxois, à quelques centaines de mètres seulement, régnait une telle animosité qu'on ne célébrait jamais un mariage entre ces Capulet et ces Montaigu de la Côte-d'Or.

On touche là à une autre forme de racisme, à ras de terre mais aussi virulent que celui dont la Nation se rend coupable : celui qui s'épanouit dans la micronation.

Les ethnies, disait Michel Debré, à juste raison, c'est le racisme. Car si le nationalisme n'est autre que le patriotisme perverti, le régionalisme cesse d'être moralement et politiquement acceptable dès qu'il ne se contente pas du folklore (voir l'article : Décentralisation).

Radicaux _____

Président de la République de 1947 à 1954, Vincent Auriol dissimulait sous sa table de travail un magnétophone qui enregistrait à leur insu les propos de ses visiteurs. Procédé peu élégant mais assurance contre les flottements de la mémoire. Publiées par la suite [1], ces notes nous renseignent sur les premières années agitées de la IVᵉ République.

On trouve par exemple les éléments d'une conversation en 1948 entre Auriol et son vieil ami et complice Edouard Herriot. La situation politique n'est pas de tout repos. C'est le début de la « guerre froide », le parti communiste et la CGT multiplient les incidents tandis que le RPF du général de Gaulle attaque quotidiennement un gouvernement qui reçoit des coups de tous les côtés.

Depuis l'installation de cette malheureuse république, c'est un socialiste (Paul Ramadier) puis un démocrate-chrétien (Robert Schuman) qui ont présidé le Conseil des ministres. On est en pleine crise ministérielle, comme le régime en connaîtra beaucoup. Ce que veut Auriol, c'est un radical pour prendre la succession et Herriot se fait tirer l'oreille. Pourquoi un radical ?

_____

1. *Journal du septennat 1947-1954*, 6 tomes, Armand Colin. Le tome de l'année 1950 n'a jamais été imprimé.

On n'est plus sous la IIIe République, au temps où des gens de ce parti (dont la dénomination exacte était « parti républicain radical et radical-socialiste ») ont siégé pratiquement dans tous les gouvernements. Ils étaient si nombreux, les radicaux, qu'on ne pouvait pas se passer d'eux. Ils se tenaient d'ailleurs toujours prêts à aller à la soupe. On disait qu'ils étaient comme le radis, rose à l'extérieur, blanc à l'intérieur. Il se trouvait toujours un radical pour prendre les affaires en main, si besoin était. Ce qui permettait de dire : la France est radicale. Ce qu'Herriot exprimait d'une autre manière : « Le Français a le cœur à gauche et le portefeuille à droite. » Il trouve, ce Français, de quoi satisfaire l'un et l'autre chez les radicaux. Ainsi, en juin 1935, Pierre Laval forme un cabinet de droite, et Herriot est dedans ; un an plus tard, c'est le Front populaire et, sous la présidence de Léon Blum, on trouve Daladier. Les radicaux sont fidèles au poste. Avec les deux pieds ou seulement un orteil, mais ils sont toujours dans le bain. Où qu'on se tourne, à droite, à gauche, au centre, on ne peut que tomber sur eux. Et cette omniprésence a son utilité : les radicaux empêchent les conservateurs d'être réactionnaires, et les socialistes d'être chambardeurs, ou du moins ils essayent.

Comment, dans ces conditions, ne seraient-ils pas plus que les autres rendus responsables d'une politique qui a conduit la France à la défaite de 40 ? A cet opprobre, le maréchal Pétain ajoutera un délit fabriqué tout exprès pour eux, celui d'appartenir à la franc-maçonnerie : radical et franc-maçon, c'est blanc bonnet et bonnet blanc, du moins dans l'esprit des gens de Vichy.

Arrive la Libération. Des radicaux, il n'est plus guère question. Ils se retrouvent en un groupe squelettique, tandis que les trois grands partis dorlotés par le suffrage universel – communiste, socialiste, démocrate-chrétien – se partagent le gâteau. Du côté de la Résistance et de la France libre, on affiche un mépris condescendant envers ces fantômes. On les laisse hanter, tristes, les couloirs du Parlement.

Jusqu'en 1948, justement. Ils ne forment plus le grand parti de jadis, qui dominait le Parlement de la IIIe République mais, si chétif qu'il soit, ce parti, il apparaît maintenant, comme la petite UDSR de François Mitterrand et René Pleven, indispensable pour former une majorité. Il a suffi d'un an pour qu'on s'en aperçût. C'est ainsi qu'en 1948 Auriol dit à Herriot : il nous faut un radical.

C'est reparti.

Mais quel radical ? Le président va d'abord chercher André Marie, qui a été déporté par les nazis à Buchenwald. C'est un beau titre, mais le candidat, un Normand madré, s'il a les bonnes manières de son parti – saluer d'un large geste du bras, à la mousquetaire, serrer la main de ses interlocuteurs « à la radicale », en l'enfermant entre les deux siennes comme en sandwich, appeler tout un chacun président –, est plutôt indiqué pour les temps calmes, et c'est loin d'être le cas. Il ne fait donc, selon l'expression en usage à l'époque, qu'un « tour de piste ».

Avec Henri Queuille, qui lui succède, c'est du sérieux. Certes, « le père Queuille » ne paie pas de mine. Souffrant d'ataxie locomotrice, il a toujours besoin d'un bras pour s'y appuyer. Mais il sait faire acte d'autorité et avec son ministre de l'Intérieur Jules Moch, socialiste, il tient tête aux communistes lancés dans des grèves insurrectionnelles et n'hésite pas à autoriser l'usage des armes. Comme dit Raymond Marcellin, qui sera lui aussi ministre de l'Intérieur après Mai 68, « rien de mieux qu'un socialiste pour cogner ». Elu de la Corrèze, les affaires de l'Etat ne font pas oublier au père Queuille sa circonscription et tant qu'il siégera au Parlement la SNCF se gardera de fermer au trafic la ligne archi-déficitaire qui relie Bort-les-Orgues à Eygurande.

Henri Queuille, qui aidera plus tard de ses conseils un jeune homme plein d'avenir appelé Jacques Chirac, fait partie du triumvirat qui dirige le parti. Les deux autres sont Edouard Herriot, que Léon Daudet appelle « l'imposteur chaleureux », et Edouard Daladier, que ses électeurs de Carpentras, inspirés par les caricatures des journaux, affublent du titre de « taureau du Vaucluse ». Depuis l'avant-guerre, les deux hommes se détestent et les péripéties de la « guerre des deux Edouard » font la joie de leurs collègues. Ils ne se réconcilieront que pour s'opposer au projet d'armée européenne, sous les applaudissements des militants radicaux réunis en congrès.

On aurait tort cependant de croire que le parti radical est peuplé de barbons. Sa situation, qui fait de lui une pépinière de ministres, attire les jeunes ambitieux comme Félix Gaillard, Maurice Bourgès-Maunoury, Maurice Faure, Jacques Chaban-Delmas (qui partira chez les gaullistes mais ne se débarrassera pas des manières radicales), Edgar Faure qui, à quarante-quatre ans, en 1952, devient président du Conseil. On le surnomme « monsieur Quarante » : son gouvernement compte quarante ministres, il ne durera que quarante jours et sera renversé en demandant quarante milliards de crédits. Un jour, en Conseil, on discute de conflits sociaux qui menacent les chemins de fer.

« On me reproche, dit Edgar Faure, d'avoir distribué

278

trop de portefeuilles. En réalité, il n'y en a pas assez. Le ministre des Travaux publics ne peut tout faire. Il nous faudrait un secrétaire d'Etat. »

Alors, timidement, un certain Bégouin lève la main : « Mais je le suis ! »

Tout le monde, Edgar le premier, l'avait oublié.

On l'aime bien, Edgar, un personnage qui sort de l'ordinaire : il parle couramment le russe, il a publié un roman policier, il a un beau talent d'orateur, qu'un léger zozotement égaie. Sa longue carrière, sous deux républiques, sera émaillée de « mots » qu'on colportera joyeusement. A qui le traite de girouette, il répond que c'est le vent qui tourne. Il dit, ministre de l'Agriculture, que « le paysan est un paresseux qui se lève tôt ». Ministre des Finances, il demande en prenant ses fonctions aux directeurs du ministère : « Combien de temps, selon vous, durera l'expansion ? — Dix-huit mois. — Bien, je lance un plan de dix-huit mois. » Président du Conseil en 1955, il règle la question marocaine et met fin au protectorat en proposant « l'indépendance dans l'interdépendance », ce qui, confie-t-il à ses amis, « ne signifie rien ». Il n'oublie jamais sa circonscription du Jura, surtout pas Saint-Claude, où les tourneurs de pipes exercent leur métier. A son passage au ministère des Finances, Edgar n'oubliera pas d'alléger leurs impôts.

Au parti radical se trouve aussi un homme de haute stature : Pierre Mendès France. Il est si peu conforme au modèle que c'est un autre radical, René Mayer, qui renversera son gouvernement en 1955. Mendès France essaiera de réformer son vieux parti. Il s'y cassera les dents. Rien ne montre mieux l'inanité de ses efforts que la scène suivante :

Un congrès radical va prendre fin, selon la tradition, par un banquet. Pour épargner à Herriot, podagre, de donner un triste spectacle en gagnant sa place, on l'installe avant tout le monde. Il est seul, assis, et Mendès France profite de l'occasion pour essayer d'obtenir la bénédiction du « pape » du radicalisme pour ses projets. Il se glisse près d'Herriot, argumente, explique. L'autre ne souffle mot. Puis, se tournant vers son voisin qui attend, plein d'espoir :

« Y a-t-il du lièvre, au menu ? »

Un autre réformateur, Jean-Jacques Servan-Schreiber, tentera, lui aussi, de prescrire une cure de jouvence à ce corps usé. Il ne réussira pas non plus ce qu'un loustic présentera comme « le mariage du cassoulet et de l'ordinateur ».

Il faut dire qu'alors le parti radical a pratiquement cessé d'exister : la Ve République, en créant les conditions de la bipolarisation du corps électoral, élimine pratiquement les radicaux du jeu politique. Par-dessus le marché, ce parti déjà exsangue s'est partagé en deux : ceux de droite, qui suivent les gaullistes, et ceux de gauche, qui s'allient aux socialistes. Le génie de cette vieille formation était justement d'être *à la fois* de droite et de gauche. Comme le disait un autre radical, Albert Sarraut :

« Que le bateau penche à bâbord ou à tribord, l'essentiel est de tenir le gouvernail. »

Ils ont lâché la barre, ils ne la reprendront plus.

Religion _____

Dans les années cinquante, un bruit courut soudain, dans les couloirs toujours bruissants du Palais-Bourbon, qu'un député socialiste du Sud-Ouest s'était fait prendre par la police dans un de ces édicules aujourd'hui disparus, qui portaient le nom de l'empereur Vespasien, sollicitant les services de la main complaisante d'un compagnon de fortune. Un procès-verbal dressé, pour attentat aux mœurs, empêchait que l'affaire restât confidentielle.

Le parti socialiste avait pour secrétaire général Guy Mollet. Informé de la chose, il s'indigna. Certes les penchants homosexuels n'étaient pas encore considérés avec le libéralisme dont ils bénéficient aujourd'hui, mais ce n'était point tant pour ce motif que Mollet poussait les hauts cris. Sa fureur avait une autre cause : dans l'ombre du petit kiosque (la scène avait eu lieu près de la gare Saint-Charles à Marseille), le député avait déshonoré le socialisme en partageant son éphémère plaisir avec... un prêtre.

Où la défense de la laïcité, qui menait alors les derniers des combats vieux de cinquante ans, allait-elle se nicher ?

Epoux inséparables malgré les vicissitudes d'une très longue cohabitation, la politique et la religion en

France, depuis que Clovis reçut le baptême, ont connu de longues amours, de terribles crises, un demi-vingtième siècle de déchirements et enfin, depuis peu, l'apaisement des vieux couples qui ont acquis une indulgence bien proche de l'indifférence.

Sans doute n'est-ce pas un hasard si la République et l'Eglise ont fini par échanger le baiser de paix : elles n'éprouvent l'une pour l'autre pas assez de tendresse pour s'étreindre, plus assez de haine pour se combattre. Tandis que les rangs du clergé deviennent clairsemés, les hussards noirs de l'école laïque ont rangé leur dolman dans la naphtaline. Et si la paroisse de Saint-Sulpice-des-Landes, au fin fond de la Bretagne, a toujours un curé (un « recteur », disait-on là-bas), je doute qu'il s'adresse à un enfant de six ans comme le faisait son prédécesseur, en 1924, en apprenant de ma grand-mère que je fréquentais à Paris « la laïque » :

« Ton école, c'est celle du Diable ! »

Au temps de la monarchie, quand l'huile de la sainte ampoule faisait du roi, sacré à Reims, une sorte de grand prêtre, la France était la fille aînée de l'Eglise. Cette enfant ne se distinguait cependant pas toujours par la docilité.

Certes, à la différence des souverains anglais depuis Henri VIII, le roi de France ne se proclama jamais chef de l'Eglise nationale, mais il se montra toujours pointilleux sur le respect par les papes des prérogatives de l'Eglise gallicane. Philippe le Bel, qui avait la tête près de la couronne, n'hésita même pas à envoyer en Italie son âme damnée Guillaume de Nogaret pour faire savoir au pape Boniface VIII, avec qui il était en coquetterie, qu'il n'hésiterait pas à employer les arguments frappants.

Cinq siècles plus tard, c'est à peine avec moins de désinvolture que le Premier consul Bonaparte, pressé d'être appelé Napoléon Ier, fit venir jusqu'à la cathédrale Notre-Dame le pape Pie VII afin de recevoir de lui la couronne impériale. David, peintre officiel du régime, consacra son talent à immortaliser cette bouffonne cérémonie.

C'est de la Révolution française qu'en dépit de cet intermède napoléonien date le divorce, préparé par l'anticléricalisme des Lumières, entre l'Eglise et le peuple français. La constitution civile du clergé, inutile provocation, a rejeté les prêtres, y compris ceux que le vent nouveau de la liberté ne décoiffait pas, vers la réaction. Cette nostalgie d'Ancien Régime a fait de l'Eglise, oublieuse de ses traditions gallicanes pour devenir ultramontaine, l'adversaire de la République et par conséquent l'alliée de la Restauration, de la monarchie de Juillet et du Second Empire.

Le XIXe siècle apporta en effet un grand charivari institutionnel. Trois rois, deux empereurs, deux républiques. Bien qu'invités par le pape Léon XIII, pontife clairvoyant, à se rallier après 1870 à la République, les catholiques, pour la plupart d'entre eux, préféraient n'importe quoi à ce régime honni qu'un Charles Maurras, incroyant mais vénéré des prêtres, nommait avec délicatesse « la gueuse ». On comprend que les républicains n'aient pas vu l'Eglise avec les yeux de Chimène.

En 1905, la IIIe République a tout juste trente ans. Adulte mais fragile, elle a dû essuyer plus d'un coup de torchon, notamment, en 1894, l'explosion de l'affaire Dreyfus, qui va se terminer par la réhabilitation du capitaine, victime d'un véritable complot, sur fond d'antisémitisme, ourdi par le gratin de l'armée et de la magistrature.

« L'Affaire », véritable tragédie politique et morale, a profondément divisé la France pendant une décennie.

A la dérive du patriotisme dans le nationalisme et le racisme est associée l'Eglise, pour qui le Juif est l'ennemi [1]. Les mitres, les képis et les toques se sont, à quelques exceptions près, déshonorés. Face à la « réaction », qui sont les républicains pur jus ? Pour l'essentiel, les radicaux, francs-maçons pour la plupart, desquels se sont rapprochés ceux des socialistes dont Jean Jaurès est le leader, et des parlementaires de centre droit. Le ciment de cette coalition hétéroclite, c'est l'anticléricalisme.

Ainsi se construit la laïcité « à la française » au cours d'une terrible et longue crise. Dans les pays de tradition protestante, Elie Barnavi l'a mis en lumière [2], la laïcisation de l'Etat s'est opérée sans heurts, la Réforme ayant déjà largement fait le travail. Et si, en Allemagne par exemple, l'Etat et les Eglises sont séparées mais font bon ménage, au point que les ministres des divers cultes sont rémunérés par des fonds publics, ce n'est pas parce que l'Etat est chrétien, mais parce que l'Allemagne appartient à la *civilisation chrétienne*.

La campagne dirigée contre l'Eglise catholique commence avec Pierre Waldeck-Rousseau, président du Conseil, qui, en 1900, dénonce les « moines ligueurs » et les « moines d'affaires » et qualifie les biens des congrégations d'« instruments de domination aujourd'hui, trésors de guerre demain ». Waldeck-Rousseau évalue le patrimoine immobilier des établissements religieux à plus d'un milliard de francs, chiffre colossal à l'époque. Le slogan du « milliard des congrégations » fait florès, avec autant de succès que trente-cinq ans

---

1. Il faudra attendre le pape Jean-Paul II pour que soit levé l'anathème contre les Juifs.
2. *Les Religions meurtrières*, Flammarion.

plus tard, au temps du Front populaire, le fera celui des « deux cents familles ».

Les attaques de ceux qui sont rassemblés sous le mot d'ordre de la « défense républicaine » visent en priorité l'enseignement dispensé dans les écoles confessionnelles et ce sera sur ce même terrain que, dans les années cinquante, peu après les « baisers Lamourette » de la Libération, se livreront les dernières escarmouches autour de la laïcité.

A Waldeck-Rousseau qui observait, en portant les premiers coups au « parti prêtre », une certaine retenue, succède Emile Combes, « le petit père Combes », un type à manger du saucisson le vendredi saint. Il a en ses jeunes années fréquenté les sacristies et servi la messe. Le séminaire, la chose est connue, ne fabrique pas que des dévots. Ernest Renan passa par là, Alfred Loisy également, ainsi qu'Emile Combes dont un autre ennemi de l'Eglise, Georges Clemenceau, raille « la cervelle de vieux curé ».

Le « petit père » élabore, Rouvier fait voter la séparation des Eglises et de l'Etat dans une tempête qui secoue la France aussi durement, et pour des motifs qui dans une bonne mesure s'y apparentent, que l'affaire Dreyfus. Les républicains associent le sabre et le goupillon dans une même détestation.

C'est par milliers qu'on interdit les écoles chrétiennes, les incidents se multiplient avec le Vatican. Le gouvernement ferme l'ambassade de France auprès du Saint-Siège (il la rouvrira quinze ans plus tard, en 1920, les relations avec le pape s'étant détendues et Benoît XV ayant manifesté son désir d'apaisement en canonisant Jeanne d'Arc qui attendait la palme depuis près de cinq siècles). Les prêtres cessent de recevoir leur salaire de l'Etat... à l'exception, après la guerre de 14-18, de ceux des provinces recouvrées, qui bénéficiaient auparavant du régime allemand. Quand Edouard Herriot, président du Conseil en 1924 avec le « cartel des gauches », prétendra faire rentrer dans le droit commun les curés d'Alsace et de Moselle, il devra faire face à un tel tollé, de Metz à Mulhouse, et à une telle poussée de l'autonomisme alsacien, que la réforme sera enterrée et ne sera jamais exhumée.

Quant à Emile Combes, il réussit même à poursuivre son combat outre-tombe. A Pons, en Charente-Maritime, où il repose, est élevée en 1923 une statue à sa mémoire. Herriot, toujours lui, vient inaugurer le monument. La cérémonie tourne à l'émeute, provoquée par les Camelots du roi. La garde mobile s'interpose, un mort. Par la suite, la statue essuiera les outrages et finira par laisser la place à un buste sur lequel les Allemands, qui avaient besoin de métal pendant la dernière guerre, firent main basse. *Sic transit*, comme pouvait lire Combes enfant dans son missel.

Depuis un siècle que la France vit sous le régime de la séparation, jamais l'Eglise, même sous le gouvernement de Vichy, n'a manifesté le désir de renouer par concordat ses liens avec Rome. Les catholiques ont fait leur deuil d'un impossible retour au passé. Le clergé apprécie d'ailleurs, malgré la parcimonie du « denier du culte », la liberté que lui a accordée la loi. Les prêtres ne sont subordonnés qu'à la seule hiérarchie ecclésiastique.

Mais un vieux pays catholique ne défroque pas complètement. Il y a toujours une Direction des cultes au ministère de l'Intérieur, le Saint-Siège est représenté à Paris par un nonce qui a le titre de doyen du collège diplomatique et le président de la République est revêtu de la dignité – sans le camail ni le rochet – de chanoine du chapitre de Saint-Jean-de-Latran à

Rome. Et si l'Etat français se montre chatouilleux sur les subventions aux écoles libres dans l'hexagone, il l'est moins quand il s'agit d'établissements à l'étranger, qui participent au « rayonnement culturel » de la France.

Mon ami Jean de Lipkowski était conseiller d'ambassade à Beyrouth à la fin des années cinquante. Il m'a raconté que, remplaçant l'ambassadeur parti en vacances, il reçut la visite du patriarche maronite. Le prélat s'étonnait de n'avoir pas reçu le chèque envoyé chaque année par Paris pour les écoles chrétiennes du Liban.

« Il me semble bien, dit Jean de Lipkowski, avoir vu passer le chèque. Je vais vérifier. »

Il s'apprêtait à saisir le téléphone quand la main baguée de Sa Béatitude se posa sur la sienne :

« Inutile, mon fils. J'ai menti. »

Enfiévré par les chaleurs de la Libération, en août 1944, le général de Gaulle entreprit de faire payer à l'épiscopat français ses courbettes et ses coups d'encensoir devant le maréchal Pétain et son lâche silence face aux persécutions des Juifs. On n'aurait pas compté sur les cinq doigts d'une main les évêques courageux, mais il faut reconnaître qu'avec le pape Pie XII l'exemple du mutisme venait de haut. A son entrée dans Paris, le Général fit répondre au cardinal-archevêque, Mgr Suhard, qui proposait de l'accueillir sur le parvis de Notre-Dame, qu'il se passerait de la présence d'un prélat qui avait quelques mois auparavant honoré de cette façon le maréchal Pétain. Après quoi il fit demander au pape la destitution des évêques les plus compromis avec Vichy. Le Siège apostolique, par le truchement du secrétaire d'Etat Montini, le futur Paul VI, fit répondre dans le style d'acide déférence en usage au Vatican que depuis le petit père Combes la France était un Etat laïque et qu'à la différence des préfets les évêques n'étaient ni nommés ni révoqués en Conseil des ministres. Le Général rabattit ses prétentions sur le seul ecclésiastique dont il pouvait exiger le renvoi, le nonce apostolique, Mgr Valerio Valeri.

Pour remplacer l'exilé, le Saint-Siège envoya à Paris Mgr Angelo Roncalli, un prélat tout en rondeurs, physiques et diplomatiques, à qui sa finesse de jugement, son sens de l'humour et son flair politique attirèrent très vite la sympathie de tout ce qui sentait plus ou moins le soufre dans la République : les bonnes relations que le nouveau nonce noua avec tout ce qui se comptait de radicaux, socialistes et francs-maçons dans la politique attirèrent sur lui la colère des démocrates-chrétiens du MRP qui le soupçonnaient d'être un intime d'Edouard Herriot.

Je me suis fait l'écho [1] d'une scène dont le président Vincent Auriol m'a régalé. Il s'agit d'une cérémonie moins solennelle que burlesque dont Mgr Roncalli avait été le héros à l'Elysée en janvier 1953. Socialiste dont le rouge avait beaucoup pâli, ami de Léon Blum, de qui il avait été le ministre des Finances dans le gouvernement de Front populaire, devenu président de la République en 1947, Vincent Auriol m'accordait son amitié. Conformément à une tradition qui avait franchi toutes les péripéties de l'histoire de France, y compris sous la IIIe République avec trois présidents – Alexandre Millerand, Gaston Doumergue et Albert Lebrun –, quand un nonce à Paris est élevé à la dignité de cardinal par le pape, c'est le chef de l'Etat français qui le coiffe de la barrette écarlate.

---

1. *C'était ma France*, Grasset.

Me racontant la chose, Vincent Auriol jubilait. Devant lui, le vieil agnostique, le nonce s'était agenouillé.

« Avec mes prédécesseurs, me disait-il, se rengorgeant, les nonces étaient restés debout. »

Dans un coin de la salle, le ministre des Affaires étrangères, le démocrate-chrétien Georges Bidault, grinçait :

« C'est à se rouler par terre. »

Si c'est le Saint-Esprit, comme l'Eglise catholique l'affirme, qui inspire les choix du conclave, nul doute que le cardinal Roncalli l'ait séduit par sa malice. Un prélat qui se trouvait à Rome pour l'élection du successeur de Pie XII m'a raconté que le cardinal Grente, archevêque du Mans, répétait qu'il ne donnerait sa voix qu'à un candidat en excellente santé. Un matin, le cardinal Roncalli, en campagne électorale, se fit annoncer et, dès son entrée, déclara : « Je me porte bien ! » Comme son hôte laissait errer son regard sur les rotondités du visiteur, celui-ci cligna de l'œil et murmura : « Les gros sont bons ! »

Pendant sa nonciature, profitant des amitiés qu'il avait nouées avec les radicaux, il avait sollicité du garde des Sceaux André Marie, qui appartenait à cette famille politique, la grâce d'un « petit cousin » condamné pour s'être enrichi en travaillant pour les Allemands sous l'Occupation. Ancien déporté, André Marie refusa courtoisement. Réponse du nonce, guilleret : « Je voulais voir si un Bergamasque était plus malin qu'un Normand. »

Malgré les marques de politesse, voire de complicité, qu'avec les années l'Etat et l'Eglise ont fini par échanger, entre eux restait béant le fossé de l'école. Le régime de Vichy avait accordé avec libéralité des subventions aux établissements d'enseignement catholiques et, la Libération venue, les démocrates-chrétiens du MRP (voir l'article : Démocrates-chrétiens) entendaient ne rien changer à cette situation. Pendant les onze années de IVᵉ République, cette pomme de discorde empoisonna la vie publique. Elle fournit un prétexte aux gaullistes et aux communistes, chacun tirant de son côté, pour fragiliser la majorité déjà anémique qui faisait cohabiter les laïcs socialistes et les cléricaux chrétiens. C'est seulement après le retour au pouvoir du général de Gaulle, la France aux prises avec la tragédie algérienne, que cette guerre dérisoire prit fin.

Pourtant, dans cette atmosphère malsaine des années cinquante, les protagonistes parvenaient à entretenir des relations cordiales. Dans ce petit jeu, en marge de ce qu'on ne peut même pas appeler des idéologies, les radicaux brillaient par leur esprit de tolérance. Ils savaient conclure des arrangements avec le ciel et les hommes d'Eglise avec le temporel.

Edgar Faure dorlotait son département du Jura : rien n'était jamais acquis, une élection moins que tout le reste. Certes, là-bas, on pouvait compter sur lui : n'avait-il pas, par exemple, alors qu'il était ministre des Finances, accordé des privilèges fiscaux aux fabricants de pipes de Saint-Claude ?

Cette ville n'abrite pas seulement cette noble industrie, elle est aussi le siège de l'évêché. Or il arriva qu'un dimanche, précédant d'une semaine une élection qui s'annonçait serrée, Edgar Faure découvrit dans *La Semaine religieuse* du diocèse un article du vicaire général, d'une prose pateline mais venimeuse à son égard pour qui savait lire entre les lignes. C'était donner de l'eau bénite à son adversaire MRP. Edgar Faure reçut un coup dans l'estomac et il fit appeler son conseiller et ami Jacques Duhamel.

« Nous sommes en bons termes avec l'évêque, non ?

— Je le pensais.

— Alors, ce coup bas ?

— ...

— Allez voir Monseigneur, pour en avoir le cœur net. »

A son entrée dans le bureau de l'évêque, et avant même qu'il eût ouvert la bouche, Jacques Duhamel entendit le prélat s'écrier :

« Je devine, cher ami, la raison de votre visite. »

Et d'expliquer que le vicaire général a agi à son insu et qu'il est, lui, navré.

« Je transmettrai vos regrets au Président, répondit le visiteur, mais ils ne lui feront pas rattraper les voix perdues. »

Après un long silence, l'évêque demanda :

« A combien de voix estimez-vous le préjudice ? »

Jacques Duhamel avança un chiffre.

« J'en prends note. Et rassurez le Président. »

Me racontant l'histoire, Jacques Duhamel concluait avec bonne humeur :

« Le dimanche suivant, la cote d'Edgar monta en flèche dans les communes bien-pensantes... »

Sexe _____

Ce n'est pas chez nous qu'un président de la République aurait frôlé la destitution (ou plutôt, puisque la France ignore cette sanction, l'envoi en Haute Cour) pour avoir obtenu d'une dame quelques gâteries dans une embrasure de l'Elysée. Au contraire des Etats-Unis, de tradition de puritanisme protestant, la France appartient à cette région de l'Europe latine et catholique où le libertinage est une vieille habitude et où les péchés de la chair – gourmandise et luxure – reçoivent aisément l'absolution.

Que Chirac, en soudard, ait été aussi vorace au lit qu'à table, sans être toujours regardant sur les morceaux; que Giscard d'Estaing ait filé le madrigal en habit puce et talon rouge; que Mitterrand, aussi peloteur que méfiant, ait pour ses écarts et ses unions morganatiques usé du cabinet noir et de la lettre de cachet; que Sarkozy convoque les paparazzi pour jouer avec son alliance, rien de tout cela ne scandalise nos compatriotes, on pourrait presque dire, au contraire, que cela ne leur déplaît pas. De quoi alimenter les rêveries des midinettes et des bourgeoises.

La vertu d'ailleurs ne suscite pas plus l'admiration que le vice ne provoque la réprobation. Le général de Gaulle n'est pas plus grand parce qu'il fut fidèle à tante

Yvonne, Georges Pompidou pas mieux considéré parce qu'il est réputé n'avoir aimé qu'une femme, la sienne.

Quant au cirque polisson de la politique dite *people*, aux bains de mer et aux exercices de shopping surpris par les photographes de magazines, ils ne soulèvent guère l'intérêt du public que depuis que nous sommes en Ve République. Auparavant, il fallait du fait divers, par exemple qu'un président de la République, Félix Faure, décédât entre les bras de sa maîtresse, la belle Meg Steinheil, et fournît ainsi un mot à Clemenceau : « Il s'était cru César, il est mort Pompée. » Ou encore que l'épouse d'un ministre des Finances, Joseph Caillaux, s'en allât révolvériser en 1914 le directeur du *Figaro* Gaston Calmette, qui venait de publier une lettre d'elle à son mari alors qu'il n'était encore que son amant. Et comme en France tout drame peut faire naître un mot, le même Caillaux, suspect d'être un « planqué », entendit un avocat lui lancer qu'à la guerre « on tuait soi-même ».

Ainsi savait-on plaisanter (avec plus ou moins de goût certes) au temps où la sexualité était gaie, où la politique jouait Feydeau dans les palais nationaux, où les ministres trouvaient des dames de compagnie dans les théâtres subventionnés avec la complicité d'un sous-secrétaire d'Etat aux Beaux-Arts. Point de ministre de la Culture alors. La culture, solide, les élus de la nation l'avaient alors pour la plupart acquise avec leurs « humanités » par la fréquentation des langues anciennes, des lettres, de la philosophie, de l'histoire, toutes choses qui affinent l'esprit et qu'ignorent trop de nos politiciens d'aujourd'hui, la cervelle bétonnée par le droit administratif et la « science » économique.

Que la France était donc gauloise, jadis! Alex Alégrier, qui fut propriétaire du restaurant réputé *Lucas*

Carton, m'a raconté que, dans les années trente, deux vedettes de la politique, Aristide Briand et Léon Bérard, faisaient après un déjeuner tête à tête quelques pas sur le trottoir. Passa une très belle femme. Briand : « Je la baiserais bien. » Bérard : « Dites : volontiers. » Même les pensées salaces, alors, exigeaient d'être exprimées dans une langue correcte.

L'éloquence trouvait également l'inspiration dans le désir. Edouard Herriot, ténor du radicalisme, que d'aventures amoureuses ne lui prêtait-on, et ne se prêtait-il pas ! Devant quelques journalistes, il évoquait la conférence qu'il avait été invité à prononcer à Varsovie, dans l'entre-deux-guerres : « Pendant que je parlais, une dame d'une grande beauté, au premier rang de l'assistance, me dévorait des yeux. Je quittai la salle, elle me rejoignit... Je la fis crier toute la nuit. Croyez-moi, j'étais fier pour la France ! »

C'est le même Herriot, me confiait son directeur de cabinet Henri Friol, qui invité à dîner au soir d'une chasse, s'approcha d'une dame qui, pour se réchauffer, soulevait ses jupes devant la cheminée où brûlaient des bûches : « Si c'est pour moi, souffla-t-il, pas trop cuit. »

On souriait en apprenant qu'Herriot, toujours lui, aimait que les dames de petite vertu auxquelles il lui arrivait de rendre visite revêtissent des tenues d'infirmières. On se divertissait en dépouillant la presse polémique. On y apprenait que Louis Barthou aimait à courir, tenu en laisse autour de la chambre des plaisirs, et qu'il méritait le sobriquet de Bartoutou. Et, tout en n'y croyant pas vraiment, on colportait que Paul-Boncour, ministre courageux, hostile à une politique de faiblesse devant l'Allemagne, mais très porté sur le sexe, ait pu écrire à l'une de ses conquêtes : « Quand je pense à ton petit cul, je me fous de la Tchécoslovaquie. »

La IVe République gardait encore, en dépit de la présence austère d'un grand nombre de démocrates-chrétiens, cette tradition joyeusement gaillarde. A près de quatre-vingts ans, Albert Sarraut, un ancien de la Troisième devenu président de l'éphémère assemblée de l'Union française, fut surpris par un collaborateur entrant dans son cabinet un peu trop vite après avoir frappé. Imperturbable, il se pencha vers sa secrétaire, à genoux sous la table : « Alors, mademoiselle, vous la trouvez, cette gomme ? »

Sous cette bonne fille de république, le député volage d'un département alpin, accablé d'une épouse à la jalousie vigilante, trouva un moyen infaillible de mugueter sans risque. A cette époque, l'Assemblée nationale siégeait très souvent la nuit. Le parlementaire finaud arrivait à l'ouverture de la séance et lançait une phrase depuis son banc dans le débat en cours. Conformément au règlement, le secrétaire à l'analytique consignait l'interjection. Notre député s'esbignait alors et revenait un peu avant la clôture et intervenait de nouveau, avant de rejoindre le lit conjugal. Le *Journal officiel* assurait son alibi.

Si Antoine Pinay était connu du personnel féminin du Palais-Bourbon pour sa main baladeuse, il ne pouvait rivaliser dans le libertinage avec Edgar Faure. Ceux qui le connaissaient ne s'étonnaient pas de ses conquêtes. On l'entendit un jour dire tout bas à un ami, à propos d'une compagne moins affriolante que de coutume (c'était quelque temps après la mort de son épouse Lucie) : « Elle n'est pas très jolie mais je suis en deuil. »

La république libertine prit fin en 1958 dans des conditions crapuleuses avec l'affaire des « ballets roses », séances de pédophilie organisées au pavillon du Butard, à La Celle-Saint-Cloud, par le président de l'Assemblée nationale André Le Troquer. Avec la république gaullienne s'ouvrit une période (qui ne dura que les dix années du Général) de restrictions sexuelles. La rigide tante Yvonne veillait au grain, attentive à la vie privée des « barons », et plus d'un dut à cette sévérité de chaisière de sérieux coups de frein à sa carrière.

Est-ce à dire que de Gaulle lui-même se trouvait à l'abri des tentations ? En son grand âge peut-être, à en croire le général Edouard Corniglion-Molinier, personnage aussi courageux qu'extravagant, ancien compagnon d'aventure d'André Malraux, qui fut un temps ministre de la IVᵉ République et l'une des langues les plus acérées de cette période. Il m'a raconté que, se trouvant pendant la dernière guerre à Beyrouth, il avait entendu parler d'une idylle filée par de Gaulle en 1930, alors qu'il se trouvait en garnison au Levant. Il interrogea la propriétaire d'un café : « On me dit que vous avez connu le général de Gaulle ? — Oui, monsieur, trois fois. » Biblique, non ?

Secrétaire d'Etat du président Richard Nixon, Henry Kissinger disait que le plus capiteux des aphrodisiaques était le pouvoir. Tous les politiciens le confirment : les femmes s'offrent plus souvent qu'elles ne sont sollicitées. Mais il est juste également de noter que, surtout lorsqu'ils sont représentés par des femmes journalistes de charme, les médias ne manquent pas de séduction et que, de courus, les gens du pouvoir deviennent coureurs. C'est la raison pour laquelle les patrons de la communication, si longtemps misogynes, font de plus en plus appel, pour parcourir les sentiers de la politique, à des personnes du beau sexe. C'est Jean-Jacques Servan-Schreiber et Françoise Giroud, à L'Express, qui les premiers féminisèrent la rédaction de leur journal, avec Michèle Cotta et Catherine Nay (il convient cependant de reconnaître que cette politique de l'hebdomadaire concernait l'ensemble des rubriques, conforme en cela à la décision de valoriser la femme). En tout cas, les dames se pressent désormais dans les couloirs des assemblées et les cabinets ministériels, ce qui ne signifie pas qu'elles passent de là à la chambre à coucher. Il arrive même que la double séduction, politique et information, transforme des liaisons en liens : la télévision a donné trois épouses à la politique.

Personne ne se plaint de cette évolution. Si les amourettes des politiciens sont moins olé olé que jadis, elles apportent un peu de charme à d'austères fonctions et les consolent de cette solitude du pouvoir dont ses détenteurs se plaignent mais dont ils ne se dessaisiraient pour rien au monde. Et plus d'un benêt en retire de la satisfaction en croyant que c'est pour lui-même qu'il est courtisé.

Il arrive aussi que le sexe ne se contente pas de procurer des divertissements au pouvoir et devienne pour lui anesthésiant, voire nocif. Dans le passé, l'influence de Mme de Maintenon sur Louis XIV, celle de Mme de Pompadour sur Louis XV furent désastreuses. Beaucoup plus proche de nous, une favorite incarna le mauvais génie de la France au moment le plus dramatique de sa récente histoire. Elle se nommait Hélène de Portes, une comtesse comme sous l'Ancien Régime. Maîtresse de Paul Reynaud qui avait en charge le destin de la nation en mai 1940, et alors que le général de Gaulle et quelques ministres courageux tentaient de convaincre le gouvernement de poursuivre la guerre outre-mer, elle étouffa littéralement son amant sous un entourage de partisans de la capitulation. On peut dire que Pétain, le régime de Vichy, la collaboration avec l'Allemagne nazie, tout cela fut dans une large mesure son œuvre. Cette femme ne partagera même pas la triste réputation des favorites de nos rois. Elle n'a droit qu'à un légitime oubli.

Socialistes

« Le parti socialiste ? Il me rappelle un bistrot devant lequel je passais quand j'étais jeune. Il avait pour enseigne : Restaurant ouvrier. Cuisine bourgeoise. »

Quand, dans les années cinquante, j'entendais Edouard Herriot persifler ainsi, on ne pouvait déjà plus parler de restaurant ouvrier, mais plutôt d'une cantine pour fonctionnaires, surtout appartenant à l'enseignement. Quant à la cuisine bourgeoise, certes appréciée par bien des socialistes, elle était trop souvent relevée de condiments marxistes. Le parti s'appelait encore SFIO [1], on levait le poing dans les congrès et on chantait *L'Internationale*. Ce qui n'empêchait pas de courir après les portefeuilles ministériels. On barbotait joyeusement dans ce que Lénine appelait le crétinisme parlementaire.

L'histoire centenaire du parti socialiste, trois hommes en symbolisent les avatars : Jean Jaurès, l'unité; Léon Blum, la cassure; François Mitterrand, la recomposition.

A Jaurès revient le mérite, dans les tumultueux débuts de la III⁰ République, d'avoir réuni dans une même

---

1. Section française de l'Internationale ouvrière.

église les multiples chapelles[1] qui se disputaient l'idéologie socialiste. Les racines de celle-ci, il faut pour les trouver, comme toujours en politique française, retourner à la Révolution, du côté de Jacques Roux et des Enragés, de Gracchus Babeuf et des Egaux, de Jacques Hébert et du *Père Duchesne*.

Le courant socialiste s'enfle tout au long du XIXe siècle, avec une industrialisation menée sans pitié. Qu'on se reporte pour en saisir les aspects inhumains aux romans de Charles Dickens en Angleterre et d'Emile Zola en France. Mais si pitoyable que soit le sort d'un monde ouvrier qui paie cher le prix du « progrès », il ne suscite la sympathie ni d'une bourgeoisie ni d'une paysannerie qui craignent les « classes dangereuses ». Il faut dire que le socialisme n'a guère laissé que des souvenirs de violence avec les journées de juin 1848 et surtout la Commune de Paris en 1871. On met volontiers dans les mêmes mains le drapeau rouge des socialistes et l'étendard noir des anarchistes. C'est l'époque où ceux-ci jouent de la bombe, le président de la République Sadi Carnot est tombé sous les coups de l'un d'entre eux. On tremble dans le beau monde en apprenant que Ravachol le dynamiteur est monté à la guillotine en chantant :

« Si tu veux être heureux,
Nom de Dieu,
Pends ton propriétaire ! »

Sans aller jusque-là, Jaurès, député, n'a-t-il pas au cours d'une réunion grimpé sur une table et entonné *La Carmagnole* ? et le *Ça ira* ? Où va-t-on ?

Pourtant, aux yeux de bien des socialistes, il tire un peu trop sur le rose, le rouge de Jaurès. Son adversaire Jules Guesde ne se gêne pas pour le lui reprocher :

---

1. Jauresistes, guesdistes, blanquistes, broussistes, allemanistes, possibilistes, indépendants... et peut-être d'autres.

c'est un homme du Nord, un doctrinaire aigre et sectaire, à l'éloquence sèche, précise, métallique, alors que Jaurès est du Midi, un tribun à la voix puissante et vibrante, capable d'assener des coups terribles; à la Chambre, on l'admire ou on le craint.

Un directeur de journal comparaît aux assises pour avoir attaqué le chef de l'Etat, Casimir-Perier, un grand bourgeois à la fortune considérable. Témoin à l'audience, Jaurès cogne si fort que le président de la cour le sermonne :

« Monsieur Jaurès, vous allez trop loin, vous comparez la maison du président de la République à une maison de débauche.

— Je ne la compare pas, gronde Jaurès, je la mets au-dessous [1]! »

Peu soucieux de son apparence physique – « ses pantalons sont d'un style moins sûr que ses discours », ricanait l'élégant Paul Deschanel –, Jaurès ne céda jamais à la vulgarité mais il ne manquait pas d'humour. Dans un congrès socialiste, Marcel Sembat déclare que, si un ministère lui avait été offert, il l'aurait « repoussé du pied ». Jaurès sourit et, se penchant vers Aristide Briand, alors encore socialiste :

« Eh! Le bougre! Il ne dit pas ce qu'il aurait fait *avé* la main [2]... »

Cette affaire de portefeuille, c'est à l'époque la pomme de discorde. La question est : un socialiste peut-il entrer dans un gouvernement « bourgeois », même quand il s'agit de « défendre la République »? Après plusieurs années d'un conflit, qui nous fait sourire aujourd'hui, mais qui alors était fondamental,

---

1. Casimir-Perier, affecté par les campagnes dirigées contre lui, démissionnera de sa fonction. L'un de ses oncles, méprisant, dira : « C'est un roseau peint en fer. »
2. Prophétique. Sembat sera ministre, pendant la guerre de 14-18, dans le cabinet d'union nationale de Clemenceau.

Jaurès et Guesde finirent par conclure la paix. Le parti se déclarait « unifié » mais les deux fractions ne cessèrent en réalité jamais de se combattre. A cette compétition gauche-droite les socialistes n'ont jamais mis fin : les multiples « synthèses » n'ont jamais été que des paravents.

Quinze ans après ces hypocrites embrassades, c'est la rupture. Léon Blum, pour la cause du socialisme démocratique, la provoque au congrès de Tours, en 1920. Blum, comme Jaurès, comme François Mitterrand, est un intellectuel. Le parti socialiste n'a jamais eu à sa tête que des intellectuels. Mais ils ne se ressemblent que par la culture classique, dont ils sont imprégnés. Contrairement à Jaurès, dont la voix pouvait s'imposer à un tumulte, Blum est un élégiaque. Il sait même pleurer, quand il le faut.

La révolution russe est récente et elle disperse les illusions. La prise du pouvoir par les bolcheviks soulève l'enthousiasme un peu partout en Europe. Bien peu nombreux sont les hommes lucides qui perçoivent la vraie nature du léninisme, cette « dictature du prolétariat » qui est en réalité celle d'un parti, auquel sont même subordonnés les syndicats. Et de Moscou, brutale, une seule question est posée aux socialistes de tous pays : êtes-vous des nôtres ou êtes-vous nos ennemis ?

En Russie, on croit que la révolution va faire école et que la bolchevisation, au moins en Europe où l'agitation grandit, est pour demain, à la rigueur après-demain. A Tours, où les envoyés du Komintern distribuent dans l'ombre conseils et argent, les socialistes imaginent, avec cette propension au romantisme qui ne les a jamais quittés et qui ne les abandonnera jamais, qu'il est possible de bâtir un léninisme à la française. Ils déchanteront, mais trop tard. Un Jaurès manque pour combattre ceux, de plus en plus nombreux, qui veulent se donner à la IIIe Internationale qui vient de naître à Moscou. Léon Blum ne s'est pas encore campé en leader, il n'est pas de taille, malgré les arguments qu'il assène, à endiguer le flot et il est battu par 3 208 mandats contre 1 022. Personne, dans ce vaste hall triste et glacial, en ces fêtes de Noël, ne relève la cruelle ironie de l'inscription qui orne la banderole rouge : « Prolétaires de tous les pays, unissez-vous ! »

Avant de quitter la salle, Léon Blum s'écrie :

« Nous garderons la vieille maison où, peut-être, vous reviendrez un jour... »

Il va désormais tenir la barre de la SFIO, qui ne se remettra jamais de la scission de Tours. Le parti socialiste en traîne encore les séquelles. C'est vers leur gauche, même s'il ne s'y trouve plus grand monde, que les socialistes se tournent, inquiets, aujourd'hui encore.

En 1936, la victoire du Front populaire est accueillie, à gauche, dans l'enthousiasme et, à droite, elle engendre la peur et la haine. La grève générale immobilise le pays et l'on chante, dans les quartiers populaires, « Vas-y, vas-y Léon, forme ton ministère ». Mais les premiers fruits cueillis – congés payés, conventions collectives, semaine de quarante heures... – les difficultés commencent. A l'extérieur les périls grandissent, la guerre civile en Espagne annonce le conflit qui va incendier la planète. A l'intérieur, Léon Blum est contraint de gouverner sous la menace d'une extrême droite fascisante et avec les crocs-en-jambe d'un parti communiste qui le soutient, selon la formule connue, comme la corde soutient le pendu. Et, en fin de course, la Chambre du Front populaire votera les pleins pouvoirs au maréchal Pétain.

A la Libération, les Français, à de rares exceptions près, saluent toutes opinions confondues le retour de Léon Blum qui a connu pendant quatre ans les prisons françaises et les camps de concentration allemands. Il revient avec un livre qui fait grand bruit, *A l'échelle humaine*, traçant les voies pour la France d'un socialisme humaniste. Mais nul n'est prophète en son pays et les fleurs dont on le couvre dans son parti sont hérissées d'épines. Si dès 1947 la guerre froide qui commence décourage les partisans d'un rapprochement avec les communistes, elle n'évacue pas le marxisme de l'écriture sainte des socialistes. Blum n'est plus qu'une Pythie, assise sur son trépied à Jouy-en-Josas, et dont les fidèles vont solliciter les oracles.

Les socialistes continuent, comme ils en ont l'habitude depuis un demi-siècle, à se déchirer, désormais sous la houlette de Guy Mollet, pion atrabilaire qui distribue bons points et colles. Depuis sa ville d'Arras, ce robespierrot tient fermement son parti en main et devient un des oracles de la IVᵉ République. Il accomplira deux chefs-d'œuvre politiques en qualité de président du Conseil : il entraînera les Anglais dans une guerre contre l'Egypte, après la nationalisation par Nasser du canal de Suez, et les Américains l'obligeront à se retirer piteusement ; ayant été élu pour faire la paix en Algérie, il enverra là-bas un demi-million d'hommes, transformant en guerre une opération de police.

Il fallait, pour sortir du marasme le parti de Jaurès et de Blum, tombé en molletisme, un homme qui ne fût pas socialiste. L'heure de François Mitterrand avait sonné. Avec ceux qu'avaient laissés au tapis les espoirs déçus du mendésisme, du radicalisme schreiberien et du socialisme defferriste, il forma une armée qui prit d'assaut la « vieille maison » sous le regard médusé des militants. Son tour de passe-passe accompli, le chevalier à la rose assigna au parti socialiste, définitivement débarrassé de la défroque SFIO, deux missions : achever de détruire un parti communiste déjà grabataire et le hisser, lui Mitterrand, à la présidence de la République.

Ces deux tâches ont été accomplies. Mais plus personne n'a encore dit aux socialistes ce qu'ils avaient à faire maintenant.

Vertu _____

On connaît le mot d'Edouard Herriot « La politique, c'est comme l'andouille; il y faut un peu de merde ». Après avoir ri de la boutade, si l'on n'est pas revenu de tout, on s'indigne. Herriot, le vieux radical, de tolérant devenu cynique, ne dit pas « a », mais « faut ». En politique, la merde est nécessaire, affirme-t-il. Il ne s'en tient pas à une constatation un peu chagrine, l'air de dire c'est bien regrettable, mais enfin prenons-en notre parti, non, il fait de la merde une condition du bon fonctionnement de la chose publique. Le condiment indispensable.

Et pourtant... Jamais, au cours d'une fort longue carrière politique – de 1904 à 1957, plus d'un demi-siècle, une existence pleine de ministères, de présidences et de cette mairie de Lyon qui toute sa vie lui fut si chère –, Herriot ne se rendit coupable de la moindre entorse à la probité. Il ne fit pas commerce de son mandat, réprouva la prévarication, ignora la corruption sous toutes ses formes. Bref, il aurait pu, au regard des années qu'il consacra à la politique, prononcer la phrase que j'entendis au lendemain de la dernière guerre tomber de la bouche d'un autre politicien, démocrate-chrétien celui-là, Pierre Henri Teitgen :

« Homme public n'est pas le masculin de femme publique. » Le Lyonnais bon vivant, amateur d'andouille un peu faisandée, et le Lorrain austère, catholique intransigeant, avaient tous deux pratiqué cette vertu dont les hommes de la Révolution couronnaient la République.

Ils n'étaient pas les seuls. Il y a dans la politique beaucoup plus d'honnêtes gens que de fripons. Dans le monde d'aujourd'hui, l'argent est roi. Et moins peut-être pour ceux qui ont pour métier la finance et l'économie que pour les adorateurs du veau d'or. Bien peu nombreuses sont les activités humaines qui échappent à cette fièvre, qui ne s'exercent pas dans le seul but de rapporter du fric : l'art (mais pas son commerce), la littérature (celle que méprise M. Sarkozy) et... la politique.

Ce n'est pas la fortune que cherche le professionnel de la politique, c'est l'influence, le prestige, si possible le pouvoir.

Mais alors, qu'est-elle donc, cette merde sans laquelle, selon Edouard Herriot, ne se peut concevoir de bonne politique ? Il faut pour la trouver abandonner le domaine de la vie privée pour entrer dans celui de la vie publique. Herriot, Teitgen et beaucoup d'autres ont, au cours de leur carrière, invoqué « la raison d'Etat » pour dissimuler une injustice ou « l'intérêt général » en fermant leur cœur à la pitié. Le mensonge d'Etat fait partie de l'arsenal de la politique.

La vie publique, au gouvernement comme dans les parlements, est faite de plus de fourberie, de calomnie et de haine que de sincérité, de droiture et de tolérance. Majorité et opposition ne se passent rien (voir l'article : Majorité). Le manichéisme est la règle. Disraeli distinguait trois degrés dans l'insincérité : le mensonge, le satané mensonge et la statistique. Il oubliait, au-dessus encore de celle-ci, la promesse.

Aussi, quand on cherche, dans ce que Raymond Barre appelait le microcosme et le général de Gaulle le théâtre d'ombres, ceux dont l'action publique est aussi digne et rigoureuse que la vie privée, on en compte finalement assez peu.

J'ai dédié ce livre à quelques-uns de ceux-là.

Voyages _____

Depuis que la planète est devenue toute petite, les hommes d'Etat voyagent beaucoup. Comme tout le monde. Fini les vacances dans le sinistre château de Vizille, qui accueillait dans un décor plus austère que celui de l'Elysée les présidents de la IIIe République. Rambouillet, qu'appréciait Vincent Auriol, est délaissé. Le général de Gaulle avait choisi le fort de Brégançon pour le passé militaire du lieu. Depuis lors, ses successeurs y ont tous plus ou moins fait un séjour, bien que Valéry Giscard d'Estaing préférât chasser la grosse bête chez Bokassa ou Bongo et Jacques Chirac se faire bronzer les pectoraux sur l'île Maurice. Mitterrand, lui, n'appréciait guère Brégançon. Si longtemps éloigné du pouvoir et depuis si longtemps affamé de privilèges, ne se contentant pas d'accomplir son pèlerinage annuel à la roche de Solutré, il a voyagé dans le monde entier, ivre de vitesse et d'honneurs, accompagné d'invités personnels. Quant à Nicolas Sarkozy, on ne peut lui en vouloir de ne faire qu'un saut entre les murailles du fort pour se rendre dans la villa de son beau-père ou sur le yacht d'un ami.

Mais les vrais voyages, ceux qui ont leur place dans l'Histoire, les feux d'artifice de la diplomatie, les grandes fiestas des photographes et des cameramen, ce sont les « visites d'Etat ». Un monarque ou un président se rend à l'invitation d'un autre monarque ou président pour sceller une alliance, dissiper un malentendu, ranimer la confiance après un coup tordu, négocier des affaires de gros sous...

Avec, selon l'époque et le lieu, l'invité en gibus qui glisse son gant blanc dans la main charbonneuse du mécanicien qui a conduit le train présidentiel ; la souveraine emperlousée qui, à sa descente de l'échelle, reçoit une gerbe vite mise dans les bras musclés d'un costaud du service d'ordre ; le monarque en panoplie d'amiral que salue à la coupée l'équipage du cuirassé ; le pape qui, à peine descendu de l'avion, s'agenouille et frôle de ses lèvres le béton, réactivant la plaisanterie qu'échangent les loustics, de Gênes à Palerme :

« Pourquoi i baise le sol ?

— Pourquoi ? On voit qu't'as jamais volé sur Alitalia ! »

D'ordinaire, les visites d'Etat, peaufinées par les ambassadeurs, se passent bien. Les mains se serrent chaleureusement, les claviers des sourires étincellent, les toasts se succèdent, un monument commémoratif reçoit une gerbe.

Dans notre histoire contemporaine (enfin presque) la plus belle réussite fut, en 1903, la célébration de « l'Entente cordiale » entre la France et l'Angleterre. Après des décennies de bisbilles pour des rivalités coloniales au cœur de l'Afrique, le roi Edouard VII, qui avait dû attendre longtemps que sa mère, la vieille reine Victoria, lui laissât la place, et le président français Emile Loubet se rendirent mutuellement visite. Le coup de foudre !

Edouard aimait la France, plus précisément sa cuisine et ses petites femmes. Prince de Galles, il était plus souvent au *Moulin-Rouge* qu'au palais de Buckingham. C'est lui qui baptisa du nom d'une grisette les crêpes flambées : Suzette.

Il arrive pourtant que ces déplacements officiels obtiennent moins de succès. En 1914, Raymond Poincaré se rendait chez le tsar pour fêter l'alliance qui avait délesté les gogos français d'une partie de leurs économies pour l'achat de l'emprunt russe, qui allait nous précipiter dans un conflit de quatre ans et qui, par voie de conséquence, installerait le communisme pour près d'un siècle. A peine arrivé à Saint-Pétersbourg, notre président dut sur-le-champ réembarquer : la guerre éclatait. Il y eut pire : en 1934, le roi Alexandre de Yougoslavie arriva en visite officielle à Marseille pour s'y faire assassiner par un Croate.

Le général de Gaulle rendit de grandioses visites d'Etat. Elles ne furent toutefois pas toutes couronnées de succès. En décembre 44, pour faire la nique aux Américains, qu'il détestait à proportion de l'aide qu'ils nous apportaient, il se rendit auprès de Staline. Il en revint avec un traité d'amitié, qui n'était pas un traité et pas vraiment le fruit de l'amitié. En juillet 67, il arrive au Canada et lance « Vive le Québec libre ! » qui interrompit net sa visite. Point d'Ottawa. Fureur du gouvernement canadien. Quant aux Québécois, ils applaudirent à tout rompre le Général... puis ils s'empressèrent à deux reprises de voter « non » aux référendums qui leur proposaient l'indépendance.

Whisky

Lorsqu'il revint au pouvoir, après avoir tordu le cou à la IVe République, le général de Gaulle avait-il oublié que l'Irlande et l'Ecosse n'aimaient pas plus que lui l'Angleterre? Dès son entrée à l'Elysée, il exigea que le whisky fût banni des tables et des buffets préparés par les soins du protocole pour les réceptions officielles. Pour remplacer cette boisson, il suggéra qu'un alcool bien français emplît les flacons présidentiels. Les producteurs de cognac, ayant appris que la fine à l'eau se substituerait au scotch *on the rocks*, se sentirent pousser des ailes. A eux la vraie part des anges! Leurs rêves de promotion s'évanouirent à peine nés : le Général ne supportait pas que sa personne ou ses fonctions fournissent une pâture à la publicité. Et quand Georges Pompidou devint président, le bon vieux whisky retrouva sa place à l'Elysée.

Zola, Émile _____

L'affaire Dreyfus. « J'accuse. » La plume fut l'arme de Zola. La seule, mais redoutable, victorieuse au nom de la Justice de toute une France de haine et de mensonge : l'armée, l'Eglise, l'aristocratie, la bourgeoisie et même le petit peuple. Zola, l'honneur des lettres françaises.

Comme, un peu plus d'un siècle auparavant, Voltaire. L'affaire Calas. L'honneur des lettres françaises.

Si, en France, la politique tenta bien des écrivains, Voltaire et Zola eurent parmi eux peu d'émules. Triste palmarès que celui des gens de plume se hasardant en politique, se croyant invités à « l'engagement ».

De la guerre de 70 à celle de 14, c'était le clairon de la « revanche » qu'on entendait sonner. Du grand Maurice Barrès au petit Paul Déroulède, la littérature préparait allégrement la boucherie.

A partir des années vingt du précédent siècle, ce fut pire dans le royaume des lettres. A la célébration de la fleur au fusil succédait la prosternation devant les dictatures qui dominaient l'Europe. Les admirateurs des régimes fascistes – les Céline, Drieu La Rochelle, Brasillach, Jouhandeau, Chardonne – poussèrent la servilité jusqu'à se précipiter en 1941 à Weimar serrer

313

la main du Dr Goebbels, cette main qui armait le revolver quand l'oreille entendait le mot de culture.

Face à eux, les thuriféraires de Staline balançaient leurs encensoirs. D'abord Romain Rolland, Barbusse, Malraux, puis, bolcheviks militants, Louis Aragon, Jean-Paul Sartre, Roger Garaudy, et la foule qui attendait de recevoir le prix Lénine des mains sanglantes du *serial killer* qui trônait au Kremlin.

Il y en avait bien peu, des écrivains qui pouvaient alors se réclamer de Voltaire et de Zola, qui parlaient pour les victimes contre les bourreaux. Albert Camus, François Mauriac, Raymond Aron, Jean-François Revel... L'honneur des lettres françaises.